lex:tra

Grund- und Aufbauwortschatz

Französisch

nach Themen

Erwin Tschirner

Cornelsen

Grund- und Aufbauwortschatz
Französisch nach Themen – Lernwörterbuch
von Erwin Tschirner
unter Mitarbeit von Elise Catrain und Fleur Pfeifer

Lektorat: Martin Fischer und Cécile Hoene
Umschlaggestaltung: Cornelsen Verlag Design
Umschlagfoto: JUNOPHOTO
Layout und technische Umsetzung: Buch und Gestaltung, Britta Dieterle

www.lextra.de
www. cornelsen.de

1. Auflage, 1. Druck 2008

Alle Drucke dieser Auflage sind inhaltlich unverändert und
können im Unterricht nebeneinander verwendet werden.

Druck und Bindung: Kösel, Krugzell
Ausstattung patentrechtlich geschützt. Kösel FD 351, Patent-Nr. 0748702

ISBN 978-3-589-01565-8

Inhalt gedruckt auf säurefreiem Papier aus nachhaltiger Forstwirtschaft.

Vorwort

Die Reihe Lextra **Grund- und Aufbauwortschatz nach Themen** ist eine neue Generation von Grund- und Aufbauwortschätzen, die das lexikalische Minimum, das notwendig ist für erfolgreiches produktives wie rezeptives Sprachhandeln, aufgrund neuerer empirischer Studien erfassen.

Für die französische Sprache beruhen die bestehenden Grund- und Aufbauwortschätze auf dem *Français Fondamental*, das in den 1950er Jahren auf der Grundlage von französischen Alltagsgesprächen entwickelt wurde (Gougenheim et al. 1964). Das hierfür verwendete Korpus von etwas über 300 000 laufenden Wörtern ist mittlerweile nicht nur etwas veraltet, problematisch ist auch die relativ geringe Größe des Korpus und die Verwendung einer einzigen Textsorte. Ausgangspunkt für den **Grund- und Aufbauwortschatz Französisch nach Themen** ist das Montréal-Korpus (Baudot 1992), das ein sehr ausgewogenes schriftliches Korpus der französischen Sprache in Frankreich und in Québec darstellt und aus dem eine Häufigkeitsliste erstellt wurde. Diese wurde für das Lernwörterbuch mit Hilfe des *Français Fondamental* ergänzt. Damit ist der **Grund- und Aufbauwortschatz Französisch nach Themen** zuverlässiger als andere zur Zeit auf dem Markt befindliche Grund- und Aufbauwortschätze.

Für Sprachlernende sind in diesem Zusammenhang drei Fragen von besonderer Wichtigkeit:

1. Warum ist Häufigkeit ein wichtiger Faktor beim Erlernen einer Fremdsprache?

2. Welche empirische Grundlage hat die Häufigkeitsliste von Baudot (1992), die die Basis des vorliegenden Grund- und Aufbauwortschatzes bildet? Wie wurde diese Häufigkeitsliste für den vorliegenden Grund- und Aufbauwortschatz weiter bearbeitet?

3. Wie arbeite ich mit diesem Lernwörterbuch?

Häufigkeit als zentraler Faktor beim Fremdsprachenerwerb

Entgegen früheren Annahmen der Lesedidaktik deuten empirische Studien daraufhin, dass ca. 95–97 Prozent der laufenden Wörter eines Textes verstanden werden müssen, um den Text zu verstehen. Mit den häufigsten 2000 Wörtern einer Sprache erreicht man im Durchschnitt eine Textdeckung von ca. 90 Prozent der laufenden Wörter in Alltagsgesprächen und einfacheren literarischen Werken, mit den häufigsten 4000 Wörtern erreicht man eine Textdeckung von ca. 95 Prozent.

Wortwissen umfasst weitaus mehr als die Bedeutung eines Wortes. Man muss wissen, in welchen Kontexten bestimmte Wörter verwendet werden können, welche grammatischen Veränderungen möglich sind und was diese bedeuten sowie mit welchen anderen Wörtern ein bestimmtes Wort verwendet wird. Dieses Wissen erwirbt man vor allem durch persönliche Erfahrungen mit der Sprache und ihren Sprechern, d.h. durch Lesen, durch Zuhören, durch mündliche und schriftliche Kommunikation. Damit eigenständige kommunikative Erfahrungen gemacht werden können, wird generell ein Wortschatzwissen von ca. 2000 Wörtern vorausgesetzt, Vorbedingung für einen professionelleren Umgang mit Sprache sind ca. 4000 Wörter.

Grundvoraussetzung dafür ist allerdings, dass es sich beim Grund- und Aufbauwortschatz in der Tat um die häufigsten 4000 Wörter des Französischen handelt.

Empirische Grundlagen

Der **Grund- und Aufbauwortschatz Französisch nach Themen** beruht auf der Häufigkeitsliste von Baudot (1992). Das Korpus von Baudot hatte als Vorbild das Brown-Korpus für das amerikanische Englisch. Ziel war es, ein repräsentatives Korpus des in Frankreich und Québec verwendeten Französisch zu erstellen. Es wurden insgesamt 803 Stichproben mit jeweils 1000 bis 1500 Wörtern gesammelt, die ein Gesamtkorpus von einer Million laufende Wörter ergaben. Das Korpus besteht zu 42 Prozent aus Zeitschriften, zu 25 Prozent aus Büchern, zu 24 Prozent aus Zeitungen und zu 9 Prozent aus Berichten, Dossiers, Broschüren und Rundschreiben. 63 Prozent des Korpus wurden in Frankreich publiziert und 37 Prozent in Kanada.

Die häufigsten 4000 Wörter der Liste von Baudot (1992) wurden zunächst weiterbearbeitet und in einem weiteren Arbeitsschritt ins Deutsche übersetzt. Bei polysemen Wörtern wurden nur die häufigsten Bedeutungen übersetzt. Die Reihenfolge der Übersetzungen orientiert sich an der Häufigkeit. Dies wurde jeweils an mehreren Standardwörterbüchern des Französischen überprüft. Dann wurden die Wörter in Kategorien eingeordnet. Dafür wurden Begriffsklassen verwendet, die – aufbauend auf dem Gemeinsamen europäischen Referenzrahmen (GER) – erstmals für *Profile Deutsch* entwickelt wurden, die aber auch für die Kategorisierung anderer Sprachen sinnvoll sind.

Innerhalb der Kategorien werden zuerst die Wörter des Grundwortschatzes gelistet, dann die Wörter des Aufbauwortschatzes. Die Worteinträge beginnen mit den Wörtern, benennen die Wortart sowie wichtige grammatische Merkmale und geben ihre Rangordnung im Grund- und Aufbauwortschatz an. Dann folgt die Übersetzung ins Deutsche. Den Abschluss eines Worteintrags bildet ein Beispielsatz, der bei mehr als einer Übersetzung die erste Übersetzung des Wortes aufgreift.

Bei allen Wortarten außer Substantiven, Verben und Adjektiven wird die Wortart angegeben. Es wird zwischen Adverbien, Pronomen, Artikeln, Präpositionen und Konjunktionen unterschieden.

Hinter den Wörtern in der ersten Spalte ist eine Zahl angegeben. Sie markiert die Rangfolge innerhalb des 4000 Wörter umfassenden Grund- und Aufbauwortschatzes. Die Zahl 334 z. B. bedeutet, dass das Wort auf Platz 334 der häufigsten Wörter des Französischen ist.

Die Übersetzungen ins Deutsche erfassen die häufigsten Bedeutungen des jeweiligen Wortes und damit die relevantesten für Lernende der Grundstufe. Ziel der Beispielsätze ist es, einen typischen Kontext für ein bestimmtes Wort zu geben und das Wort durch diesen Kontext zu erklären und merkbarer zu machen.

Die Beispielsätze für den Grundwortschatz enthalten im Normalfall nur die 2000 häufigsten Wörter, die Beispielsätze für den Aufbauwortschatz die 4000 häufigsten Wörter.

Wörter lernen

Wir haben ein umfangreiches Wissen über die Wörter unserer Sprachen. Wir wissen, wie man sie ausspricht, wie sie geschrieben werden, welche Bedeutungen sie haben, wie man sie in Sätzen verwendet, mit welchen anderen Wörtern sie häufig auftauchen, in welchen Textsorten und in welchen Kontexten. Dieses Wissen eignen wir uns kumulativ an, ein Merkmal nach dem anderen, immer wenn wir diesen Wörtern in kommunikativen Zusammenhängen begegnen. Um ein Wort relativ gut zu kennen, bedarf es im

Durchschnitt 16 solcher Begegnungen innerhalb eines bestimmten Zeitraums.

Wenn Wörter gelernt und geübt werden, benötigt man deutlich weniger derartiger Begegnungen, und die Chancen, dass man weitere Aspekte dieser Wörter lernt, wenn man ihnen begegnet, steigen gewaltig. Wörter müssen sowohl durch Hören und Sprechen als auch durch Lesen und Schreiben geübt werden. Ein gedrucktes Wörterbuch erfüllt vor allem den Zweck, die Bedeutung eines Wortes sowie die schriftliche Form klar zu etablieren.

Sie sollten zuerst die Wörter des Grundwortschatzes lernen oder wiederholen und dann erst die Wörter des Aufbauwortschatzes. Die folgende Vorgehensweise empfiehlt sich dabei.

1. Lesen Sie die Worteinträge des Grundwortschatzes aufmerksam durch, sprechen Sie das Wort und seine Formen sowie den dazugehörigen Satz aus und versuchen Sie, den Satz zu verstehen.

2. Decken Sie die die deutsche Übersetzung und den französischen Beispielsatz ab und versuchen Sie, sich an die Bedeutung des Wortes zu erinnern.

3. Markieren Sie die Wörter, mit denen Sie Schwierigkeiten hatten, und schreiben Sie sie mit ihren Übersetzungen und Beispielsätzen in ein Vokabelheft.

Arbeiten Sie sich auf diese Weise durch alle Kapitel durch und wiederholen Sie in regelmäßigen Abständen die Wörter, die Sie in Ihr Vokabelheft geschrieben haben. Sie sollten auf diese Weise nach Möglichkeit jeden Tag ein bis vier Kapitel durcharbeiten, dabei mindestens 15 Minuten und im Normalfall nicht länger als 30 Minuten lernen. Es ist besser, täglich zu üben als nur ein- oder zweimal pro Woche und dafür mehrere Stunden. Wenn Sie den Wortschatz schnell lernen müssen, können Sie aber natürlich auch jeden Tag ein bis zwei Stunden lernen. Es hilft sehr, wenn Sie die Wörter nicht nur lernen, sondern auch üben. Für den Grundwortschatz gibt es das **Übungsbuch Grundwortschatz Französisch nach Themen**, das Sie dafür verwenden können.

Weiterhin hilft es sehr, wenn Sie sich neben dem Lernen und Üben die Möglichkeit verschaffen, diesen Wörtern zu begegnen. Ein gutes Mittel dafür ist das Lesen leichter Texte. So lange Sie sich mit dem Grundwortschatz befassen, sollten Sie leichte Lektüren lesen, die bis zu 2000 Wörter enthalten. Wenn Sie den Aufbauwortschatz lernen, sollten Sie Lektüren lesen, die bis zu 4000 Wörter enthalten. Dies können neben den speziell für solche Zwecke entwickelten Lektüren auch leichte Romane oder andere Lektüren sein, vor allem Kinder- und Jugendbücher sowie einfache Unterhaltungslektüre. Wichtig ist dabei, dass Sie ca. 95 Prozent der laufenden Wörter verstehen. Wenn Sie mehr als ein Wort pro zwei Zeilen nicht verstehen, ist der Text zu schwer und Sie sollten eine Schwierigkeitsstufe nach unten gehen.

Zu diesem Projekt haben eine Vielzahl von Personen beigetragen, bei denen ich mich bedanken möchte. Dazu gehören vor allem Elise Catrain und Fleur Pfeifer, die sich mit großem Engagement an der Erarbeitung des Grund- und Aufbauwortschatzes nach Themen und an der Erstellung der Beispielsätze beteiligten. Unterstützt wurden sie von Rachid Ennaji und Katrin Rüthling. Bedanken möchte ich mich auch bei Helga Holtkamp und Gunther Weimann vom Cornelsen-Verlag, die dieses Projekt unter ihre Fittiche genommen haben, und bei den vielen

Mitarbeitern des Cornelsen-Verlags, die aus diesem Projekt ein so schönes Buch gemacht haben. Ein besonderer Dank gilt Udo Diekmann, dessen Datenbank uns das Leben sehr viel leichter gemacht hat und der uns bei Problemen immer mit Rat und Tat zur Seite stand.

Ich wünsche Ihnen Spaß beim Lernen und hoffe, dass Ihnen der **Grund- und Aufbauwortschatz Französisch nach Themen** hilft, Ihre Sprachlernziele zu erreichen.

Erwin Tschirner, Leipzig im Sommer 2008

Literatur

Baudot, J. (1992): Fréquences d'utilisation des mots en français écrit contemporain. Montréal: Les Presses de l'Université de Montréal.
Glaboniat, M., Müller, M., & Rusch, P. (2002): *Profile Deutsch*. Berlin: Langenscheidt.
Gougenheim, G., Michéa, R., Sauvageot, A., & Rivenc, P. (1964): *L'Élaboration du Français Fondamental*. Paris: Didier.
Nation, P. (2001): *Learning vocabulary in another language*. Cambridge: Cambridge University Press.
Centre National de la Recherche Scientifique, Université de Nancy-2, Analyse et Traitement Informatique de la Langue Française (2005): *Trésor de la langue française informatisé* (TLFi). ATILF Nancy, CNRS Paris. Online: http://atilf.atilf.fr/tlf.htm.
Chassard, J. N. / Polonl, B. (2000): *Grundwortschatz Französisch*. Berlin: Langenscheidt.

Das Wichtigste auf einen Blick

Nomen werden mit Artikel im Singular angeben. Wird der Artikel apostrophiert, steht nach dem Nomen und der Lautschrift ein „M“ oder „F“ zur Angabe des grammatischen Geschlechts. Bei Nomen, die eine maskuline und eine feminine Form haben, werden beide angegeben (z. B.: **le représentant**, **la représentante**).

Bei **Adjektiven**, die eine maskuline und feminine Form haben, werden beide Formen angegeben (z. B.: **joli**, **jolie**).

Abkürzungen in Klammern nach dem Stichwort

(ADV) = Adverb
(ART) = Artikel
(F) = Femininum
(KONJ) = Konjunktion
(M) = Maskulinum
(PRÄP) = Präposition
(PRON) = Pronomen

Die französische Lautschrift

Vokale

[a] glace, voilà
[ɑ] pas, théâtre
[ɛ] merci, c'est, problème, être, faire (*sehr offenes «e»*)
[e] chez, école, travailler (*geschlossenes «e»*)
[ə] je, le, ne, qu'est-ce que (*stummes «e»*)
[i] vie, actif
[o] veló, eau, côté (*geschlossenes «o»*)
[ɔ] alors, comment (*offenes «o»*)
[ø] deux, peu (*geschlossenes «ö»*)
[œ] sœur, vendeur (*offenes «ö»*)
[u] vous, où
[y] une, sur

Halbvokale

[ɥ] je suis, huit, cuisine
[j] bien, étudiant, travailler, fille
[w] moi, oui

Nasallaute

[ɑ̃] enfant, chambre, exemple
[ɔ̃] bonjour, nom
[ɛ̃] un, bien, lundi, fin, terrain, sympa

Konsonanten

[b] habiter
[d] dur
[f] français, photo
[g] cigarette, collègue
[k] cours, avec, qui
[l] il
[m] mal
[n] non
[ŋ] camping
[ɲ] signer
[p] pardon, je m'appelle
[r] bonjour, rencontre
[s] salut, ça, bonsoir (*stimmloses «s»*)
[z] Mademoiselle, les‿enfants, six‿heures, zéro (*stimmhaftes «s»*)
[ʃ] chez, chocolat (*stimmloses «sch»*)
[ʒ] bonjour, âge, jus (*stimmhaftes «sch»*)
[t] très
[v] vous, arriver

Inhaltsverzeichnis

1 Personalien, Informationen zur Person

1.01 Persönliche Angaben ▸ Grundwortschatz

l'**âge** [ɑʒ] (M) 510	Alter	Quel âge as-tu? – J'ai 18 ans.
âgé [ɑʒe], **âgée** [ɑʒe] 1474	alt	Son fils doit être âgé de 17 ans.
appeler (s') [ap(ə)le] 1522	heißen	Je m'appelle Pierre.
la **dame** [dam] 903	Dame	J'ai déjà vu cette dame quelque part.
demeurer [dəmœre] 408	wohnen	Elle demeure dans un grand château.
l'**enfance** [ɑ̃fɑ̃s] (F) 1024	Kindheit	J'ai passé mon enfance en Autriche.
féminin [feminɛ̃], **féminine** [feminin] 1340	weiblich	Le mot «table» est un mot féminin.
habiter [abite] 1301	wohnen	Elle habite à Paris depuis dix ans.
laïc [laik], **laïque** [laik] 2111	laizistisch	La France est un pays laïc.
madame [madam] 292	Frau	Madame Dupont habite ici.
mademoiselle [mad(ə)mwazɛl] 1027	Frau	Mademoiselle Dupont n'est pas encore venue.
le **métier** [metje] 996	Beruf	Le métier d'ingénieur est très demandé en Allemagne.
le **monsieur** [məsjø] 75	Herr	Monsieur Fournier est le directeur de ce centre.
naître [nɛtr] 1994	geboren werden	Elle est née en France.
né [ne], **née** [ne] 1084	geboren	Il est né en 1958.
le **nom** [nɔ̃] 259	Name	Mon nom est Pierre Dupont.
nommé [nɔme], **nommée** [nɔme] 1996	genannt	Monsieur Dupont a été nommé directeur de l'entreprise.

1.01 Persönliche Angaben ▸ Aufbauwortschatz

l'**adolescent** [adɔlɛsɑ̃], l'**adolescente** [adɔlɛsɑ̃t] 2386	Jugendliche	Un adolescent n'est plus un enfant, et pas encore un adulte.
l'**adresse** [adrɛs] (F) 2878	Adresse	Ne donne mon adresse à personne!
l'**anniversaire** [anivɛrsɛr] (M) 2775	Geburtstag	Notre chef a organisé une grande fête pour son anniversaire.
l'**identité** [idɑ̃tite] (F) 3062	Identität	Le bandit vit sous une fausse identité.
issu [isy], **issue** [isy] 3818	stammend	Il est issu d'une famille noble.
marié [marje], **mariée** [marje] 2607	verheiratet	Mon instituteur est marié depuis deux ans.
mineur [minœr], **mineure** [minœr] 3551	minderjährig	Mon frère est mineur, il a moins de 18 ans.
résider [rezide] 3090	wohnen	Mon oncle réside actuellement en Belgique.
le **sexe** [sɛks] 3094	Geschlecht	Aurélie est du sexe féminin.

la **signature** [siɲatyr] 3574	Unterschrift	Le contrat doit porter deux signatures.
le **veuf** [vœf], la **veuve** [vœv] 3148	Witwer, Witwe	Il est veuf, sa femme est morte voilà dix ans.

1.02 Staatsangehörigkeit und Nationalitäten ▸ Grundwortschatz

l'**Allemagne** [almaɲ] (F) 1519	Deutschland	L'Allemagne compte environ 80 millions d'habitants.
allemand [almɑ̃], **allemande** [almɑ̃d] 645	deutsch	L'équipe allemande de football a remporté la coupe du monde trois fois.
américain [amerikɛ̃], **américaine** [amerikɛn] 227	amerikanisch	Le président américain est venu en France.
l'**Anglais** [ɑ̃glɛ], l'**Anglaise** [ɑ̃glɛz] 450	Engländer/in	Les Anglais partent souvent en vacances en Bretagne.
l'**Autriche** [otriʃ] (F) 1531	Österreich	Vienne est la capitale de l'Autriche.
autrichien [otriʃjɛ̃], **autrichienne** [otriʃjɛn] 1532	österreichisch	Le public a rendu hommage à cet écrivain autrichien.
belge [bɛlʒ] 1193	belgisch	L'équipe belge de football a perdu son dernier match.
la **Belgique** [bɛlʒik] 1538	Belgien	La Belgique est un pays où l'on parle français.
britannique [britanik] 1297	britisch	Le gouvernement britannique a mis en place une réforme de l'enseignement.
le **Canada** [kanada] 1555	Kanada	L'hiver, il fait plus froid au Canada qu'en France.
canadien [kanadjɛ̃], **canadienne** [kanadjɛn] 185	kanadisch	La valeur du dollar canadien a augmenté.
le **Chinois** [ʃinwa], la **Chinoise** [ʃinwaz] 1395	Chinese/Chinesin	Les Chinois sont des gens très polis.
espagnol [ɛspaɲɔl], **espagnole** [ɛspaɲɔl] 2139	spanisch	Barcelone est une ville espagnole.
étranger [etrɑ̃ʒe], **étrangère** [etrɑ̃ʒɛr] 386	ausländisch, fremd	Il se sent étranger en Belgique.
l'**Europe** [ørɔp] (F) 1602	Europa	La France, l'Allemagne et l'Autriche sont situées en Europe.
européen [ørɔpeɛ̃], **européenne** [ørɔpeɛn] 641	europäisch	La France est un pays membre de l'Union Européenne.

français [frɑ̃sɛ], **française** [frɑ̃sɛz] 125	französisch	Beaucoup disent que la langue française est une langue difficile.
la **France** [frɑ̃s] 1611	Frankreich	Pierre a fait ses études en France.
l'**Indien** [ɛ̃djɛ̃], l'**Indienne** [ɛ̃djɛn] 861	Inder/in, Indianer/in	Aurélie est mariée à un Indien.
italien [italjɛ̃], **italienne** [italjɛn] 1344	italienisch	J'aime beaucoup la cuisine italienne.
le **Luxembourg** [lyksɑ̃bur] 1640	Luxemburg	Elle a travaillé six ans au Luxembourg.
luxembourgeois [lyksɑ̃burʒwa], **luxembourgeoise** [lyksɑ̃burʒwaz] 1641	luxemburgisch	Il est fier d'être luxembourgeois.
national [nasjɔnal], **nationale** [nasjɔnal] 273	national	Zinedine Zidane est considéré comme un héros national.
l'**origine** [ɔriʒin] (F) 1064	Ursprung, Herkunft	M. Dupont est d'origine française.
russe [rys] 1850	russisch	Le président russe est en visite officielle en France.
suisse [sɥis] 1722	schweizerisch	Le chocolat suisse est connu dans le monde entier.

1.02 Staatsangehörigkeit und Nationalitäten ▸ Aufbauwortschatz

africain [afrikɛ̃], **africaine** [afrikɛn] 2008	afrikanisch	Le continent africain est riche en matières premières.
arabe [arab] 2068	arabisch	Aurélie apprend la langue arabe grâce à un jeu informatique.
flamand [flamɑ̃], **flamande** [flamɑ̃d] 3802	flämisch	Il s'agit d'une spécialité flamande.
grec [grɛk], **grecque** [grɛk] 2527	griechisch	La cuisine grecque a une très bonne réputation.
hollandais [ɔlɑ̃dɛ], **hollandaise** [ɔlɑ̃dɛz] 3127	holländisch	Amsterdam est la ville hollandaise la plus grande.
l'**indigène** [ɛ̃diʒɛn] (M/F) 3471	Eingeborene	Les indigènes désignent les premiers êtres humains d'un pays ou d'une région.
japonais [ʒapɔnɛ], **japonaise** [ʒapɔnɛz] 2465	japanisch	C'est un amateur de jardins japonais.
occidental [ɔksidɑ̃tal], **occidentale** [ɔksidɑ̃tal] 2028	westlich	La Bretagne est la partie la plus occidentale de France.

oriental [ɔrjɑ̃tal], **orientale** [ɔrjɑ̃tal] 3956	östlich, orientalisch	Aurélie participe à un cours de danse orientale.
parisien [parizjɛ̃], **parisienne** [parizjɛn] 2658	Pariser/in, pariserisch	Il est de Paris, donc il est parisien.
polonais [pɔlɔnɛ], **polonaise** [pɔlɔnɛz] 3963	polnisch	Le premier ministre polonais veut organiser de nouvelles élections.
syrien [sirjɛ̃], **syrienne** [sirjɛn] 3502	syrisch	Le joueur syrien s'est blessé au genou.
vietnamien [vjɛtnamjɛ̃], **vietnamienne** [vjɛtnamjɛn] 3149	vietnamesisch	Pierre m'a invité à manger dans un restaurant vietnamien.

1.03 Familie ▸ Grundwortschatz

adopter [adɔpte] 1268	adoptieren	Nos amis ont adopté un garçon, ils le considèrent comme leur propre fils.
coucher [kuʃe] 1959	ins Bett bringen	Elle couche son enfant à 20 h 00.
l'**éducation** [edykasjɔ̃] (F) 519	Erziehung	Les parents sont chargés de l'éducation de leurs enfants.
l'**enfant** [ɑ̃fɑ̃] (M/F) 98	Kind	Monsieur et Madame Dupont ont trois enfants, deux filles et un garçon.
familial [familjal], **familiale** [familjal] 1785	familiär	Il accorde beaucoup d'importance à sa vie familiale.
la **famille** [famij] 244	Familie	Je fais partie d'une grande famille.
la **fille** [fij] 182	Mädchen, Tochter	Nos voisins ont appelé leur fille Aurélie.
le **fils** [fis] 360	Sohn	Elle accompagne tous les matins son fils à l'école.
le **frère** [frɛr] 630	Bruder	Mon frère s'appelle Pierre, il a deux ans de plus que moi.
la **génération** [ʒenerasjɔ̃] 1991	Generation	Grands-parents, parents et enfants représentent trois générations différentes.
le, la **gosse** [gɔs] 1619	Kind, Göre	C'est encore un gosse, un enfant.
les **grands-parents** [grɑ̃parɑ̃] (M PL) 1621	Großeltern	Mes grands-parents ont une grande maison avec un énorme jardin.
la **jeunesse** [ʒœnɛs] 917	Jugend	Mon grand-père parle souvent de sa jeunesse, lorsqu'il avait vingt ans.
la **maman** [mamɑ̃] 1055	Mutter, Mama	Maman m'a donné cette lettre pour vous.
la **mamie** [mami] 1642	Oma	Mamie vous souhaite un bon voyage.
la **mère** [mɛr] 319	Mutter	Ma mère est plus sévère que mon père.
la **naissance** [nɛsɑ̃s] 1225	Geburt	Quelle est ta date de naissance?

occuper (s') [ɔkype] 1660	sich um jdn kümmern	Elle reste à la maison pour s'occuper de ses enfants.
l'**oncle** [ɔ̃kl] (M) 1661	Onkel	Le frère de mon père, mon oncle, vient d'avoir cinquante ans.
le **papa** [papa] 1765	Papa	Papa m'a demandé de ranger ma chambre.
le **papy** [papi] 1665	Opa	L'enfant appelle son grand-père papy.
les **parents** [parɑ̃] (M PL) 372	Eltern	Ses parents partent tous les ans en vacances à la mer.
le **père** [pɛr] 176	Vater	Il est le père de trois enfants.
la **petite-fille** [pətitfij] 1675	Enkelin	Elle est la grand-mère de deux petites-filles.
le **petit-fils** [pətifis] 1676	Enkel	Le fils de son fils est son petit-fils.
les **petits-enfants** [pətizɑ̃fɑ̃] (M PL) 1677	Enkel(kinder)	Ils ont trois petits-enfants: une petite-fille et deux petits-fils.
la **sœur** [sœr] 863	Schwester	Ma sœur et moi partageons la même chambre.

1.03 Familie ► Aufbauwortschatz

admirable [admirabl] 2547	bewundernswert	Mon oncle s'occupe de sa famille de manière admirable.
l'**aîné** [ene], l'**aînée** [ene] 2722	Älteste	Mon frère a deux ans de plus que moi, il est mon aîné.
l'**ancêtre** [ɑ̃sɛtr] (M/F) 2677	Vorfahr/in	Nos ancêtres sont ceux qui ont vécu avant nous.
le **bébé** [bebe] 2833	Baby	Son premier bébé est né hier soir.
la **belle-mère** [bɛlmɛr] 4007	Schwiegermutter	Aurélie s'entend très bien avec sa belle-mère, la mère de son mari.
le **cousin** [kusɛ̃], la **cousine** [kusin] 3693	Cousin/e	Les enfants de mon oncle et de ma tante sont mes cousins.
le **divorce** [divɔrs] 4006	Scheidung	Elle a demandé le divorce, car son mari la trompait.
endormir [ɑ̃dɔrmir] 2900	zum (Ein)schlafen bringen	La mère endort ses enfants en leur lisant une histoire.
la **grand-mère** [grɑ̃mɛr] 3468	Großmutter	J'ai deux grands-mères: la mère de mon père et la mère de ma mère.
le **grand-père** [grɑ̃pɛr] 3934	Großvater	J'ai deux grands-pères: le père de mon père et le père de ma mère.
maternel [matɛrnɛl], **maternelle** [matɛrnɛl] 2905	Mutter-, mütterlich	L'amour maternel est l'amour d'une mère pour ses enfants.
la **tante** [tɑ̃t] 3280	Tante	La sœur de ma mère est ma tante.

1.04 Äußeres Erscheinungsbild ▸ Grundwortschatz

l'**adulte** [adylt] 1075	Erwachsene	Il vient d'avoir 18 ans, c'est un adulte maintenant.
l'**air** [ɛr] (M) 739	Aussehen	Les personnes dans le métro ont toujours l'air triste.
l'**aspect** [aspɛ] (M) 902	Aussehen, Anblick	Cet homme a un aspect négligé.
avoir l'air [avwarlɛr] 1533	scheinen, aussehen	Cette femme parle facilement avec les gens, elle a l'air très gentille.
beau [bo], **bel** [bɛl], **belle** [bɛl] 166	schön	Mon ami est grand, beau et fort.
la **beauté** [bote] 1037	Schönheit	Cette femme est d'une beauté incroyable.
l'**être** [ɛtr] (M) 567	(Lebe)Wesen	Les hommes et les femmes sont des êtres humains.
la **femme** [fam] 108	Frau	Ma tante possède de nombreuses qualités: c'est une femme remarquable.
le **garçon** [garsɔ̃] 671	Junge	C'est un garçon très aimable.
la **grâce** [grɑs] 415	Anmut	Aurélie fait de la danse depuis longtemps, elle a de la grâce.
grand [grɑ̃], **grande** [grɑ̃d] 56	groß, hoch, lang	Mon frère est beaucoup plus grand que moi, il mesure 1 m 90.
gros [gro], **grosse** [gros] 428	dick	Mon oncle est gros, car il mange toute la journée.
l'**homme** [ɔm] (M) 60	Mann, Mensch	Cet homme porte un chapeau et une longue barbe.
l'**humain** [ymɛ̃] (M) 347	Mensch	La nature a été modifiée par l'humain.
l'**individu** [ɛ̃dividy] (M) 1080	Person, Individuum	Dans certains pays, beaucoup d'individus sont privés de leur liberté.
jeune [ʒœn] 102	jung	Il est encore trop jeune pour sortir seul le soir.
les **jeunes** [ʒœn] (M, PL) 1630	junge Leute	Les jeunes d'aujourd'hui voyagent beaucoup.
joli [ʒɔli], **jolie** [ʒɔli] 1165	hübsch	Cette robe te va bien, tu es très jolie.
large [larʒ] 532	weit, breit	Ce pantalon est trop large pour moi.
moche [mɔʃ] 1647	hässlich	Ce pantalon est vraiment moche.
la **personne** [pɛrsɔn] 272	Person	J'ai reçu la visite de trois personnes: deux hommes et une femme.
petit [pəti], **petite** [pətit] 72	klein	Aurélie et moi avons le même âge, je suis pourtant plus petite qu'elle.
vieux [vjø], **vieil** [vjɛj], **vieille** [vjɛj] 237	alt	Mon grand-père est mort très vieux.

1.04 Äußeres Erscheinungsbild ▸ Aufbauwortschatz

affreux [afrø], **affreuse** [afrøz] 3763	hässlich, schrecklich, furchtbar	Je trouve ce tableau affreux.
l'**allure** [alyr] (F) 2232	Aussehen	Ce garçon a vraiment une drôle d'allure!
l'**apparence** [aparɑ̃s] (F) 2234	Anblick, Erscheinung	On ne doit pas juger une personne sur son apparence.
apparent [aparɑ̃], **apparente** [aparɑ̃t] 3032	sichtbar	Il s'est placé à l'endroit le plus apparent.
blond [blɔ̃], **blonde** [blɔ̃d] 2009	blond	Aurélie a de longs cheveux blonds.
brun [brɛ̃], **brune** [bryn] 2291	braun, dunkelhaarig	Mon frère est brun et ma sœur blonde.
brusque [brysk] 3604	plötzlich	Cet homme fait parfois des mouvements brusques, il me fait peur.
la **démarche** [demarʃ] 2264	Gang	Cet homme a une drôle de démarche.
élégant [elegɑ̃], **élégante** [elegɑ̃t] 2898	elegant	Ma mère porte souvent des jupes, elle est très élégante.
le **gars** [gɑ] 3382	Kerl	Il est très calme, c'est un brave gars!
géant [ʒeɑ̃], **géante** [ʒeɑ̃t] 2956	riesig	Mon oncle est géant, il mesure presque deux mètres.
laid [lɛ], **laide** [lɛd] 3390	hässlich	Je trouve cet homme très laid.
maigre [mɛgr] 2855	mager	Elle est devenue très maigre, c'est à cause de sa maladie.
mince [mɛ̃s] 2565	dünn, schlank	Aurélie a suivi un régime, elle est maintenant très mince.
pâle [pɑl] 2513	blass	Pierre a de la fièvre, il est tout pâle.
primitif [primitif], **primitive** [primitiv] 2663	primitiv, ursprünglich	Les peuples primitifs ne savent ni lire, ni écrire.
le **profil** [prɔfil] 3740	Profil	Il est toujours de profil sur les photos.
roux [ru], **rousse** [rus] 3981	rothaarig	Avoir les cheveux roux est de plus en plus à la mode.
la **silhouette** [silwɛt] 2619	Silhouette, Figur	C'est Pierre, j'ai reconnu sa silhouette.
la **tenue** [təny] 2317	Anstand, Benehmen	Cet enfant manque de tenue.
le **vieillard** [vjɛjar] 2584	Greis	Mon grand-père est un vieillard de 80 ans.
la **vieillesse** [vjɛjɛs] 4008	Alter	Mon grand-père est mort de vieillesse.
vigoureux [vigurø], **vigoureuse** [vigurøz] 3869	kräftig	J'ai besoin d'un homme vigoureux pour porter mes valises.

1.05 Charakter und Temperament ▸ Grundwortschatz

actif [aktif], **active** [aktiv] 1239	aktiv	Mon frère dirige plusieurs projets, il est très actif.
aimable [ɛmabl] 1518	freundlich	Les vendeurs des magasins sont toujours aimables avec leurs clients.
l'**attitude** [atityd] (F) 732	Haltung, Verhalten	Cet homme a une attitude bizarre.
le **caractère** [karaktɛr] 677	Charakter	Aurélie et Pierre ont des caractères très différents.
le **courage** [kuraʒ] 1411	Mut	Pierre a eu le courage de dire son opinion à Aurélie.
curieux [kyrjø], **curieuse** [kyrjøz] 1324	neugierig, seltsam	Notre voisine est très curieuse, elle veut toujours tout savoir!
désagréable [dezagreabl] 1584	unfreundlich, unangenehm	Il ne répond pas à mes questions, c'est vraiment désagréable.
étrange [etrɑ̃ʒ] 1005	seltsam	Il est très étrange avec moi, je ne sais pas pourquoi.
fier [fjɛr], **fière** [fjɛr] 2185	stolz	Mes parents sont fiers de moi.
impatient [ɛ̃pasjɑ̃], **impatiente** [ɛ̃pasjɑ̃t] 1626	ungeduldig	Je suis impatiente de revoir mes amis.
intelligent [ɛ̃teliʒɑ̃], **intelligente** [ɛ̃teliʒɑ̃t] 2020	intelligent	Aurélie parle quatre langues différentes, elle est très intelligente.
nerveux [nɛrvø], **nerveuse** [nɛrvøz] 1946	nervös	Les examens me rendent nerveux.
paresseux [parɛsø], **paresseuse** [parɛsøz] 1668	faul	Mon fils ne fait rien à l'école, il est paresseux.
patient [pasjɑ̃], **patiente** [pasjɑ̃t] 1670	geduldig	Il faut être patient pour pouvoir un jour atteindre ses objectifs.
la **personnalité** [pɛrsɔnalite] 1176	Persönlichkeit	Le chef de cette entreprise a une forte personnalité.
personnel [pɛrsɔnɛl], **personnelle** [pɛrsɔnɛl] 736	persönlich	Je ne parle jamais de ma vie personnelle à mes collègues de travail.
sensible [sɑ̃sibl] 1929	sensibel, empfindlich	On dit toujours que les femmes sont plus sensibles que les hommes.
sérieux [serjø], **sérieuse** [serjøz] 794	ernst, seriös, zuverlässig	Il travaille beaucoup, il est très sérieux.
la **vertu** [vɛrty] 1237	Tugend	Le courage est une vertu.

1.05 Charakter und Temperament ▸ Aufbauwortschatz

agréable [agreabl] 2256	sympathisch, angenehm	Partir en vacances est plus agréable que de travailler.
arrêté [arete], **arrêtée** [arete] 3359	festgefahren	Cet homme a des idées arrêtées.
l'**audace** [odas] (F) 2778	Kühnheit	Il a résolu son problème avec audace.
audacieux [odasjø], **audacieuse** [odasjøz] 3882	kühn	Elle a résolu le problème de manière audacieuse.
brave [brav] 3603	mutig, anständig	C'est un brave homme, il est gentil et honnête.
calme [kalm] 2389	ruhig, still	Mon cousin est un enfant sage et calme.
le **comportement** [kɔ̃pɔrtəmɑ̃] 2295	Verhalten	Mon frère a un comportement étrange.
digne [diɲ] 3048	würdig	Mon grand-père parle d'un air digne.
discret [diskrɛ], **discrète** [diskrɛt] 3616	diskret, zurückhaltend	Je peux lui confier un secret, il restera discret.
doter [dɔte] 3447	ausstatten	Aurélie est dotée d'un bon sens commun.
doué [dwe], **douée** [dwe] 3053	begabt	Aurélie est douée pour la musique.
drôle [drol] 2555	lustig, komisch	Il raconte souvent des histoires drôles.
dynamique [dinamik] 3701	dynamisch	Aurélie fait du sport tous les soirs, elle est très dynamique.
exigeant [ɛgziʒɑ̃], **exigeante** [ɛgziʒɑ̃t] 3535	anspruchsvoll	Mon patron est un homme exigeant.
la **fantaisie** [fɑ̃tezi] 3380	Fantasie, Laune, Marotte	Cette histoire est pleine de fantaisie.
franc [frɑ̃], **franche** [frɑ̃ʃ] 3625	aufrichtig	Pierre est franc, il donne toujours son avis.
gai [ge], **gaie** [ge] 3316	fröhlich	C'est une personne très gaie, elle a toujours le sourire.
gentil [ʒɑ̃ti], **gentille** [ʒɑ̃tij] 3242	nett	C'est gentil de votre part de bien vouloir m'aider.
habile [abil] 3060	geschickt	Il réussit bien ce qu'il fait, il est très habile.
honnête [ɔnɛt] 3061	ehrlich	Pierre est honnête, il ne trompe pas ses amis.
l'**humeur** [ymœr] (F) 2849	Laune	Mon frère est toujours de mauvaise humeur.
l'**humour** [ymur] (M) 2528	Humor	Mon professeur est plein d'humour, il fait rire ses étudiants.
idiot [idjo], **idiote** [idjɔt] 3812	dumm	Il faut toujours qu'il fasse des remarques idiotes.
indifférent [ɛ̃diferɑ̃], **indifférente** [ɛ̃diferɑ̃t] 2244	gleichgültig	C'est une personne indifférente, elle ne s'intéresse pas aux autres.

malin [malɛ̃], **maligne** [maliɲ] 3945	schlau	Pierre gagne toujours, il est très malin.
méchant [meʃɑ̃], **méchante** [meʃɑ̃t] 3548	böse	Il a un chien méchant qui attaque les gens.
la **mentalité** [mɑ̃talite] 3825	Mentalität	Chaque pays a sa mentalité.
naïf [naif], **naïve** [naiv] 3477	naiv	Pierre est naïf, il croit tout ce qu'on lui dit.
négliger [neɡliʒe] 2509	vernachlässigen	Certains parents négligent leurs enfants.
objectif [ɔbʒɛktif], **objective** [ɔbʒɛktiv] 3132	neutral	Aurélie a un point de vue objectif.
la **patience** [pasjɑ̃s] 2913	Geduld	Ce jeu demande de la patience.
la **prudence** [prydɑ̃s] 2759	Vorsicht	Elle traverse la route avec prudence.
prudent [prydɑ̃], **prudente** [prydɑ̃t] 3967	vorsichtig	Il y a du brouillard, soyez prudents sur la route.
raisonnable [rɛzɔnabl] 2341	vernünftig	Il a pris une décision raisonnable.
réagir [reaʒir] 2404	reagieren	Cette nouvelle l'a fait réagir de manière violente.
ridicule [ridikyl] 2572	lächerlich	Son pantalon est trop court, il a l'air ridicule!
rigoureux [riɡurø], **rigoureuse** [riɡurøz] 3744	streng, hart	Mon oncle est un homme rigoureux, il ne pardonne rien.
la **rigueur** [riɡœr] 2518	Strenge, Härte	Ce chef d'entreprise a beaucoup de rigueur dans son travail.
sage [saʒ] 2543	weise, brav	C'est un enfant sage.
la **sagesse** [saʒɛs] 3140	Weisheit	Elle agit avec sagesse.
la **sensibilité** [sɑ̃sibilite] 3022	Sensibilität	Cet homme est indifférent, il n'a aucune sensibilité.
sincère [sɛ̃sɛr] 3498	aufrichtig, ehrlich	Je suis sincère, je dis ce que je pense.
spontané [spɔ̃tane], **spontanée** [spɔ̃tane] 3748	spontan	On est allé lui rendre visite de manière spontanée.
strict [strikt], **stricte** [strikt] 3274	streng	Le directeur donne des instructions strictes.
stupide [stypid] 3858	dumm	C'est une réponse stupide.
susceptible [sysɛptibl] 2825	empfindlich	Pierre se met en colère pour des détails, il est vraiment susceptible.
la **sympathie** [sɛ̃pati] 3417	Sympathie, Zuneigung	J'éprouve de la sympathie pour mon professeur, je l'aime bien.
sympathique [sɛ̃patik] 3278	sympathisch	Je trouve Aurélie très sympathique.

timide [timid] 3753	schüchtern	Il a très peu d'amis, car il est timide.
la **vigueur** [vigœr] 2719	Kraft	La femme attaquée s'est défendue avec vigueur.

1.06 Freizeitbeschäftigung, Interessen und Hobbys ▸ Grundwortschatz

l'**activité** [aktivite] (F) 494	Aktivität, Tätigkeit	Les enfants ont beaucoup d'activités en dehors de l'école.
l'**amateur** [amatœr], l'**amatrice** [amatris] 1754	Liebhaber/in, Amateur/in	C'est un amateur de voitures anciennes
chanter [ʃɑ̃te] 1282	singen	Je chante tous les matins sous la douche.
la **chasse** [ʃas] 1410	Jagd	Il accompagne son père à la chasse le dimanche matin.
collectionner [kɔlɛksjɔne] 1568	sammeln	Pierre collectionne les timbres.
consacrer [kɔ̃sakre] 733	widmen	Il consacre son temps libre à jouer à l'ordinateur.
l'**envie** [ɑ̃vi] (F) 1205	Lust	Elle a envie d'aller au cinéma ce soir.
intéressant [ɛ̃teresɑ̃], **intéressante** [ɛ̃teresɑ̃t] 974	interessant	Il a entendu à la radio un reportage intéressant.
intéresser [ɛ̃terese] 836	interessieren	Le sport l'intéresse plus que la musique.
intéresser (s') [ɛ̃terese] 1629	sich interessieren	Aurélie s'intéresse à la musique et à la danse.
l'**intérêt** [ɛ̃terɛ] (M) 395	Interesse	Il s'est découvert un intérêt pour la pêche.
le **jeu** [ʒø] 402	Spiel	Aurélie aime les jeux de cartes.
le **joueur** [ʒwœr], la **joueuse** [ʒwøz] 1804	Spieler/in	Un joueur de football s'est blessé samedi dernier.
le **loisir** [lwazir] 1843	Freizeit-beschäftigung	La peinture, la lecture et le sport sont des loisirs.
la **marche** [marʃ] 831	Spaziergang	Mes parents ont fait une marche de 20 kilomètres.
la **passion** [pasjɔ̃] 1314	Leidenschaft	Sa passion, c'est de jouer de la musique.
peindre [pɛ̃dr] 1673	malen	Il peint des paysages.
profiter [prɔfite] 1336	profitieren, genießen	Après avoir travaillé deux ans, il profite bien de ses vacances.
ramasser [ramase] 3341	sammeln, einsammeln	Mon père ramasse du bois mort en forêt.

1.06 Freizeitbeschäftigung, Interessen und Hobbys ▸ Aufbauwortschatz

amusant [amyzɑ̃], **amusante** [amyzɑ̃t] 3674	unterhaltsam, amüsant, witzig	Le livre que j'ai lu la semaine dernière est amusant.

amuser [amyze] 2257	unterhalten, amüsieren	Les films avec Louis de Funès l'amusent beaucoup.
l'**aquarium** [akwarjɔm] (M) 3880	Aquarium	Pierre a un grand aquarium avec beaucoup de poissons.
baigner (se) [beɲe] 3600	baden	Nous passons nos vacances à la mer où nous nous baignons tous les jours.
la **balle** [bal] 3885	Ball, Kugel	Une balle est un objet rond qui sert à faire du sport.
le **bricolage** [brikɔlaʒ] 3296	Heimwerken, Basteln	Le loisir de mon frère, c'est le bricolage dans sa maison.
chasser [ʃase] 2352	jagen	Il part chasser le dimanche matin à huit heures.
le **chasseur** [ʃasœr], la **chasseuse** [ʃasøz] 2292	Jäger/in	Les chasseurs ont rapporté dix oiseaux.
le **cirque** [sirk] 3221	Zirkus	Les enfants aiment aller au cirque, ils peuvent y voir des singes et des lions.
la **collection** [kɔlɛksjɔ̃] 2132	Sammlung	Mon oncle fait collection de timbres.
creuser [krøze] 2639	ausheben	Pierre a creusé un trou dans le jardin.
la **danse** [dɑ̃s] 2891	Tanz	Ma fille fait de la danse classique.
danser [dɑ̃se] 2298	tanzen	On allait autrefois danser dans les bals.
dessiner [desine] 2524	zeichnen	Aurélie aime beaucoup dessiner.
distraire [distrɛr] 3699	unterhalten	Mes parents vont au cinéma tous les mardis pour se distraire.
le **fusil** [fyzi] 3712	Gewehr	Mon oncle s'est acheté un nouveau fusil pour la chasse.
le **jouet** [ʒwɛ] 3819	Spielzeug	On offre aux enfants des jouets pour Noël.
l'**occupation** [ɔkypasjɔ̃] (F) 3073	Beschäftigung	Sa principale occupation est la pêche.
occupé [ɔkype], **occupée** [ɔkype] 3074	beschäftigt	Mon fils fait du football et de la musique, c'est un enfant très occupé.
la **pêche** [pɛʃ] 2966	Angeln	En France, la pêche est considérée comme un sport.
promener [prɔməne] 2403	spazieren führen, mit jdm spazieren gehen	Pierre promène son chien matin et soir.
le **violon** [vjɔlɔ̃] 3286	Geige	Aurélie joue du violon depuis l'âge de cinq ans.

1.07 Religion ▸ Grundwortschatz

le **bien** [bjɛ̃] 714	Gute	Le bien est le contraire du mal.
catholique [katɔlik] 697	katholisch	La religion catholique est très répandue en France.

chrétien [kretjɛ̃], **chrétienne** [kretjɛn] 441	christlich	La religion chrétienne est la religion la plus répandue en Europe.
le **concile** [kɔ̃sil] 1375	Konzil	Un concile est une assemblée d'évêques.
le **dieu** [djø], la **déesse** [deɛs] 228	Gott	Beaucoup de personnes sur la Terre croient en Dieu.
l'**église** [egliz] (F) 230	Kirche	Ma grand-mère va à l'église le dimanche matin.
l'**évêque** [evɛk] (M) 1327	Bischof	Un évêque dirige un diocèse.
la **foi** [fwa] 592	Glaube	Ceux qui croient en Dieu ont la foi.
le **Juif** [ʒɥif], la **Juive** [ʒɥiv] 1361	Jude/Jüdin	Beaucoup de Juifs vivent à Paris.
le **mal** [mal] 663	Böse	Les animaux ne distinguent pas le bien du mal.
le **prêtre** [prɛtr] 695	Priester	Les prêtres sont chargés de tenir la messe.
prier [prije] 1487	beten	Aurélie prie tous les soirs avant de s'endormir.
religieux [rəliʒjø], **religieuse** [rəliʒjøz] 533	religiös, kirchlich	Noël est une fête religieuse.
la **religion** [rəliʒjɔ̃] 841	Religion	Pour certaines personnes la religion est la chose la plus importante.
saint [sɛ̃], **sainte** [sɛ̃t] 164	heilig	Une église est un lieu saint.

1.07 Religion ▸ Aufbauwortschatz

l'**abbé** [abe] (M) 2231	Priester, Abt	Un abbé est un religieux catholique.
l'**ange** [ɑ̃ʒ] (M) 2199	Engel	Les anges ont des ailes.
l'**apôtre** [apotr] (M) 2935	Jünger, Apostel	Les douze apôtres ont répandu la religion chrétienne.
la **bible** [bibl] 3521	Bibel	La bible est le livre le plus lu au monde.
biblique [biblik] 3775	biblisch	L'apôtre Pierre est un personnage biblique.
le **cardinal** [kardinal] 2011	Kardinal	Le pape est élu par les cardinaux.
le **catéchisme** [kateʃism] 3607	Religionsunterricht, Katechismus	Mes enfants vont tous les mercredis après-midi au catéchisme.
la **cathédrale** [katedral] 3299	Kathedrale	Une cathédrale est en général plus grande qu'une église.
la **charité** [ʃarite] 2129	Nächstenliebe, Wohltätigkeit	La charité, c'est l'amour des autres.
le **christianisme** [kristjanism] 3300	Christentum	Le christianisme rassemble la religion catholique et protestante.
le **clergé** [klɛrʒe] 3222	Klerus	Les prêtres, les évêques et les moines forment le clergé.
la **cloche** [klɔʃ] 3160	Glocke	J'entends les cloches de l'église sonner.

confessionnel [kɔ̃fɛsjɔnɛl], **confessionnelle** [kɔ̃fɛsjɔnɛl] 2943	konfessionell	Dans les écoles privées, les élèves reçoivent un enseignement confessionnel.
le **couvent** [kuvɑ̃] 2842	Kloster	Elle a fait le choix d'entrer au couvent.
la **croix** [krwa] 2394	Kreuz	Il se tourne vers la croix pour prier.
le **croyant** [krwajɑ̃], la **croyante** [krwajɑ̃t] 2594	Gläubige	Ma grand-mère est croyante, elle va souvent à l'église.
le **culte** [kylt] 2889	Gottesdienst	Les pasteurs dirigent le culte.
le **curé** [kyre] 2946	Pfarrer	Un curé s'occupe d'une paroisse.
le **diable** [djabl] 3309	Teufel	Pour les chrétiens, le diable représente le mal.
le **diocèse** [djɔsɛz] 3615	Diözese	Un diocèse est composé de plusieurs paroisses.
le, la **disciple** [disipl] 3375	Jünger, Schüler/in	Pierre et Jean étaient des disciples de Jésus.
divin [divɛ̃], **divine** [divin] 2692	göttlich	Il croit en la parole divine.
l'**enfer** [ɑ̃fɛr] (M) 3450	Hölle	Le diable habite en enfer.
l'**évangile** [evɑ̃ʒil] (M) 2302	Evangelium	Un évangile est un texte religieux.
invoquer [ɛ̃vɔke] 3250	anrufen	Il a invoqué Dieu pour lui demander de l'aide.
la **messe** [mɛs] 3069	Messe	La messe est une cérémonie religieuse.
le **miracle** [mirɑkl] 2909	Wunder	Un miracle est un événement que l'on ne peut expliquer avec notre raison.
le **moine** [mwan] 3949	Mönch	Les moines consacrent leur vie à Dieu.
mystique [mistik] 3555	mystisch	Il m'a parlé d'une théorie mystique que je ne connaissais pas.
le **mythe** [mit] 3190	Mythos	Un mythe implique des personnages merveilleux.
le **pape** [pap] 2338	Papst	Le pape est le représentant de l'église catholique.
le **paradis** [paradi] 3134	Paradies	Mon oncle ne croit pas au paradis.
la **paroisse** [parwas] 3559	Pfarrgemeinde	Le curé a invité tous les habitants de la paroisse à un dîner.
le **pasteur** [pastœr] 2867	(evangelischer) Pfarrer	Les pasteurs ont le droit de se marier et de fonder une famille.
la **prière** [prijɛr] 2714	Gebet	Elle fait sa prière avant de commencer à manger.
protestant [prɔtɛstɑ̃], **protestante** [prɔtɛstɑ̃t] 2434	protestantisch, evangelisch	Pierre assiste régulièrement à la messe protestante.
le **rite** [rit] 3658	Ritus, Ritual	Un rite est une pratique religieuse.
sacré [sakre], **sacrée** [sakre] 2665	heilig	Une cathédrale est un lieu sacré.
le **Seigneur** [sɛɲœr] 2065	Herr, Gott	Il prie le Seigneur.
le **temple** [tɑ̃pl] 3203	Tempel, Kirche	Un temple est un lieu de prière.

les **ténèbres** [tenɛbr] (F, PL) 3994	Finsternis	Les ténèbres sont représentées par l'obscurité.
le **Testament** [tɛstamɑ̃] 3421	Testament	Le curé lit un extrait de l'Ancien Testament.
la **théologie** [teɔlɔʒi] 2382	Theologie	La théologie est l'étude d'une ou de plusieurs religions.
la **Toussaint** [tusɛ̃] 3101	Allerheiligen	Le premier novembre, c'est la Toussaint.

2 Wohnen

2.01 Haus ▸ Grundwortschatz

l'**appartement** [apartəmɑ̃] (M) 1392	Wohnung	L'appartement est plus petit que l'ancien, mais il a un balcon avec une belle vue.
l'**ascenseur** [asɑ̃sœr] (M) 1523	Aufzug	Un ascenseur est indispensable aux personnes âgées qui habitent un immeuble.
le **balcon** [balkɔ̃] 1537	Balkon	Ma mère a interdit de fumer dans l'appartement. Allons sur le balcon.
le **bâtiment** [bɑtimɑ̃] 1394	Gebäude	Ce groupe d'immeubles comprend huit bâtiments.
consister [kɔ̃siste] 984	bestehen	L'hôtel consiste en cinq chambres individuelles, dix chambres doubles, un restaurant et un jardin.
la **construction** [kɔ̃stryksjɔ̃] 559	Bau	Ce bureau d'études est responsable de la construction du pont.
construire [kɔ̃strɥir] 758	bauen	Mon oncle a construit lui-même sa maison.
la **cour** [kur] 1088	Hof	Les enfants jouent dans la cour de l'école.
l'**entrée** [ɑ̃tre] (F) 868	Eingang, Hausflur	Dans des grands magasins, il y a une entrée différente pour les clients et pour les employés.
établi [etabli], **établie** [etabli] 1247	niedergelassen	Ce boulanger est établi depuis maintenant deux ans et il a de nombreux clients.
la **fenêtre** [fənɛtr] 956	Fenster	Je préfère les maisons avec de grandes fenêtres, car il fait plus clair dans les pièces.
fermer [fɛrme] 1341	schließen, zumachen	J'ai fermé la fenêtre avant de partir.
isolé [izɔle], **isolée** [izɔle] 2022	abgelegen, isoliert	Mon oncle habite dans une maison isolée au bord de la forêt.
le **jardin** [ʒardɛ̃] 1401	Garten	Chaque soir, mon grand-père s'occupe des fleurs de son jardin.
la **maison** [mɛzɔ̃] 203	Haus	La maison dans laquelle nous habitons a trois étages.
le **mur** [myr] 621	Wand, Mauer	Mon père a peint les murs de ma chambre en bleu clair.
ouvrir [uvrir] 412	öffnen, aufmachen	N'ouvre pas les fenêtres. Il pleut dehors.
le **portail** [pɔrtaj] 1689	Tor	Tu ne peux pas garer ta voiture dans la cour, car je n'ai pas la clé du portail.
la **porte** [pɔrt] 282	Tür	Ça a sonné. Peux-tu ouvrir la porte, s'il te plaît?
le **rez-de-chaussée** [redʃose] 1704	Erdgeschoss	Le bureau de Madame Guillemet se trouve au rez-de-chaussée.
la **sonnette** [sɔnɛt] 1717	Klingel	Pierre est devant la porte et appuie sur la sonnette, mais personne ne vient lui ouvrir.

visiter [vizite] 1775	besichtigen	Avant de louer cet appartement, nous l'avons visité deux fois.
le **voisin** [vwazɛ̃], la **voisine** [vwazin] 1129	Nachbar/in	Nous avons fait la connaissance de nos nouveaux voisins, ils sont sympathiques.

2.01 Haus ▸ Aufbauwortschatz

abriter [abrite] 3029	beherbergen	Cette ancienne ferme abrite plusieurs ateliers de peinture.
bâtir [bɑtir] 3886	bauen	Nos amis ont acheté un vaste terrain pour y bâtir une maison.
la **cave** [kav] 2632	Keller	Pour le repas de Noël, mon père va chercher une bonne bouteille de vin à la cave.
la **cheminée** [ʃəmine] 3780	Kamin, Schornstein	L'hiver, nous faisons du feu dans la cheminée.
claquer [klake] 3898	knallen	Mon frère claque toujours la porte en sortant de la maison.
la **demeure** [dəmœr] 3695	Wohnsitz	Lors de notre séjour à Nantes, nous avons visité l'ancienne demeure de Jules Verne.
le **domicile** [dɔmisil] 3376	Wohnung, Wohnsitz	Le domicile désigne le lieu où habite une personne.
la **façade** [fasad] 3536	Fassade	Des ouvriers sont venus nettoyer la façade de notre maison.
le **garage** [garaʒ] 3465	Garage, Werkstatt	Le garage est assez grand pour y mettre deux voitures.
l'**immeuble** [imœbl] (M) 2019	Wohnhaus, Gebäude	Ils habitent un appartement dans un immeuble de six étages.
isoler [izɔle] 3721	isolieren	Il a bien isolé sa maison pour faire des économies de chauffage.
le **logement** [lɔʒmɑ̃] 2533	Wohnung	Aurélie cherche un logement à Paris, mais elle ne trouve pas.
loger [lɔʒe] 3253	wohnen, unterbringen	Le président russe loge à l'hôtel Adlon lorsqu'il est à Berlin.
louer [lwe] 3822	mieten, vermieten	Il loue cet appartement depuis quatre mois, mais il n'a pas encore payé une seule fois le loyer.
le **palais** [palɛ] 2277	Palast	Cette maison est un véritable palais, elle est grande et très jolie.
le **palier** [palje] 3735	Treppenabsatz	Son chat attend tous les soirs sur le palier qu'il revienne du travail.
le **pavillon** [pavijɔ̃] 2369	Einfamilienhaus	On a dormi dans le petit pavillon qui est situé à gauche du palais.
le **revêtement** [rəvɛtmɑ̃] 3978	Verkleidung	L'entreprise s'est spécialisée dans le revêtement en bois ou en métal des cheminées.

le **seuil** [sœj] 2441	Türschwelle	Ne reste pas sur le seuil de la porte, entre.
le **sous-sol** [susɔl] 3501	Untergeschoss	Le sous-sol est la partie de la maison se trouvant au-dessous du rez-de-chaussée.
la **terrasse** [tɛras] 3420	Terrasse	Après le dîner, nous prenons un café sur la terrasse du restaurant.
le **toit** [twa] 2384	Dach, Bleibe	Le toit est la surface qui recouvre le dessus d'une maison ou d'un bâtiment.
la **villa** [vila] 4005	Villa	Cette villa est plus grande que notre maison.
le **volet** [vɔlɛ] 3506	Fensterladen	Il fait nuit. Peux-tu fermer les volets, s'il te plaît?

2.02 Haushalt ▸ Grundwortschatz

l'**allumette** [alymɛt] (F) 1520	Streichholz	On peut allumer un feu avec des allumettes.
boucher [buʃe] 1548	zumachen, verstopfen	Peux-tu boucher la bouteille, s'il te plaît?
bouillir [bujir] 1550	kochen	On fait bouillir de l'eau pour se préparer un thé.
la **chose** [ʃoz] 119	Sache, Ding	Quelle est cette chose posée sur la table?
coudre [kudr] 1574	nähen	Ma mère m'a appris à coudre un bouton.
les **déchets** [deʃɛ] (M, PL) 1581	Abfall	De nombreuses personnes jettent leurs déchets en forêt.
éclairer [eklere] 1822	erhellen	On a besoin de plus de lampes pour éclairer la salle.
l'**énergie** [enɛrʒi] (F) 798	Energie	Le pétrole est une source d'énergie.
étendre [etɑ̃dr] 1172	aufhängen, ausbreiten	L'été, on peut étendre les draps mouillés dehors.
le **feu** [fø] 633	Feuer	Les feux de forêt en été menacent beaucoup de gens et leurs maisons.
le **foyer** [fwaje] 1415	Heim, Haushalt	45% des foyers français souhaitent avoir plus de vacances.
inutile [inytil] 1382	nutzlos	Il est inutile de nettoyer les fenêtres quand il pleut.
mouillé [muje], **mouillée** [muje] 1651	nass	Il est parti sous la pluie et l'orage, ses vêtements sont mouillés.
nettoyer [netwaje] 1656	putzen	Il a nettoyé la table avant de mettre le couvert.
l'**objet** [ɔbʒɛ] (M) 473	Gegenstand	Aurélie a plein d'objets dans sa chambre.
l'**ordre** [ɔrdr] (M) 313	Ordnung	J'ai mis de l'ordre dans mes affaires.
pratique [pratik] 1501	praktisch	Cette cuisine entièrement équipée est très pratique.
la **prise** [priz] 833	Steckdose	Il y a trois prises électriques et une prise de téléphone dans la chambre.

propre [prɔpr] 1695	sauber	Pour que sa chambre soit propre, il la nettoie tous les dimanches.
salir [salir] 1708	schmutzig machen, verschmutzen	L'enfant a sali son pantalon en jouant dans le jardin.
le **tuyau** [tɥijo] 1742	Rohr	Un des tuyaux de la cuisine est percé, il y a de l'eau partout!
utile [ytil] 1232	nützlich	Cet appareil vous sera utile pour faire des travaux dans la maison.
utiliser [ytilize] 322	benutzen	Pierre a utilisé un produit chimique pour nettoyer la salle de bains.

2.02 Haushalt ▸ Aufbauwortschatz

allumer [alyme] 2125	anzünden, einschalten	On ne peut pas allumer un feu avec du bois humide.
arranger [arɑ̃ʒe] 3033	einrichten	Mon père a arrangé le salon à sa façon.
la **balance** [balɑ̃s] 3107	Waage	Il m'a demandé une balance pour pouvoir se peser.
le **barreau** [baro] 2939	Sprosse, Stab	Un barreau de l'échelle est cassé.
la **bougie** [buʒi] 2884	Kerze	J'ai acheté des bougies pour mettre sur le gâteau d'anniversaire.
la **brosse** [brɔs] 3109	Bürste	J'ai cherché ma brosse à cheveux partout. Elle était tombée sous le lit.
le **carreau** [karo] 3366	Fensterscheibe	J'ai lavé les carreaux de la cuisine.
le **chauffage** [ʃofaʒ] 2987	Heizung	L'été, nous n'avons pas besoin de chauffage dans la maison.
chauffer [ʃofe] 3685	warm/heiß werden, heizen	En hiver, je ne chauffe que le salon et la salle de bains.
le **chiffon** [ʃifɔ̃] 3781	Lappen, Fetzen	Je fais la poussière avec un chiffon.
la **clé** [kle] 2293	Schlüssel	Pourriez-vous m'ouvrir la porte? J'ai oublié ma clé.
débarrasser [debarase] 2549	abräumen	Après avoir débarrassé la table, nous pouvons regarder la télévision.
le **désordre** [dezɔrdr] 3794	Unordnung	La chambre de mon fils est toujours en désordre.
domestique [dɔmɛstik] 2897	häuslich, zahm	À la maison, c'est ma mère qui s'occupe des travaux domestiques.
le **drap** [dra] 3618	Bettlaken	J'ai changé les draps de mon lit.
l'**échelle** [eʃɛl] (F) 2015	Leiter	Même avec une échelle, je suis trop petite pour atteindre le plafond.
l'**éclairage** [eklɛraʒ] (M) 3920	Beleuchtung	L'éclairage n'est pas assez fort dans le salon, je ne peux ni lire ni écrire.

éteindre [etɛ̃dr] 3175	ausmachen, abstellen	Il est sorti de la pièce et a oublié d'éteindre la lumière.
la **flamme** [flam] 2648	Flamme	Il s'est brûlé avec la flamme de la bougie.
fonctionnel [fɔ̃ksjɔnɛl], **fonctionnelle** [fɔ̃ksjɔnɛl] 3463	funktionell	La cuisine de mes parents est grande et fonctionnelle.
fumer [fyme] 3241	rauchen, dampfen	La cheminée du salon fume.
l'**incendie** [ɛ̃sɑ̃di] (M) 2365	Brand	L'incendie qui a détruit leur maison a été causé par une bougie oubliée.
la **lame** [lam] 3329	Klinge	Ce couteau a une grande lame.
laver [lave] 2603	waschen, sauber machen	Ma mère lave le linge une fois par semaine.
la **mèche** [mɛʃ] 3549	Docht	J'ai allumé la mèche de la bougie.
le **ménage** [menaʒ] 2807	Haushalt	Mon frère n'aime pas faire le ménage.
le **montage** [mɔ̃taʒ] 3726	Montage	Le montage de cet appareil est simple.
la **nappe** [nap] 3729	Tischtuch	Ma grand-mère n'a que des nappes à fleurs.
l'**outil** [uti] (M) 3076	Werkzeug	Il est venu avec sa boîte à outils pour réparer ma voiture.
percer [pɛrse] 2609	bohren	Il a percé un trou dans le mur pour pouvoir y accrocher un miroir.
la **planche** [plɑ̃ʃ] 3402	Brett	Il a réparé le banc avec une planche.
la **poignée** [pwaɲe] 3962	Griff	La poignée de la porte est cassée.
le **pot** [po] 2917	Topf, Glas, Becher	Elle a posé un pot de fleurs sur son balcon.
la **poudre** [pudr] 3484	Pulver	Il met du sucre en poudre dans son yaourt.
la **poussière** [pusjɛr] 2471	Staub	À cause d'un chantier en face de notre maison, nous avons de la poussière partout.
ranger [rɑ̃ʒe] 2515	aufräumen	Nous devons ranger nos affaires avant que nos parents arrivent.
répandre [repɑ̃dr] 3019	verschütten, streuen	J'ai fait tomber mon verre, le vin s'est répandu sur le tapis.
le **réveil** [revɛj] 3852	Wecker	Mon réveil sonne tous les matins à huit heures.
le **rouleau** [rulo] 3139	Rolle	Aurélie a besoin d'un rouleau pour pouvoir étaler la pâte.
sale [sal] 3199	schmutzig	La table est sale. Peux-tu la nettoyer?
sécher [seʃe] 2118	trocknen, abtrocknen	L'été, j'étends mes vêtements dans le jardin pour qu'ils sèchent plus vite.
la **serviette** [sɛrvjɛt] 3855	Serviette, Handtuch	As-tu pensé à mettre des serviettes sur la table?
la **tache** [taʃ] 2622	Fleck	Mon pantalon est sale, il a plein de taches.
l'**utilisation** [ytilizasjɔ̃] (F) 2094	Benutzung, Verwendung	L'utilisation de ce produit chimique est dangereuse pour la santé.
la **vapeur** [vapœr] 3584	Dampf	Quand l'eau bout, il y a de la vapeur.

2.03 Räume und Einrichtung ▸ Grundwortschatz

l'**application** [aplikasjɔ̃] (F) 1051	Auftragen	Il faut attendre six heures avant l'application de la seconde couche de peinture.
le **bain** [bɛ̃] 1374	Bad	Pour me reposer d'une longue journée de travail, je prends un bain bien chaud.
la **chambre** [ʃɑ̃br] 335	Schlafzimmer	Je partage ma chambre avec ma petite sœur.
la **cuisine** [kɥizin] 1856	Küche	On prépare le repas dans une cuisine.
la **douche** [duʃ] 1588	Dusche	Le matin je me lève, prends une douche et pars au travail.
l'**équipement** [ekipmɑ̃] (M) 1435	Ausstattung	Aurélie veut acheter un nouvel équipement pour sa cuisine.
l'**escalier** [ɛskalje] (M) 1782	Treppe	Il n'aime pas les ascenseurs, il préfère monter l'escalier.
le **fauteuil** [fotœj] 1826	Sessel	Dans le salon, nous avons trois fauteuils en cuir.
fixer [fikse] 743	befestigen	Il a fixé le miroir sur le mur.
la **lampe** [lɑ̃p] 1345	Lampe	Il a oublié d'éteindre la lampe.
le **lit** [li] 681	Bett	Une fois au lit, je m'endors tout de suite.
la **marche** [marʃ] 1643	Stufe	Cet escalier a onze marches.
le **meuble** [mœbl] 1844	Möbel	La table, les chaises et les fauteuils sont des meubles.
meubler [mœble] 1402	möblieren	Son appartement est bien meublé.
la **paroi** [parwa] 1466	Wand, Trennwand	Ces deux pièces sont séparées par une fine paroi.
la **pièce** [pjɛs] 382	Zimmer	L'appartement comporte quatre pièces.
placer [plase] 652	stellen, legen	J'ai placé mon stylo sur le bureau.
recouvrir [rəkuvrir] 1969	bedecken	Je recouvre le mur d'un nouveau papier peint.
le **robinet** [rɔbinɛ] 1706	Hahn	J'ai oublié de fermer le robinet, il y a de l'eau partout.
la **salle** [sal] 404	Saal, Zimmer	Cette salle est grande et confortable.
la **salle de bains** [saldəbɛ̃] 1709	Bad, Badezimmer	La maison est équipée de deux salles de bains.
la **salle de séjour** [saldəseʒur] 1710	Wohnzimmer	Nous mangeons dans la salle de séjour.
le **salon** [salɔ̃] 1291	Wohnzimmer	Ils regardent la télévision dans le salon.
la **table** [tabl] 629	Tisch	Mes parents ont acheté une nouvelle table pour la salle à manger.

2.03 Räume und Einrichtung ▸ Aufbauwortschatz

l'**aménagement** [amenaʒmɑ̃] (M) 3675	Einrichtung	L'aménagement de cette pièce a duré toute une journée.
aménager [amenaʒe] 3596	einrichten	Mon frère trouve que j'ai bien aménagé ma chambre.

l'**armoire** [armwar] (F) 3430	Schrank	Je range mes vêtements dans l'armoire de ma chambre.
le **banc** [bɑ̃] 2320	Bank	Il s'est assis sur un banc.
la **chaise** [ʃɛz] 2099	Stuhl	Il vient d'acheter une table et quatre chaises pour la salle de séjour.
le **confort** [kɔ̃fɔr] 3370	Komfort	Mon oncle tient beaucoup à son confort.
le **couloir** [kulwar] 2356	Gang, Flur	Le couloir de l'entrée est sombre.
couvert [kuvɛr], **couverte** [kuvɛrt] 2739	bedeckt	La table est couverte de livres.
la **décoration** [dekɔrasjɔ̃] 3046	Dekoration	Ma sœur s'occupe de la décoration de notre chambre.
équiper [ekipe] 3620	ausstatten	Cette maison est équipée d'une grande cuisine.
l'**étage** [etaʒ] (M) 2051	Stockwerk	Pierre habite au troisième étage.
la **fixation** [fiksasjɔ̃] 3538	Befestigung	La fixation n'était pas assez solide, le miroir est tombé.
la **fumée** [fyme] 2789	Rauch	De la fumée sort de la cheminée.
le **miroir** [mirwar] 3008	Spiegel	Aurélie aime se regarder dans le miroir.
orner [ɔrne] 3644	schmücken	La table est ornée de fleurs.
le **plafond** [plafɔ̃] 2661	Decke	Il peint le plafond du salon en jaune.
le **plancher** [plɑ̃ʃe] 3079	Fußboden	Il y a un trou dans le plancher de la salle à manger.
le **rayon** [rɛjɔ̃] 3489	Fach; Strahl	J'ai posé mes livres sur le rayon du haut de la bibliothèque.
le **rideau** [rido] 2313	Vorhang	Il a accroché de longs rideaux aux fenêtres du salon.
le **tapis** [tapi] 3419	Teppich	Mes parents ont acheté un grand tapis rouge pour le salon.
la **tapisserie** [tapisri] 3578	Tapete	La tapisserie du salon de mes grands-parents est vieille et jaune.

2.04 Materialien ▸ Grundwortschatz

l'**acide** [asid] (M) 1156	Säure	Les acides sont des corps chimiques.
l'**acier** [asje] (M) 1931	Stahl	La lame du couteau est en acier.
l'**argent** [arʒɑ̃] (M) 488	Silber	Cette bague est-elle en or ou en argent?
le **bois** [bwɑ] 540	Holz	Les meubles d'une maison sont généralement en bois.
le **charbon** [ʃarbɔ̃] 1559	Kohle	Autrefois, on chauffait la maison au charbon.
la **corde** [kɔrd] 1893	Seil	Attache la barque avec cette corde.
le **fer** [fɛr] 972	Eisen	Le fer est un métal gris.
la **fibre** [fibr] 1359	Faser	La maison est isolée avec de la fibre de verre.
la **ficelle** [fisɛl] 1608	Bindfaden	Il a attaché le paquet avec de la ficelle.
le **fil** [fil] 1902	Faden	J'ai cousu le bouton avec du fil noir.

le **gaz** [gɑz] 1221	Gas	Les prix du gaz ont augmenté ces derniers mois.
le **matériel** [materjɛl] 1028	Material	Il a acheté du matériel neuf pour réparer sa voiture.
l'**or** [ɔr] (M) 682	Gold	Son mari lui a offert une bague en or.
le **papier** [papje] 566	Papier	Il a écrit son nom et son adresse sur une feuille en papier.

2.04 Materialien ▸ Aufbauwortschatz

l'**aimantation** [ɛmɑ̃tasjɔ̃] (F) 3356	Magnetisierung	L'aimantation représente le moment magnétique par unité de volume.
le **béton** [betɔ̃] 4009	Beton	Les murs du garage sont en béton.
la **brique** [brik] 3777	Ziegelstein	On trouve, dans le nord de la France, principalement des maisons en briques rouges.
le **carton** [kartɔ̃] 3298	Karton	La première page du livre est en carton.
le **ciment** [simɑ̃] 3897	Zement	Il faut tenir les briques avec du ciment.
la **cire** [sir] 3783	Wachs	La cire naturelle est fabriquée par les abeilles.
le **coton** [kɔtɔ̃] 3225	Baumwolle	Ma chemise est en coton.
le **cristal** [kristal] 3372	Kristall	On lui a offert des verres en cristal pour son anniversaire.
le **cuir** [kɥir] 3694	Leder	Pierre porte une veste en cuir.
le **cuivre** [kɥivr] 3228	Kupfer	Le cuivre est un métal de couleur rouge.
le **filet** [filɛ] 3931	Netz, Masche	Ils attrapent les poissons avec un grand filet de pêche.
la **fusion** [fyzjɔ̃] 3177	Fusion	Un métal en fusion coule sous l'action de la chaleur.
le **grès** [grɛ] 3714	Sandstein	La façade de ce bâtiment est en sculptée en grès.
le **matériau** [materjo] 2806	(Bau)Material	La pierre, le bois et le fer sont des matériaux.
le **métal** [metal] 2219	Metall	L'or est un métal précieux.
métallique [metalik] 2859	Metall-	Les meubles métalliques sont à la mode.
le **parquet** [parkɛ] 4010	Parkettboden	On entretient le parquet avec de la cire.
la **plaque** [plak] 2915	Platte	Pierre a acheté une grande plaque de verre.
plastique [plastik] 2813	Plastik-	Ces caisses sont en matière plastique.
la **résine** [rezin] 3138	Harz	La résine naturelle est un liquide qui est produit surtout par des arbres.
la **substance** [sypstɑ̃s] 2975	Substanz	L'acier est une substance dure et lourde.
la **tuile** [tɥil] 2770	Dachziegel	Une tuile est tombée du toit de la maison.

3 Umwelt

3.01 Stadt und Land ▸ Grundwortschatz

la **campagne** [kɑ̃paɲ] 1066	Land	La vie à la campagne est plus calme qu'à la ville.
le **centre** [sɑ̃tr] 468	Zentrum	Lyon est un centre industriel.
l'**écologie** [ekɔlɔʒi] (F) 1590	Ökologie	L'écologie est la défense du milieu naturel des êtres vivants.
écologique [ekɔlɔʒik] 1591	umweltfreundlich	L'Europe mène de plus en plus une politique écologique.
l'**écologiste** [ekɔlɔʒist], l'**écologiste** [ekɔlɔʒist] 1592	Naturschützer	Les écologistes s'engagent pour la protection de la nature.
l'**enceinte** [ɑ̃sɛ̃t] (F) 913	Ringmauer, Gelände	Une enceinte servait autrefois de protection.
l'**environnement** [ɑ̃virɔnmɑ̃] (M) 1598	Umwelt	La protection de l'environnement est un problème majeur.
fameux [famø], **fameuse** [famøz] 1901	berühmt	La Bourgogne est fameuse pour son vin.
la **ferme** [fɛrm] 1827	Bauernhof	J'ai passé mes vacances à la campagne, dans une ferme.
local [lɔkal], **locale** [lɔkal] 918	lokal-	J'achète tous les jours le journal local.
le **maire** [mɛr], la **mairesse** [mɛr] 1925	Bürgermeister/in	Le maire est la personne la plus connue du village.
le **marché** [marʃe] 520	Markt	Le mercredi est jour de marché dans mon village.
le **passant** [pɑsɑ̃], la **passante** [pɑsɑ̃t] 1669	Passant/in	J'ai demandé l'heure à un passant.
la **place** [plas] 213	Platz	Nous nous retrouvons sur la place de l'église.
polluer [pɔlɥe] 1686	verschmutzen	Il est interdit de se baigner car la plage est polluée.
la **province** [provɛ̃s] 354	Provinz	La Bretagne est une province française.
le **quartier** [kartje] 1768	Viertel	J'habite dans un quartier calme et agréable.
la **région** [reʒjɔ̃] 427	Region	La France est composée de 26 régions.
régional [reʒjɔnal], **régionale** [reʒjɔnal] 1424	regional	J'habite depuis peu ici, je ne connais pas encore les coutumes régionales.
le **terrain** [tɛrɛ̃] 923	Grundstück	La maison comprend un vaste terrain.
le **trottoir** [trɔtwar] 1739	Bürgersteig	Il faut toujours marcher sur le trottoir.
le **village** [vilaʒ] 810	Dorf	J'habite dans un village de 254 habitants.
la **ville** [vil] 190	Stadt	Paris est la plus grande ville de France.

3.01 Stadt und Land ▸ Aufbauwortschatz

l'**adjoint** [adʒwɛ̃], l'**adjointe** [adʒwɛ̃t] 2721	Stellvertreter/in	Le maire et ses adjoints se réunissent le jeudi à 19 heures.
l'**avenue** [av(ə)ny] (F) 3518	Allee, breite Straße	Une avenue est une large rue plantée d'arbres.
la **banlieue** [bɑ̃ljø] 2938	Vororte	Je n'habite pas dans le centre ville mais en banlieue.
la **cité** [site] 2450	Stadt, Siedlung	Autrefois, une grande ville s'appelait une cité.
la **commune** [kɔmyn] 2134	Gemeinde	Un maire dirige une commune.
le **comté** [kɔ̃te] 3040	Grafschaft	Il y avait autrefois plusieurs comtés en France comme le comté de Champagne et le comté d'Artois.
le **département** [departəmɑ̃] 2300	Departement	La France est divisée en 100 départements.
le **district** [distrikt] 3532	Bezirk	Un district comprend plusieurs départements.
les **environs** [ɑ̃virɔ̃] (M, PL) 3312	Umgebung	Il habite depuis deux ans dans les environs de Paris.
la **métropole** [metrɔpɔl] 3476	Metropole	Paris est une grande métropole.
le **moulin** [mulɛ̃] 3188	Mühle	On trouve à la sortie du village un vieux moulin que l'on peut même visiter.
municipal [mynisipal], **municipale** [mynisipal] 2190	Gemeinde-	Le conseil municipal organise une grande fête pour le 14 juillet.
la **municipalité** [mynisipalite] 2810	Gemeindeverwaltung	La municipalité désigne le conseil municipal et le maire.
le **parc** [park] 2402	Park	Je promène mon chien tous les matins dans le parc.
la **pollution** [pɔlysjɔ̃] 3193	Verschmutzung	La pollution est un problème qui concerne chaque homme.
rural [ryral], **rurale** [ryral] 3408	ländlich	La campagne est un milieu rural.
le **sentier** [sɑ̃tje] 3985	Fußweg	Ce sentier mène à la forêt.
la **tour** [tur] 3580	Hochhaus, Turm	On trouve dans les villes modernes de nombreuses tours.
urbain [yrbɛ̃], **urbaine** [yrbɛn] 3505	städtisch, Stadt-	La population urbaine de la France augmente chaque année.

3.02 Landschaft ▸ Grundwortschatz

l'**Atlantique** [atlɑ̃tik] (M) 1833	Atlantik	Il a traversé l'Atlantique en bateau.
le **buisson** [bɥisɔ̃] 1553	Busch	Les enfants se sont cachés dans les buissons.
le **champ** [ʃɑ̃] 757	Feld	La route est bordée de champs de blé.
la **côte** [kot] 1270	Küste	Nous sommes arrivés fatigués en haut de la côte.
le **courant** [kurɑ̃] 706	Strömung	Il y a beaucoup de courant dans cette rivière.
le **cours** [kur] 150	Verlauf	Les hommes ont changé le cours naturel du fleuve.
l'**eau** [o] (F) 198	Wasser	Les poissons vivent dans l'eau.
la **forêt** [fɔrɛ] 1079	Wald	Beaucoup d'arbres en forêts sont cassés à cause de la tempête.
le **lac** [lak] 995	See	Nous sommes allés nous baigner dans un lac.
la **lumière** [lymjɛr] 476	Licht	Les fenêtres laissent entrer la lumière dans la maison.
la **mer** [mɛr] 493	Meer	Nous partons à la mer chaque été.
merveilleux [mɛrvɛjø], **merveilleuse** [mɛrvɛjøz] 1905	wunderbar	Ce paysage est merveilleux.
la **montée** [mɔ̃te] 1648	Aufstieg, Steigung	La montée au sommet est très difficile.
la **nature** [natyr] 466	Natur	Il lutte pour la protection de la nature.
naturel [natyrɛl], **naturelle** [natyrɛl] 627	natürlich	L'eau est le milieu naturel des poissons.
la **pierre** [pjɛr] 1014	Stein	L'enfant a jeté une pierre, il a cassé le carreau de la cuisine.
provincial [prɔvɛ̃sjal], **provinciale** [prɔvɛ̃sjal] 1253	provinziell	Il a un style provincial.
la **ressource** [rəsurs] 977	Ressource	Les ressources de pétrole en France sont faibles.
la **rivière** [rivjɛr] 1153	Fluss	Une rivière est un cours d'eau.
le **sable** [sabl] 1316	Sand	La plage est couverte de sable.
le **sol** [sɔl] 772	Boden	Après l'orage, le sol est tout mouillé.
la **source** [surs] 809	Quelle	Il y a plusieurs sources d'eau dans cette montagne.
la **terre** [tɛr] 324	Erde	Le métro circule généralement sous terre.
la **vague** [vag] 1955	Welle	À la plage, j'aime écouter le bruit des vagues.

3.02 Landschaft ▸ Aufbauwortschatz

l'**altitude** [altityd] (F) 3671	Höhe	Nous sommes montés à plus de 1000 mètres d'altitude.
la **baie** [bɛ] 3884	Bucht	La côte forme une baie en se creusant.

border [bɔrde] 3776	säumen	Une avenue est généralement bordée d'arbres.
brûler [bryle] 2728	brennen	La forêt brûle depuis deux jours.
le **col** [kɔl] 3161	Gebirgspass	Nous avons descendu le col de la montagne à vélo.
la **colline** [kɔlin] 3223	Hügel	Du haut de la colline, nous avons une magnifique vue sur le paysage.
le **continent** [kɔ̃tinɑ̃] 2354	Kontinent	Il y a sept continents. L'Afrique et l'Europe en sont deux.
couler [kule] 2162	fließen	La Seine coule à travers Paris.
le **désert** [dezɛr] 2552	Wüste	Il faut avoir une bonne condition et surtout de l'eau quand on veut traverser le désert.
l'**écho** [eko] (M) 2526	Echo	Elle entend l'écho de sa voix dans la montagne.
émerger [emɛrʒe] 3705	auftauchen	Pierre observe un poisson qui émerge de l'eau.
le **fleuve** [flœv] 2699	Strom, Fluss	La Seine est un fleuve qui se jette dans la mer.
le **flot** [flo] 3539	Flut, Welle	De la plage, nous voyons les flots de la mer.
flotter [flɔte] 3803	schwimmen, schweben	Après l'accident nucléaire, tous les poissons flottent à la surface de l'eau.
géographique [ʒeɔgrafik] 3807	geographisch	L'instituteur a accroché une carte géographique au mur de la classe.
gigantesque [ʒigɑ̃tɛsk] 2792	riesig	En Bretagne, on trouve des rochers gigantesques qui sont parfois grands comme des maisons.
l'**horizon** [ɔrizɔ̃] (M) 2506	Horizont	Il observe le soleil disparaître derrière l'horizon.
jaillir [ʒajir] 3634	spritzen	Le pétrole jaillit de terre avec une forte pression.
la **lune** [lyn] 2271	Mond	La lune tourne autour de la Terre.
la **marée** [mare] 3823	Gezeiten	La marée est le mouvement des eaux de la mer. Il y a la marée basse et la marée haute.
marin [marɛ̃], **marine** [marin] 3332	See-	Les spécialistes annoncent des courants marins forts pour demain.
la **mine** [min] 3255	Mine, Bergwerk	La mine d'or la plus profonde du monde est située en Afrique du Sud.
le **minerai** [minrɛ] 3639	Erz	Il travaille sur une exploitation de minerai de fer.
le **mont** [mɔ̃] 2566	Berg	Un mont est une haute montagne.
l'**océan** [ɔseɑ̃] (M) 3133	Ozean	L'Atlantique est un océan qui relie l'Europe à l'Amérique du nord et du sud.
le **paysage** [peizaʒ] 2660	Landschaft	La Provence est connue pour son paysage pittoresque et son climat agréable.
la **pente** [pɑ̃t] 2370	Gefälle	La route qui mène à leur maison est en pente.
la **plaine** [plɛn] 3262	Ebene	Une plaine est une forme de relief relativement plate.
la **planète** [planɛt] 3563	Planet	La planète Pluton est plus petite que la planète Jupiter.
la **prairie** [preri] 3648	Wiese	Une prairie est un terrain couvert d'herbe.

le **puits** [pɥi] 3566	Brunnen	Un puits est un trou dans le sol d'où l'on peut tirer de l'eau.
refléter [rəflete] 2614	widerspiegeln	L'eau reflète la lumière de la lune.
le **relief** [rəljɛf] 3973	Relief	La forme de la surface de la terre est le relief.
la **rive** [riv] 2763	Ufer	Il y a tant de brouillard sur le fleuve qu'on ne peut pas voir d'une rive à l'autre.
le **rocher** [rɔʃe] 3271	Felsen	Un rocher est tombé sur la route de montagne.
la **rotation** [rɔtasjɔ̃] 3853	Rotation	Nicolas Copernic a découvert la rotation de la Terre autour du soleil.
le **sommet** [sɔmɛ] 2194	Gipfel	Le sommet est le point le plus haut d'une montagne.
terrestre [tɛrɛstr] 3860	Erd-, irdisch	L'atmosphère terrestre est constituée de 21 % d'oxygène.
la **vallée** [vale] 2411	Tal	Le village se trouve dans une vallée cachée.

3.03 Klima und Wetter ▸ Grundwortschatz

l'**air** [ɛr] (M) 525	Luft	Aurélie aime respirer le bon air de la campagne.
la **chaleur** [ʃalœr] 1281	Hitze	La chaleur du soleil donne envie de dormir.
chaud [ʃo], **chaude** [ʃod] 910	warm, heiß	Cette année, il fait encore plus chaud que l'année dernière. Tout le monde va à la plage.
le **ciel** [sjɛl] 932	Himmel	Aurélie ne supporte plus la pluie et le ciel gris.
le **climat** [klima] 2102	Klima	Mes voisins préfèrent le climat du sud. Ils aiment quand il fait chaud et que le soleil brille.
le **degré** [dəgre] 591	Grad	Il fait 35 degrés aujourd'hui.
froid [frwa], **froide** [frwad] 1235	kalt	L'eau est encore trop froide pour se baigner.
geler [ʒəle] 1618	frieren, gefrieren lassen	Aurélie met un manteau épais et des gants, car il gèle.
illuminer [ilymine] 1010	beleuchten	Les étoiles illuminent le ciel la nuit.
la **neige** [nɛʒ] 987	Schnee	Ils annoncent dix centimètres de neige pour demain.
neiger [nɛʒe] 1655	schneien	Il a neigé la nuit dernière, les toits des maisons sont blancs.
l'**ombre** [ɔ̃br] (F) 1101	Schatten	L'ombre du grand arbre protège Aurélie du soleil.
pencher [pɑ̃ʃe] 1441	biegen, neigen	Le vent fait pencher l'arbre.
le **phénomène** [fenɔmɛn] 778	Phänomen, Erscheinung	Une tempête est un phénomène naturel.
pleuvoir [pløvwar] 1681	regnen	Pierre prend un parapluie pour sortir, car il pleut.
sec [sɛk], **sèche** [sɛʃ] 1472	trocken	Les agriculteurs espèrent qu'il va pleuvoir cette semaine, car la terre est trop sèche.

le **soleil** [sɔlɛj] 556	Sonne	Le soleil du sud me manque. Ici, il pleut 300 jours dans l'année.
souffler [sufle] 1391	wehen	Le vent souffle à 120 kilomètres à l'heure.
la **température** [tɑ̃peratyr] 961	Temperatur	La température terrestre a augmenté de deux degrés.
le **vent** [vɑ̃] 1050	Wind	Les arbres plient sous la violence du vent.

3.03 Klima und Wetter ▸ Aufbauwortschatz

l'**atmosphère** [atmɔsfɛr] (F) 2070	Atmosphäre	On cherche une planète entourée d'une atmosphère semblable à celle de la Terre.
le **brouillard** [brujar] 3219	Nebel	Le brouillard empêche le conducteur de voir la route.
l'**éclair** [eklɛr] (M) 2948	Blitz	Un orage approche. J'ai déjà vu un éclair.
l'**étoile** [etwal] (F) 2107	Stern	Il n'y a pas de nuages dans le ciel, on peut voir les étoiles.
la **goutte** [gut] 2422	Tropfen	Il va pleuvoir. J'ai reçu des gouttes.
humide [ymid] 3319	feucht	La terre est humide après la pluie.
incliner [ɛ̃kline] 2652	beugen, neigen	Le vent incline les arbres.
le **nuage** [nɥaʒ] 3478	Wolke	Il y a trop de nuages dans le ciel. On ne peut pas voir le soleil.
l'**orage** [ɔraʒ] (M) 3643	Gewitter	Un orage va éclater. On voit déjà des éclairs.
la **pluie** [plɥi] 2001	Regen	Un orage est souvent accompagné de pluie.
la **prévision** [previzjɔ̃] 3017	Vorhersage	Le journaliste donne les prévisions du temps qu'il va faire demain.
le **rayon** [rɛjɔ̃] 3136	Strahl	Un rayon de lumière passe sous la porte.
le **rayonnement** [rɛjɔnmɑ̃] 2817	Strahlung	Le rayonnement du soleil peut être source d'énergie.
la **tempête** [tɑ̃pɛt] 3146	Sturm	Une tempête est prévue pour demain, le vent soufflera jusqu'à 120 kilomètres à l'heure.
tropical [trɔpikal], **tropicale** [trɔpikal] 4000	tropisch	Certains fruits poussent seulement dans un climat tropical, humide et chaud.

3.04 Pflanzen und Tiere ▸ Grundwortschatz

l'**abeille** [abɛj] (F) 1816	Biene	Pour que les abeilles produisent du miel, il leur faut des fleurs.
l'**aile** [ɛl] (F) 2067	Flügel	L'aile de l'oiseau est cassée. Il ne peut plus voler.
l'**animal** [animal] (M) 874	Tier	Pierre aime les animaux, surtout les chats.
l'**arbre** [arbr] (M) 764	Baum	J'adore me promener sous les arbres en forêt.
la **bête** [bɛt] 964	Tier	Aurélie a plusieurs bêtes à la maison: un chien, un chat et deux oiseaux.

la **branche** [brɑ̃ʃ] 1876	Ast	Il y a eu une tempête la nuit dernière. Plusieurs branches d'arbres sont tombées sur la route.
la **cellule** [selyl] 1042	Zelle	Chaque être vivant est constitué d'au moins une cellule.
le **cheval** [ʃəval] 834	Pferd	Mon oncle a perdu beaucoup d'argent aux courses de chevaux.
le **chien** [ʃjɛ̃], la **chienne** [ʃjɛn] 1757	Hund, Hündin	Aurélie promène son chien chaque soir dans le parc.
le **cochon** [kɔʃɔ̃] 1567	Schwein	Le cochon appartient aux animaux de la ferme, tout comme la poule et le cheval.
dresser [drese] 1759	dressieren	Ce cheval est encore sauvage. Il n'est pas dressé.
l'**élevage** [elvaʒ] (M) 1594	Zucht	Mon père possède un élevage de chevaux avec lesquels il gagne régulièrement des prix.
l'**espèce** [ɛspɛs] (F) 814	Art	Le bœuf et le cheval sont des espèces différentes.
la **feuille** [fœj] 1161	Blatt	Les arbres perdent leurs feuilles en octobre.
la **fleur** [flœr] 654	Blume	Mon père offre toujours des fleurs à ma mère pour son anniversaire.
la **gueule** [gœl] 1623	Maul	Le lion ouvre sa gueule et pousse un cri qui fait peur.
mort [mɔr], **morte** [mɔrt] 694	tot	Les feuilles mortes tombent de l'arbre.
le **mouton** [mutɔ̃] 1652	Schaf	Il y a des moutons blancs dans la prairie.
l'**oiseau** [wazo] (M) 1948	Vogel	L'oiseau ne peut plus voler, il a une aile cassée.
la **plante** [plɑ̃t] 2000	Pflanze	On trouve dans son jardin une grande variété de plantes.
le **poisson** [pwasɔ̃] 1953	Fisch	Les poissons sont des animaux qui vivent dans l'eau.
la **poule** [pul] 1692	Huhn	Nous n'achetons jamais d'œufs, car mon grand-père élève des poules.
la **race** [ras] 1868	Rasse	La mère de mon chien est d'une race différente de celle de son père.
la **souris** [suri] 1719	Maus	Les chats chassent les souris.
le **tigre** [tigr], la **tigresse** [tigrɛs] 1095	Tiger/in	Un tigre est de couleur jaune et noire.
le **troupeau** [trupo] 1740	Herde	Les voitures ne peuvent pas passer. Un troupeau de bœufs traverse la route.

3.04 Pflanzen und Tiere ▸ Aufbauwortschatz

le **blé** [ble] 3217	Weizen, Getreide	Un champ de blé borde la petite maison.
bondir [bɔ̃dir] 3218	springen	Le chat bondit sur sa proie.
la **cage** [kaʒ] 3110	Käfig	Pierre ne supporte pas de voir des animaux enfermés en cage.

la **chair** [ʃɛr] 2390	Fleisch	Les poulets ont une chair blanche.
le **chat** [ʃa], la **chatte** [ʃat] 2101	Kater, Katze	Mes grands-parents sont heureux. Leurs trois chats mangent les souris qui entrent dans la maison.
le **chêne** [ʃɛn] 3686	Eiche	Il n'est pas rare de trouver des forêts de chênes en Europe centrale.
la **chenille** [ʃənij] 2634	Raupe	La chenille se transforme en papillon.
la **créature** [kreatyr] 3438	Lebewesen	Il erre depuis trois jours dans le désert sans rencontrer une créature humaine.
la **culture** [kyltyr] 2641	Anbau	Le paysan fait la culture du blé.
dévorer [devɔre] 3047	fressen	Le loup a dévoré sa proie.
domestique [dɔmɛstik] 2897	Haus-, zahm	Le chien et le chat sont des animaux domestiques.
l'**essaim** [esɛ̃] (M) 3924	Schwarm	Des abeilles se regroupent en essaim pour fonder une nouvelle ruche.
le **fauve** [fov] 3800	Raubtier	Le tigre, le lion et le loup sont des fauves.
la **femelle** [fəmɛl] 2329	Weibchen	La vache est la femelle du taureau.
la **fourrure** [furyr] 3540	Pelz	Certains animaux sont chassés pour leur fourrure de grande valeur.
l'**herbe** [ɛrb] (F) 2109	Gras	Après l'été, l'herbe est si sèche qu'elle prend facilement feu.
l'**insecte** [ɛ̃sɛkt] (M) 2749	Insekt	Les mouches sont des insectes.
le **lion** [ljɔ̃], la **lionne** [ljɔn] 3331	Löwe/Löwin	Dans les histoires pour enfants, le lion est le roi des animaux.
le **loup** [lu], la **louve** [luv] 2604	Wolf/Wölfin	Le loup est un animal sauvage.
le **mâle** [mɑl] 2167	Männchen, Mann	Le taureau est le mâle de la vache.
la **mouche** [muʃ] 3951	Fliege	Une mouche est un insecte avec des ailes. Elle ne pique pas.
le **noyau** [nwajo] 3191	Kern, Stein	Les cerises sont des fruits à noyau.
la **paille** [paj] 3734	Stroh	Pierre change la paille des chevaux une fois par jour.
le **papillon** [papijɔ̃] 2512	Schmetterling	Les papillons sont des insectes à grandes ailes colorées.
la **patte** [pat] 2812	Bein	Le chat est un animal à quatre pattes.
le **pigeon** [piʒɔ̃] 2610	Taube	Le pigeon est une espèce d'oiseau.
piquer [pike] 3959	stechen, beißen	Aurélie a été piquée à la jambe par un insecte.
planter [plɑ̃te] 2568	pflanzen	Il y a 100 ans que mon grand-père a planté cet arbre devant la maison.
la **plume** [plym] 3013	Feder	Les poules ont perdu des plumes en se battant.
la **proie** [prwa] 2613	Beute	Après avoir chassé le mouton, le loup partage sa proie avec ses petits.

la **queue** [kø] 3652	Schwanz	Mon chat aime bien agiter sa queue devant mon visage.
la **racine** [rasin] 2062	Wurzel	La racine est la partie de la plante qui se trouve sous terre.
le **rat** [ra], la **rate** [rat] 3570	Ratte/Rättin	Un rat ressemble à une souris, mais il est plus grand.
retomber [rətɔ̃be] 3020	wieder (hin)fallen	Un chat retombe toujours sur ses pattes.
la **ruche** [ryʃ] 2254	Bienenstock	Les abeilles vivent dans une ruche.
sauvage [sovaʒ] 2031	wild	Cette vieille dame nourrit les chats sauvages de tout le quartier.
le **singe** [sɛ̃ʒ] 3499	Affe	Les singes sont les animaux les plus proches de l'homme.
la **souche** [suʃ] 3413	Baumstumpf	La souche est la partie de l'arbre qui reste dans le sol, une fois l'arbre abattu.
surgir [syrʒir] 2768	plötzlich auftauchen	Un chat a surgi du buisson.
le **taureau** [tɔro] 3145	Stier	L'Espagne est connue pour ses courses de taureaux.
la **trace** [tras] 2484	Fährte	On voit des traces d'animaux dans la neige.
la **vache** [vaʃ] 2826	Kuh	La vache produit le lait que nous buvons.
le **vol** [vɔl] 2446	Flug	L'oiseau prend son vol. Il s'élève dans le ciel.
voler [vɔle] 3287	fliegen	Le point commun entre un avion et un oiseau est qu'ils volent.

4 Reisen und Verkehr

4.01 Wegbeschreibung ▸ Grundwortschatz

la **carte** [kart] 1259	Karte	Il ne connaît pas la route, il a dû regarder plusieurs fois sur la carte.
le **chemin** [ʃəmɛ̃] 982	Weg	Le chemin qui traverse la forêt est le plus court mais il n'est pas éclairé.
décrire [dekrir] 1069	beschreiben	Peux-tu me décrire le chemin le plus court pour arriver chez toi?
déterminé [detɛrmine], **déterminée** [detɛrmine] 1940	bestimmt	Il a pris une direction déterminée.
le **détour** [detur] 1585	Umweg	Il ne connaissait pas la route, il a fait un grand détour.
directement [dirɛktəmɑ̃] (ADV) 1261	direkt	Il est venu directement au restaurant, car il était déjà en retard.
la **direction** [dirɛksjɔ̃] 577	Richtung	Prenez maintenant direction Rennes.
droite [drwat] 1125	rechts	Prenez la deuxième rue à droite.
l'**est** [ɛst] (M) 1246	Osten	La Lorraine est une région de l'est de la France.
gauche [goʃ] 655	links	Il a pris la première rue à gauche.
indiquer [ɛ̃dike] 715	zeigen	Un passant m'a indiqué le chemin de la gare.
le **lieu** [ljø] 226	Ort	La police a trouvé une arme sur le lieu du crime.
mener [məne] 624	bringen	Les blessés sont menés en car à l'hôpital.
montrer [mɔ̃tre] 284	zeigen	La femme nous a montré le chemin sur la carte.
le **nord** [nɔr] 610	Norden	La Picardie est située au nord de la France.
l'**ouest** [wɛst] (M) 1013	Westen	La Bretagne est une région de l'ouest de la France.
parvenir [parvənir] 625	gelangen	Après douze heures, le groupe est parvenu au sommet du Mont-Blanc.
le **passage** [pasaʒ] 745	Durchfahrt, Passage	Aurélie attend le passage de l'autocar.
le **plan** [plɑ̃] 887	Plan, Karte	Je ne connais pas Paris, j'ai besoin d'un plan de la ville.
la **rue** [ry] 378	Straße	Il faut passer par la rue Baudelaire pour voir l'église.
le **sud** [syd] 880	Süden	De nombreuses personnes partent en vacances d'été dans le sud de la France.
la **voie** [vwa] 538	Gleis	Le train entrera en gare voie numéro trois.

4.01 Wegbeschreibung ► Aufbauwortschatz

arrivé [arive], **arrivée** [arive] 3154	angekommen	Le train est arrivé avec vingt minutes de retard.
guider [gide] 3002	führen	Mon frère nous a guidés à travers Lille.
l'**indication** [ɛ̃dikasjɔ̃] (F) 3323	Hinweis	J'ai suivi ses indications et je suis arrivée la première au point de rendez-vous.
l'**issue** [isy] (F) 3182	Ausgang	Les issues de secours sont toujours éclairées.
l'**orientation** [ɔrjɑ̃tasjɔ̃] (F) 2113	Orientierung	Il n'a pas le sens de l'orientation, il se perd en ville.
repérer [rəpere] 3743	orten, finden	J'ai essayé de repérer le chemin pour pouvoir rentrer seule, sans me perdre.
situer [sitɥe] 2228	liegen	La gare est située au nord du centre-ville.
le **trajet** [traʒɛ] 3503	Strecke	Nous avons effectué un trajet de dix heures.

4.02 Tourismus ► Grundwortschatz

l'**appareil photo** [aparɛjfɔto] (M) 1521	Kamera, Fotoapparat	J'ai emprunté l'appareil photo de mon frère pour partir en vacances.
l'**aventure** [avɑ̃tyr] (F) 1000	Abenteuer	Pendant nos vacances en famille, nous avons vécu de belles aventures.
le **billet** [bijɛ] 1543	Fahrschein, Fahrkarte, Flugticket	J'ai réservé un billet d'avion pour le 2 janvier.
emporter [ɑ̃pɔrte] 1214	mitnehmen	Pour mon voyage au Canada, j'emporte une grosse valise.
l'**hôtel** [otɛl] (M) 875	Hotel	Mes parents ont réservé une chambre d'hôtel pour les vacances.
l'**île** [il] (F) 1090	Insel	La Corse est une île française.
l'**information** [ɛ̃fɔrmasjɔ̃] (F) 973	Information, Auskunft	J'ai fait des recherches sur Internet pour obtenir des informations sur cette ville.
la **montagne** [mɔ̃taɲ] 1188	Berg	L'hiver, beaucoup partent en vacances à la montagne.
le **retour** [rətur] 850	Rückkehr	Son retour de Suisse est prévu pour le 10 décembre.
le **séjour** [seʒur] 1870	Aufenthalt	Son séjour en Allemagne a une durée de dix jours.
la **tradition** [tradisjɔ̃] 1137	Tradition	Mes parents partent tous les ans en Bretagne pour la fête de la mer, c'est une tradition.
traditionnel [tradisjɔnɛl], **traditionnelle** [tradisjɔnɛl] 1508	traditionell	Nous sommes allés manger dans un restaurant traditionnel.

les **vacances** [vakɑ̃s] (F, PL) 1913	Urlaub, Ferien	Les salariés d'une entreprise peuvent prendre jusqu'à six semaines de vacances par an.
la **visite** [vizit] 940	Besichtigung, Besuch	La visite du musée est gratuite pour les moins de 18 ans.
le **voyage** [vwajaʒ] 582	Reise	Aurélie est partie en voyage au Canada.
le **voyageur** [vwajaʒœr], la **voyageuse** [vwajaʒøz] 1874	Reisende	Je croise toujours à la gare des voyageurs impatients.

4.02 Tourismus ▸ Aufbauwortschatz

le **bagage** [bagaʒ] 3883	Gepäck(stück)	Mon père a mis les bagages dans la voiture.
le **circuit** [sirkɥi] 3435	Rundfahrt, Strecke	Nous avons fait un circuit en autocar pour visiter la ville.
le **grain** [grɛ̃] 2562	Korn	Après une journée à la plage, on a des grains de sable dans les chaussures.
le, la **guide** [gid] 2462	Reiseleiter/in	Le guide fait visiter la ville aux touristes.
le **passager** [pɑsaʒe], la **passagère** [pɑsaʒɛr] 2567	Passagier/in, Fahrgast, Fluggast	Les passagers ont attendu plus d'une heure avant de pouvoir descendre de l'avion.
la **pension** [pɑ̃sjɔ̃] 3261	Pension, Unterkunft und Verpflegung	Ils ont réservé une chambre en pension complète.
la **plage** [plaʒ] 2087	Strand	Je rêve de vacances, de soleil, d'une plage et de sable fin.
projeter [prɔʒte] 2340	planen	Pierre projette un voyage au Canada.
la **promenade** [prɔmnad] 3264	Spaziergang	Il aime les promenades en forêt.
repartir [rəpartir] 2225	weiterfahren	Après une semaine passée ici, ils sont repartis la nuit dernière.
réserver [rezɛrve] 2252	buchen	Je n'ai pas pu réserver de chambre, l'hôtel est complet.
la **tente** [tɑ̃t] 3204	Zelt	Nous avons célébré son anniversaire dans un grand jardin où chacun avait monté sa tente.
le, la **touriste** [turist] 3998	Tourist/in	Cette cathédrale est visitée chaque jour par environ 800 touristes venant du monde entier.
la **valise** [valiz] 3147	Koffer	Ma valise est trop lourde, je ne peux pas la porter!
voyager [vwajaʒe] 3426	reisen	Mon cousin a déjà voyagé dans toute l'Europe.

4.03 Verkehr ▸ Grundwortschatz

l'**accident** [aksidɑ̃] (M) 1319	Unfall	Un accident est vite arrivé.

l'**aéroport** [aerɔpɔr] (M) 1515	Flughafen	L'aéroport a été fermé pour raisons de sécurité.
l'**arrêt** [arɛ] (M) 1957	Halt, Haltestelle	Elle attend à l'arrêt de bus.
avancer [avɑ̃se] 1060	vorwärts kommen	La voiture avance jusqu'à la marque blanche.
conduire [kɔ̃dɥir] 471	fahren	Je conduis depuis l'âge de 18 ans.
dépasser [depase] 650	überholen	Nous venons de dépasser un camion.
descendre [desɑ̃dr] 678	aussteigen	Il est interdit de descendre avant l'arrêt complet du train.
la **distance** [distɑ̃s] 992	Entfernung, Abstand	La distance entre Paris et Lyon est de 450 kilomètres.
garer [gare] 1615	parken	J'ai garé ma voiture tout près d'ici.
monter [mɔ̃te] 387	aufsteigen, einsteigen	Pierre a réussi à monter dans le train avant que les portes ne se ferment.
parcourir [parkurir] 1950	durchlaufen	Il a parcouru toutes les rues de la ville avant de retrouver son ami.
le **pont** [pɔ̃] 1031	Brücke	On traverse la rivière sur un pont de bois.
le **port** [pɔr] 988	Hafen	Un port est un endroit où s'arrêtent les navires.
remonter [rəmɔ̃te] 1169	hinauffahren	J'ai croisé Pierre hier, il remontait la rue Pasteur en vélo.
le **réseau** [rezo] 1388	Netz	La ville de Paris dispose d'un réseau de transports très développé.
rouler [rule] 1442	fahren	La voiture roule à 120 kilomètres à l'heure.
la **route** [rut] 535	(Land)Straße	Cette route est dangereuse, il y a souvent des accidents.
le **sens** [sɑ̃s] 1793	Richtung	Je ne sais pas dans quel sens aller.
la **station** [stasjɔ̃] 1814	Station, Haltstelle	Il fait toujours très chaud dans les stations de métro parisiennes.
le **transport** [trɑ̃spɔr] 1347	Transport, Beförderung	La voiture, le train et le métro sont des moyens de transport.
transporter [trɑ̃spɔrte] 1851	transportieren	Ce camion transporte des animaux.
traverser [travɛrse] 1138	überqueren	Les enfants tiennent la main de leur mère pour traverser la route.
vite [vit] (ADV) 522	schnell	Mon père roule très vite en voiture.
la **vitesse** [vitɛs] 980	Geschwindigkeit	La vitesse est limitée à 50 kilomètres à l'heure dans les villages.

4.03 Verkehr ▸ Aufbauwortschatz

accéder [aksede] 3668	gelangen zu	On ne peut pas accéder à ce château en voiture.
accélérer [akselere] 3289	beschleunigen	Le conducteur accélère, il roule plus vite.
l'**accès** [aksɛ] (M) 2349	Zugang, Zufahrt	L'accès à la route est interdit pour cause de travaux.

accessible [aksesibl] 3210	zugänglich	Cette rue n'est pas accessible en voiture.
aérien [aerjɛ̃], **aérienne** [aerjɛn] 2879	Luft-	Le transport aérien se fait par avion.
l'**aviation** [avjasjɔ̃] (F) 3519	Luftfahrt	L'aviation existe depuis le début du XXe siècle.
le **barrage** [baraʒ] 3602	Sperre	La route est fermée par un barrage.
le **canal** [kanal] 2588	Kanal	Un canal relie généralement deux fleuves.
le **chemin de fer** [ʃəmɛ̃dəfɛr] 3159	Eisenbahn	Les grandes lignes de chemin de fer sont très fréquentées pendant les vacances.
la **circulation** [sirkylasjɔ̃] 2417	Verkehr	À 17 heures, la circulation des voitures est importante.
circuler [sirkyle] 2836	unterwegs sein	Il y a eu un accident, les voitures ne peuvent plus circuler.
la **conduite** [kɔ̃dɥit] 2393	Fahren	Aurélie prend des leçons de conduite.
la **correspondance** [kɔrɛspɔ̃dɑ̃s] 2355	Anschluss	Les voyageurs ont raté leur correspondance, le train était déjà parti.
débarquer [debarke] 3528	landen, entladen	Le navire a débarqué sa cargaison.
la **descente** [desɑ̃t] 2741	Abstieg, Abfahrt, Landung	Regarde! L'avion a commencé sa descente.
doubler [duble] 3051	überholen	Sur cette route, il est interdit de doubler.
écraser [ekraze] 2998	überfahren	La voiture a écrasé un chat.
embarquer [ɑ̃barke] 3233	einsteigen, verladen	Il embarque à bord d'un très grand bateau.
l'**équipage** [ekipaʒ] (M) 2559	Besatzung	Ce bateau a un équipage de plus de 50 personnes.
franchir [frɑ̃ʃir] 2266	überschreiten	Il est interdit de franchir cette limite.
la **gare** [gar] 2791	Bahnhof	Le train vient d'entrer en gare.
heurter [œrte] 2505	anfahren	Le chauffeur a perdu le contrôle de son véhicule et a heurté plusieurs voitures.
limité [limite], **limitée** [limite] 2187	eingeschränkt	La vitesse est limitée à 130 kilomètres à l'heure sur l'autoroute.
la **manœuvre** [manœvr] 2334	Betätigung, Manöver	L'accident est dû à une fausse manœuvre du conducteur de bus.
maritime [maritim] 3333	See-, Meeres-	Le commerce maritime se fait par la mer.
le **naufrage** [nofraʒ] 3953	Untergang, Schiffbruch	Le bateau a fait naufrage.
le **panneau** [pano] 2965	Schild	Ce panneau nous indique qu'il est interdit de rouler dans cette forêt la nuit.
le **quai** [ke] 2474	Bahnsteig	Il attend sa femme sur le quai de la gare, des fleurs à la main.
ralentir [ralɑ̃tir] 3844	verlangsamen	La voiture ralentit, car des enfants sortent de l'école et traversent la route.

souterrain [sutɛʀɛ̃], **souterraine** [sutɛʀɛn] 3023	unterirdisch	Les passants prennent un passage souterrain.
le **trafic** [tʀafik] 3102	Verkehr	La presse annonce, pour samedi, un trafic important sur les routes.
le **tragique** [tʀaʒik] 2579	Tragik	La course de voitures a tourné au tragique.
le **tunnel** [tynɛl] 3504	Tunnel	Le train passe sous un tunnel, j'ai les oreilles qui se bouchent.
virer [viʀe] 3666	abbiegen	La voiture vire à droite.

4.04 Fahrzeug ▸ Grundwortschatz

l'**autocar** [ɔtɔkaʀ] (M) 1530	Reisebus	Nous avons fait la route en autocar.
l'**automobile** [ɔtɔmɔbil] (F) 1373	Auto	Mon père possède plusieurs automobiles.
l'**avion** [avjɔ̃] (M) 676	Flugzeug	On dit souvent que l'avion est le moyen de transport le plus sûr.
le **bateau** [bato] 1020	Boot, Schiff	Mon frère est malade en bateau.
le **camion** [kamjɔ̃] 1477	Lastwagen	Un camion roule plus lentement qu'une voiture.
la **fusée** [fyze] 1883	Rakete	La fusée vient de se poser sur la lune.
le **métro** [metʀo] 919	U-Bahn	Mon oncle prend le métro tous les matins pour se rendre à son travail.
le **moteur** [mɔtœʀ] 1486	Motor	Le moteur de ma voiture est cassé.
la **moto** [mɔto] 1650	Motorrad	Une moto peut rouler très vite.
le **navire** [naviʀ] 1265	Schiff	Un navire est un grand bateau.
le **planeur** [planœʀ] 3337	Segelflugzeug	J'aime bien les planeurs, ces avions sans moteur qui ressemblent à de grands oiseaux blancs.
la **pompe** [pɔ̃p] 1687	Pumpe	J'ai perdu ma pompe à vélo.
la **puissance** [pɥisɑ̃s] 596	Stärke, Kraft	Ce moteur a une forte puissance.
rapide [ʀapid] 817	schnell	L'avion est le moyen de transport le plus rapide.
rapidement [ʀapidmɑ̃] (ADV) 997	schnell	Le médecin est arrivé rapidement sur le lieu de l'accident.
réparer [ʀepaʀe] 1701	reparieren	Mon oncle a réparé ma voiture.
le **siège** [sjɛʒ] 1217	Sitz	Elle a posé son sac sur le siège passager.
le **taxi** [taksi] 1728	Taxi	Elle prend le taxi pour se rendre à la gare.
le **train** [tʀɛ̃] 597	Zug	Le train venant de Paris vient d'entrer en gare.
le **tram** [tʀam] 1736	Straßenbahn	Le tram est plus écologique que la voiture.
tuer (se) [tɥe] 1741	umkommen, töten	Il s'est tué dans un accident de voiture.
le **vélo** [velo] 1745	Fahrrad	En France, les gens roulent très peu à vélo.
la **voiture** [vwatyʀ] 539	Auto	J'ai garé la voiture au bout de la rue.

4.04 Fahrzeug ▸ Aufbauwortschatz

l'**arrière** [arjɛr] (M) 2153	Heck, hinterer Teil	Les gens qui étaient assis à l'arrière de l'avion ont survécu à l'accident.
l'**auto** [ɔto] (F) 3431	Auto	L'auto est au garage.
l'**autobus** [ɔtɔbys] (M) 2724	Bus	Là, où il n'existe pas de réseau de chemin de fer, on voyage en autobus.
l'**avant** [avɑ̃] (M) 2882	vorderer Teil	Il est monté à l'avant du bus.
l'**axe** [aks] (M) 2883	Achse	Ce camion a trois axes indépendants.
la **cabine** [kabin] 2388	Kabine, Fahrerhaus	Normalement, les chauffeurs de camion dorment dans leur cabine.
la **caravane** [karavan] 3297	Wohnwagen	Aurélie et Pierre passent leurs vacances dans une caravane qui comporte une pièce pour dormir et une petite cuisine.
la **cargaison** [kargɛzɔ̃] 3894	Ladung	Le camion transporte une cargaison de bois.
le **compartiment** [kɔ̃partimɑ̃] 3303	Abteil	Les compartiments des trains de nuit sont nettoyés régulièrement.
le **conducteur** [kɔ̃dyktœr], la **conductrice** [kɔ̃dyktris] 2523	Fahrer/in	Le conducteur de bus vend aussi des tickets.
le **cylindre** [silɛ̃dr] 3045	Zylinder	Les cylindres sont les pièces du moteur d'une voiture dans lesquelles glissent les pistons.
l'**essence** [esɑ̃s] (F) 2328	Benzin	Le prix de l'essence augmente plusieurs fois par an.
fixe [fiks] 2902	fest stehend, starr	Le siège est fixe.
le **frein** [frɛ̃] 2788	Bremse	Le camion a heurté un panneau. Il n'a pas pu s'arrêter car ses freins ne fonctionnaient plus.
gonfler [gɔ̃fle] 3126	aufpumpen, aufblasen	Mon vélo n'a plus d'air. Il faut le gonfler.
mécanique [mekanik] 2247	mechanisch	Ma voiture a un problème mécanique, je dois la faire réparer.
le **piston** [pistɔ̃] 2756	Kolben	Le piston est une pièce du moteur qui se déplace dans le cylindre.
la **rapidité** [rapidite] 3342	Schnelligkeit	La voiture est passée avec une rapidité extraordinaire.
la **roue** [ru] 2573	Rad	Une voiture a quatre roues et un vélo deux.
la **turbine** [tyrbin] 3103	Turbine	Lorsqu'on est assis près des ailes de l'avion, on entend bien le bruit des turbines.
le **véhicule** [veikyl] 2178	Fahrzeug	Le conducteur a perdu le contrôle de son véhicule.

la **vitre** [vitr] 3150	Scheibe	Pierre a retrouvé sa voiture avec une vitre cassée. On lui a volé son téléphone.
la **voile** [vwal] 3027	Segel	Le bateau de ma famille a un moteur et des voiles.
le **volant** [vɔlɑ̃] 2772	Lenkrad	Elle est trop petite pour conduire. Elle ne peut pas regarder au-dessus du volant.
le **wagon** [vagɔ̃] 3590	Waggon	Les wagons du train transportent du charbon.

5 Verpflegung

5.01 Lebensmittel ▸ Grundwortschatz

le **beurre** [bœr] 1539	Butter	On fait du beurre avec la crème du lait.
le **bœuf** [bœf] 1545	Rind	Je préfère la viande de bœuf à celle de porc.
la **boîte** [bwat] 1141	Büchse, Dose	Ma boîte à thé contient du thé vert et du thé noir.
le **café** [kafe] 1240	Kaffee	Beaucoup commencent leur journée par un café.
la **cerise** [səriz] 1558	Kirsche	Les cerises sont des petits fruits ronds généralement rouges, acides ou sucrés.
le **chocolat** [ʃɔkɔla] 1563	Schokolade	Je préfère le chocolat noir au chocolat au lait.
la **compote** [kɔ̃pɔt] 1569	Kompott	Chez ma tante, nous mangeons souvent une compote de poires après le dîner.
le **fromage** [frɔmaʒ] 1942	Käse	Le plateau de fromage est servi avec un verre de vin rouge.
le **fruit** [frɥi] 1286	Frucht, Obst	Nous avons acheté des fruits de saison comme par exemple des pommes et des poires.
la **glace** [glas] 1399	Eis	En été, les gens aiment bien manger une glace sur la terrasse d'un café ou à la plage.
le **lait** [lɛ] 1208	Milch	Pierre boit son café avec du lait et du sucre.
le **légume** [legym] 1633	Gemüse	Les gens qui ne mangent pas de viande, mangent par exemple beaucoup de légumes différents.
la **noix** [nwa] 1658	Nuss, Walnuss	La noix est un fruit sec.
l'**orange** [ɔrɑ̃ʒ] (F) 1662	Orange, Apfelsine	Pierre se presse chaque matin deux oranges pour le petit déjeuner.
la **pâte** [pɑt] 1102	Teig	Pierre a déjà préparé la pâte pour le gâteau. Il ne manque plus que les pommes.
la **poire** [pwar] 1684	Birne	Je préfère les poires aux pommes, car elles sont généralement plus sucrées.
le **poivre** [pwavr] 1685	Pfeffer	J'ai goûté la soupe. Il manque du sel et du poivre.
le **porc** [pɔr] 1688	Schwein	En Europe, on mange généralement de la viande de porc ou de bœuf.
le **poulet** [pulɛ] 1693	Huhn	Un poulet est une jeune poule qui a plus de dix mois.
la **saucisse** [sosis] 1712	Würstchen	J'ai mangé une saucisse, tandis que mon frère a préféré prendre un morceau de poulet.
le **vin** [vɛ̃] 1218	Wein	Aurélie aime boire un verre de vin le soir devant la télévision.
le **yaourt** [jaurt] 1750	Joghurt	Mes enfants mangent chaque matin soit un yaourt, soit un croissant et boivent un chocolat chaud.

5.01 Lebensmittel ▸ Aufbauwortschatz

l'**alcool** [alkɔl] (M) 2387	Alkohol	En France, il est interdit de vendre de l'alcool aux personnes de moins de 18 ans.
alimentaire [alimɑ̃tɛr] 3152	Ernährungs-	Un sportif a des besoins alimentaires plus importants que quelqu'un qui travaille dans un bureau.
l'**alimentation** [alimɑ̃tasjɔ̃] (F) 2982	Ernährung	Une mauvaise alimentation peut causer des problèmes de santé.
la **crème** [krɛm] 2395	Sahne	La paysanne sépare la crème du lait.
l'**huile** [ɥil] (F) 2423	Öl	On met de l'huile dans la poêle pour faire cuire la viande.
laitier [letje], **laitière** [letjɛr] 2802	Milch-	Le yaourt, le fromage et le beurre sont des produits laitiers.
le **miel** [mjɛl] 2907	Honig	Les abeilles fabriquent du miel.
la **nourriture** [nurityr] 2811	Nahrung	Une nourriture trop grasse peut provoquer des problèmes de santé.
l'**œuf** [œf] (M) 2057	Ei	Nous avons acheté des œufs bien frais à la ferme.
le **pain** [pɛ̃] 2911	Brot	Le boulanger rue de Metz fait le meilleur pain que j'ai mangé jusqu'à présent.
la **pomme** [pɔm] 2815	Apfel	Ma grand-mère fait de la compote avec les pommes du jardin.
le **riz** [ri] 3198	Reis	La viande, au restaurant chinois, est généralement servie avec du riz.
le **sel** [sɛl] 3021	Salz	La soupe est salée. Pierre y a mis trop de sel.
le **sirop** [siro] 3856	Sirup	J'ai bu du sirop d'orange avec de l'eau.
le **sucre** [sykr] 3025	Zucker	Pour faire une compote on mélange des fruits avec du sucre.
le **thé** [te] 2381	Tee	Madame Godet prend chaque soir une tasse de thé sans sucre.
la **viande** [vjɑ̃d] 3868	Fleisch	Ma mère a uniquement confiance en le boucher rue de Paris. Elle achète sa viande exclusivement là-bas.

5.02 Essen und Trinken ▸ Grundwortschatz

l'**addition** [adisjɔ̃] (F) 1513	Rechnung	Autrefois, c'était l'homme qui payait l'addition au restaurant.
la **baguette** [bagɛt] 1536	Baguette	Malheureusement, la boulangère rue de Nancy ne travaille plus. Elle faisait les meilleures baguettes de la ville.
la **bière** [bjɛr] 1542	Bier	À côté du vin, la bière est un alcool très apprécié.

le **bistrot** [bistro] 1544	Bistro, Kneipe	Mon père a découvert un petit bistrot où l'on peut manger pas cher.
boire [bwar] 1140	trinken	Beaucoup de gens boivent un café le matin.
la **boisson** [bwasɔ̃] 1546	Getränk	Le café est une boisson chaude.
bon [bɔ̃], **bonne** [bɔn] 107	gut	Ma grand-mère fait de très bons gâteaux.
le **bonbon** [bɔ̃bɔ̃] 1547	Bonbon	Le boulanger a donné des bonbons aux enfants venus acheter du pain avec leur mère.
la **casserole** [kasrɔl] 1556	Topf	Il fait chauffer du lait dans une casserole.
la **confiture** [kɔ̃fityr] 1570	Marmelade	J'aime bien manger un morceau de baguette avec de la confiture de cerises.
conserver [kɔ̃sɛrve] 1021	konservieren, aufbewahren	Mes parents conservent les fruits du jardin dans la cave.
couper [kupe] 2103	schneiden	Il coupe la viande en petits morceaux avant de la faire cuire.
le **couvert** [kuvɛr] 1575	Besteck	On n'a pas assez de couverts. Il manque des petites cuillères.
la **cuillère** [kɥijɛr] 1577	Löffel	Elle met toujours une cuillère de miel dans son thé.
cuire [kɥir] 1578	kochen, braten	Il vous faut deux litres d'eau pour faire cuire les pâtes.
la **faim** [fɛ̃] 1900	Hunger	L'odeur venant de la cuisine m'a donné faim.
la **fourchette** [furʃɛt] 1610	Gabel	On ne mange pas avec les mains, mais avec une fourchette et un couteau.
le **gâteau** [gato] 1616	Kuchen	Ma mère a fait un gâteau au chocolat pour mon anniversaire.
manger [mɑ̃ʒe] 877	essen	Aurélie ne mange plus de chocolat. Elle a peur de prendre du poids.
le **menu** [məny] 1646	Menü, Speisekarte	Ce menu à 20 euros ne comprend pas les boissons.
la **part** [par] 160	Teil	Elle est au régime. Elle ne prend qu'une petite part de gâteau.
la **poêle** [pwal] 1682	Pfanne	On fait généralement cuire la viande dans une poêle.
le **pourboire** [purbwar] 1694	Trinkgeld	Au restaurant, si les clients sont satisfaits du repas et du service, ils laissent un pourboire.
préparer [prepare] 478	zubereiten	Le dimanche midi, c'est mon père qui prépare le repas.
le **régime** [reʒim] 857	Diät	Le médecin met Pierre au régime. Il est trop gros pour sa taille.
remplir [rɑ̃plir] 1367	füllen	Il a rempli la bouteille avec de l'eau du robinet.
salé [sale], **salée** [sale] 1707	salzig, gesalzen	La viande n'est pas assez salée. Je vais demander du sel.

la **serveuse** [sɛrvøz] 1715	Kellnerin	Il est affiché que le café rue de Toulouse cherche une serveuse pour l'été.
la **soupe** [sup] 1718	Suppe	Il fait une soupe avec les légumes de son jardin.
sucré [sykre], **sucrée** [sykre] 1721	süß, gesüßt	Les poires du marché sont toujours bien sucrées.
la **tarte** [tart] 1726	Kuchen, Torte	La tarte aux pommes est le gâteau préféré de Pierre.
la **tartine** [tartin] 1727	Brot mit Aufstrich	Pierre mange deux tartines de beurre et boit un café au lait le matin.
la **tranche** [trɑ̃ʃ] 1737	Scheibe	Combien de tranches de pain faut-il couper?
la **vaisselle** [vɛsɛl] 1744	Geschirr	Si personne ne lave la vaisselle, on n'aura pas d'assiettes propres.
le **verre** [vɛr] 882	Glas	Il boit un verre de vin le soir en mangeant son fromage.
verser [vɛrse] 1889	eingießen, hinein schütten	La serveuse verse le thé dans les tasses.

5.02 Essen und Trinken ▸ Aufbauwortschatz

alimenter [alimɑ̃te] 3875	ernähren	Elle alimente son bébé avec du lait.
apprêter [aprete] 3767	vorbereiten	Le dimanche, ma grand-mère apprête le repas pour toute la famille.
l'**assiette** [asjɛt] (F) 3034	Teller	La serveuse a fait tomber une assiette.
avaler [avale] 3598	schlucken, verschlingen	C'est difficile de faire avaler des médicaments à un chat.
le **bar** [bar] 3295	Bar, Kneipe	Avant d'aller dîner, ils se retrouvent au bar de l'hôtel pour prendre une bière.
la **bouteille** [butɛj] 2548	Flasche	Il reste encore du vin dans la bouteille. Qui en veut?
la **coupe** [kup] 3788	Schale	Pierre a cassé une coupe en cristal.
le **couteau** [kuto] 3910	Messer	Quel couteau prends-tu normalement pour couper la viande?
le **déjeuner** [deʒœne] 3373	Mittagessen	Ils se sont retrouvés à l'heure du déjeuner pour manger ensemble.
le **dîner** [dine] 2554	Abendessen	Nous sommes invités chez nos voisins pour le dîner à 21 heures.
emplir [ɑ̃plir] 3619	füllen	N'oubliez pas d'emplir les carafes d'eau.
figer [fiʒe] 3801	fest werden	La sauce que Pierre avait préparée pour la viande a figé.
fondre [fɔ̃dr] 3805	schmelzen	Il fait fondre un petit morceau de beurre dans la poêle avant d'y mettre la viande.
la **fraîcheur** [frɛʃœr] 3541	Frische	La date limite de fraîcheur est indiquée sur la boîte.

frais [frɛ], **fraîche** [frɛʃ] 2018	frisch, kühl	Quand le cuisinier achète son poisson le matin, il vérifie qu'il est bien frais.
la **garde** [gard] 2460	Lagerung	La meilleure température pour la garde du vin est de 13 degrés.
goûter [gute] 3933	kosten	J'ai goûté la soupe. Elle manque de sel et de poivre.
gras [grɑ], **grasse** [grɑs] 2793	fett, fettig	Le médecin lui a conseillé de faire un régime car son alimentation est trop grasse.
liquide [likid] 2707	flüssig	Pour obtenir du chocolat liquide, il faut faire fondre des petits morceaux à feu très doux.
nourrir [nurir] 2276	ernähren	Son salaire peu élevé ne suffit pas à nourrir sa famille.
le **plateau** [plato] 2967	Tablett	Pierre pose les assiettes et les tasses sur un plateau pour les emmener au jardin.
la **préparation** [preparasjɔ̃] 2223	Zubereitung	Elle préfère les préparations salées.
pressé [prese], **pressée** [prese] 3338	(aus)gepresst	Il se fait deux oranges pressées chaque matin.
la **recette** [rəsɛt] 2342	Rezept	La soupe était excellente. J'ai récupéré la recette pour pouvoir en faire moi-même.
rempli [rɑ̃pli], **remplie** [rɑ̃pli] 2436	gefüllt	Les verres, remplis de vin, peuvent être maintenant servis.
le **repas** [rəpa] 2004	Mahlzeit	Il y a trois repas principaux par jour: le petit déjeuner, le déjeuner et le dîner.
le **restaurant** [rɛstɔrɑ̃] 2344	Restaurant	La semaine dernière, ils ont mangé dans un restaurant indien. Aujourd'hui, ils essaient un restaurant syrien.
la **soif** [swaf] 3857	Durst	J'ai soif. Peux-tu me donner un verre d'eau, s'il te plaît?
la **tasse** [tɑs] 2927	Tasse	Ma grand-mère boit chaque jour à 17 heures une tasse de thé.

6 Einkaufen

6.01 Geschäfte ▸ Grundwortschatz

acheter [aʃte] 701	kaufen	Pierre est allé au centre commercial pour acheter un ordinateur.
l'**affaire** [afɛr] (F) 294	Geschäft, Angelegenheit	La famille a fait une bonne affaire en achetant cette maison.
le **client** [klijɑ̃], la **cliente** [klijɑ̃t] 1121	Kunde/in	Les premiers clients du boulanger viennent à six heures pour acheter leurs baguettes.
commander [kɔmɑ̃de] 1917	bestellen	J'ai commandé un livre sur Internet.
le **commerce** [kɔmɛrs] 781	Handel	Il existe des plantes rares dont le commerce est interdit.
commercial [kɔmɛrsjal], **commerciale** [kɔmɛrsjal] 1062	Handel-	Il y a beaucoup de magasins dans un centre commercial.
les **courses** [kurs] (F, PL) 1634	Einkäufe	Aurélie va faire ses courses au centre commercial.
livrer [livre] 662	liefern	Nous livrons tous nos produits à votre domicile.
le **magasin** [magazɛ̃] 1805	Laden	Mon oncle possède un magasin de chaussures.
la **marchandise** [marʃɑ̃diz] 1993	Ware	Le magasin reçoit de nouvelles marchandises en début de mois.
neuf [nœf], **neuve** [nœv] 1764	neu	J'ai décidé de m'acheter une voiture neuve.
nouveau [nuvo], **nouvel** [nuvɛl], **nouvelle** [nuvɛl] 78	neu	Sophie porte un nouveau manteau. Elle l'a acheté hier.
ouvert [uvɛr], **ouverte** [uvɛrt] 807	offen	Ce magasin est ouvert de 9 à 19 heures.
le **produit** [prɔdɥi] 434	Produkt	Ce magasin ne vend que des produits biologiques.
la **qualité** [kalite] 579	Qualität	Ce magasin est connu pour ses produits de bonne qualité.
la **reprise** [rəpriz] 1425	Inzahlungnahme	Le vendeur nous fait une bonne reprise sur notre voiture.
la **réserve** [rezɛrv] 1389	Vorrat	Ma grand-mère a toujours du beurre en réserve à la maison.
l'**usage** [yzaʒ] (M) 1041	Gebrauch	L'usage du tabac est interdit dans les lieux publics.
vendre [vɑ̃dr] 952	verkaufen	Le boulanger vend environ 500 baguettes par jour.

la **vente** [vɑ̃t] 939	Verkauf	La vente du tableau lui a rapporté une importante somme d'argent.

6.01 Geschäfte ▸ Aufbauwortschatz

l'**achat** [aʃa] (M) 2318	Kauf	Il a fait quelques achats pour la fête de ce soir.
la **boutique** [butik] 2725	Laden, Boutique	Ma sœur est vendeuse dans une boutique de vêtements.
la **caisse** [kɛs] 2128	Kasse	Je suis passé à la caisse pour payer.
la **clientèle** [klijɑ̃tɛl] 3302	Kundschaft	La clientèle de ce magasin a baissé de 5%.
la **commande** [kɔmɑ̃d] 3163	Bestellung	Le boulanger a livré les commandes.
le **comptoir** [kɔ̃twar] 3525	Theke, Ladentisch	J'ai commandé un café au comptoir.
le **consommateur** [kɔ̃sɔmatœr], la **consommatrice** [kɔ̃sɔmatris] 3786	Verbraucher/in	Cet institut a réalisé une enquête sur les habitudes des consommateurs.
le **dépôt** [depo] 2181	Warenlager	Les centres commerciaux ont des grands dépôts de marchandises.
distribuer [distribɥe] 2325	verteilen	Ce magasin distribue une fleur à chaque cliente pour la fête des mères.
écouler [ekule] 2502	absetzen, in Umlauf bringen	Le boulanger a écoulé toute sa marchandise.
l'**étiquette** [etikɛt] (F) 3926	Preisschild	Le prix du pantalon est marqué sur l'étiquette.
fermé [fɛrme], **fermée** [fɛrme] 2305	geschlossen	Le centre commercial est fermé le dimanche.
la **garantie** [garɑ̃ti] 2186	Garantie	L'ordinateur a une garantie de deux ans.
garantir [garɑ̃tir] 2504	garantieren	Cet appareil électrique est garanti deux ans.
l'**inventaire** [ɛ̃vɑ̃tɛr] (M) 3719	Inventur	Les commerçants doivent faire l'inventaire de leur magasin une fois par an.
la **livraison** [livrɛzɔ̃] 3943	Lieferung	J'attends la livraison de la machine à laver que j'ai achetée ce matin.
l'**ouverture** [uvɛrtyr] (F) 2114	Öffnung	L'ouverture de ce magasin a lieu à 9 heures.
le **paquet** [pakɛ] 2278	Paket	Le facteur m'a apporté un paquet.

6.02 Preise und Geldverkehr ▸ Grundwortschatz

l'**action** [aksjɔ̃] (F) 1753	Aktie	Il possède des actions dans une société.
l'**argent** [arʒɑ̃] (M) 488	Geld	J'ai dépensé tout mon argent en vacances.
augmenter [ogmɑ̃te] 668	erhöhen	Le prix du pain a augmenté de 5%.
la **banque** [bɑ̃k] 840	Bank	J'ai retiré de l'argent à la banque.

le **bénéfice** [benefis] 1852	Profit, Gewinn	La boutique de vêtements a fait de gros bénéfices en décembre.
le **budget** [bydʒɛ] 1935	Budget	Je dispose d'un budget restreint pour mes vacances.
céder [sede] 1835	veräußern, übertragen	Mon oncle m'a cédé sa maison de vacances.
le **cent** [sɛnt] 1854	Cent	Il me manque une pièce de dix cents pour payer une baguette.
le **centime** [sɑ̃tim] 1557	Cent	Une baguette de pain coûte environ 80 centimes.
cher [ʃɛr], **chère** [ʃɛr] 752	teuer	Cette robe est beaucoup trop chère.
le **compte** [kɔ̃t] 243	Konto	J'ai ouvert un compte à la banque.
le **coût** [ku] 1284	Kosten	Le coût de la vie augmente chaque année.
coûter [kute] 1894	kosten	Ces chaussures coûtent 35 euros.
le **crédit** [kredi] 1960	Kredit	J'ai obtenu un crédit pour pouvoir construire une maison.
la **dépense** [depɑ̃s] 1244	Ausgabe	Elle a effectué d'importantes dépenses pour faire réparer sa voiture.
la **dette** [dɛt] 1586	Schuld	Il a accumulé des dettes depuis plusieurs années.
le **dollar** [dɔlar] 835	Dollar	Le dollar est la monnaie américaine et canadienne.
dû [dy], **due** [dy] 1449	schuldig, geschuldet	L'employé exigea de son patron l'argent qui lui était dû.
économiser [ekɔnɔmize] 1593	sparen	Il économise pour pouvoir s'acheter une nouvelle voiture.
élevé [eləve], **élevée** [eləve] 797	hoch	Le prix de l'essence est de plus en plus élevé.
l'**euro** [øro] (M) 1601	Euro	L'euro est la monnaie de l'Union européenne.
la **facture** [faktyr] 1605	Rechnung	Il doit payer ses factures en début de mois.
la **finance** [finɑ̃s] 1990	Finanzen	L'employé a examiné les finances de l'entreprise.
financier [finɑ̃sje], **financière** [finɑ̃sjɛr] 904	finanziell	Il a des problèmes financiers depuis plusieurs mois.
la **fortune** [fɔrtyn] 1863	Vermögen	La reine d'Angleterre possède une grande fortune.
les **frais** [frɛ] (M, PL) 1398	Kosten	Réparer ma voiture a entraîné des frais élevés.
le **franc** [frɑ̃] 854	Franc, Franke	Le franc français n'existe plus depuis la mise en place de l'euro.
gratuit [gratɥi], **gratuite** [gratɥit] 1622	kostenlos	L'entrée de ce musée est gratuite.
le **liquide** [likid] 1636	Bargeld	Je n'ai plus de liquide sur moi.
le **loyer** [lwaje] 1639	Miete	Les loyers des appartements à Paris sont élevés.
le **montant** [mɔ̃tɑ̃] 1364	Betrag	Le montant de mes dépenses est de 500 euros.

le **paiement** [pɛmɑ̃] 1885	Bezahlung	Le paiement de la facture est à effectuer avant le 15 du mois.
pauvre [povr] 666	arm	Monsieur Durand est pauvre, il a peu d'argent.
payer [peje] 516	bezahlen	Aurélie a payé ce livre huit euros.
la **pièce** [pjɛs] 382	Münze	As-tu une pièce d'un euro?
le **prix** [pri] 307	Preis	Le prix de ce pantalon est de 40 euros.
le **profit** [prɔfi] 1335	Profit	Les grands magasins font des profits élevés.
le **règlement** [rɛgləmɑ̃] 1791	Begleichung, Reglung	Le règlement se fait en liquide ou par carte de paiement.
le **revenu** [rəvny] 898	Einkommen	Il doit payer un impôt sur le revenu.
riche [riʃ] 808	reich	Sa famille est riche, elle possède une grande villa.
la **richesse** [riʃɛs] 1869	Reichtum	On ne peut estimer sa richesse.
la **valeur** [valœr] 258	Wert	La valeur du dollar est basse.
valoir [valwar] 527	wert sein	Cette veste vaut 50 euros.

6.02 Preise und Geldverkehr ▸ Aufbauwortschatz

la **carte bancaire** [kartbɑ̃kɛr] 4022	Kreditkarte	J'ai acheté des billets de train sur Internet, j'ai payé par carte bancaire.
coûteux [kutø], **coûteuse** [kutøz] 3612	kostspielig	Mes parents ont passé des vacances coûteuses au Canada.
dépenser [depɑ̃se] 2550	ausgeben	Je dépense en moyenne 15 euros par jour.
en espèce [ɑ̃nɛspɛs] 4021	bar	Dans ce petit café, on ne peut payer qu'en espèce.
épargner [eparɲe] 3378	sparen	Il épargne de l'argent pour s'acheter une nouvelle voiture.
le **financement** [finɑ̃smɑ̃] 3125	Finanzierung	Le propriétaire assure le financement des travaux.
fiscal [fiskal], **fiscale** [fiskal] 2786	Steuer-	Le commerçant a subi un contrôle fiscal.
le **gain** [gɛ̃] 3058	Gewinn	J'ai réalisé un gain de 56 euros.
généreux [ʒenerø], **généreuse** [ʒenerøz] 3059	großzügig	C'est un homme généreux, il donne de l'argent aux personnes qui ont des difficultés.
inclure [ɛ̃klyr] 3321	beifügen, miteinbeziehen	Le prix inclut toutes les taxes.
modeste [mɔdɛst] 2429	bescheiden	Il vient d'une famille modeste.
monétaire [monetɛr] 3257	Geld-	Le dollar est l'unité monétaire américaine.
la **monnaie** [mɔnɛ] 2809	Kleingeld	As-tu de la monnaie? Je n'ai qu'un billet de dix euros.
la **promotion** [prɔmɔsjɔ̃] 4011	Sonderangebot	Ce téléviseur est en promotion, il ne coûte que 100 euros.

réduit [redɥi], **réduite** [redɥit] 2146	reduziert	Il a obtenu un prix réduit, après avoir discuté avec le vendeur.
le **solde** [sɔld] 3346	Ausverkauf	La jupe est en solde.
la **subvention** [sybvɑ̃sjɔ̃] 2873	Subvention	Il a obtenu une subvention de l'État pour la création de son entreprise.
le **tarif** [tarif] 2670	Preis, Tarif	Le tarif de ce produit n'est pas affiché.
la **taxe** [taks] 2976	Steuer	La taxe est un impôt.

6.03 Kleidung und Accessoires ▸ Grundwortschatz

attacher [ataʃe] 1008	zusammenbinden	J'ai attaché mes cheveux pour faire du sport.
la **bourse** [burs] 589	Geldbörse	Une bourse est un petit sac en cuir.
la **chaussette** [ʃosɛt] 1561	Socke	L'enfant a fait un trou à sa chaussette.
chic [ʃik] 1562	schick	Il s'est habillé chic pour le mariage.
essayer [eseje] 489	versuchen	J'ai essayé plusieurs pantalons.
la **mode** [mɔd] 784	Mode	Elle veut toujours être à la mode.
la **montre** [mɔ̃tr] 1649	Uhr	Quelle heure est-il? J'ai oublié ma montre.
le **panier** [panje] 1664	Korb	Elle est revenue du marché avec un panier plein de fruits.
le **parapluie** [paraplɥi] 1667	Regenschirm	J'ai toujours un parapluie dans mon sac, au cas où il pleuve.
la **perle** [pɛrl] 1385	Perle	Elle porte un bijou de perles.
la **poche** [pɔʃ] 1928	Tasche	Il a mis ses clefs dans sa poche de pantalon.
précieux [presjø], **précieuse** [presjøz] 1279	kostbar	Cette bague est munie de pierres précieuses.
la **robe** [rɔb] 767	Kleid	L'été, je porte souvent une robe.
le **style** [stil] 899	Stil	Ma tante a un style plutôt classique.
le **tissu** [tisy] 1444	Stoff	Ma mère achète du tissu pour fabriquer de nouveaux rideaux.
la **veste** [vɛst] 1747	Jacke	Il est sorti sans sa veste, il a dû avoir froid.
le **vêtement** [vɛtmɑ̃] 1794	Kleidung	Quand je pars en vacances, j'emporte beaucoup trop de vêtements.

6.03 Kleidung und Accessoires ▸ Aufbauwortschatz

l'**accessoire** [akseswar] (M) 3760	Accessoire	Sac, ceinture et chapeau sont des accessoires.
l'**ampleur** [ɑ̃plœr] (F) 3511	Weite	Cette jupe a trop d'ampleur.
le **bijou** [biʒu] 3362	Schmuckstück	Ce bijou vaut très cher.
le **bouton** [butɔ̃] 2726	Knopf	Ma veste est fermée par quatre boutons.
la **canne** [kan] 3605	Spazierstock	Mon grand-père marche avec une canne en bois.
la **ceinture** [sɛ̃tyr] 2731	Gürtel	Je dois mettre une ceinture pour éviter de perdre mon pantalon.

la **chaîne** [ʃɛn] 2633	Kette	Pour son anniversaire, elle a reçu une chaîne en or.
le **chapeau** [ʃapo] 2012	Hut	Autrefois, presque tous les hommes portaient un chapeau.
la **chaussure** [ʃosyr] 2941	Schuh	J'ai mal aux pieds, car mes chaussures sont trop petites.
la **chemise** [ʃəmiz] 2885	Hemd	Il porte une chemise à manches longues.
le **col** [kɔl] 3161	Kragen	Le col de sa chemise est sale.
le **corsage** [kɔrsaʒ] 3787	Bluse	Elle porte un corsage en soie.
le **costume** [kɔstym] 2135	Anzug	Les employés de cette entreprise doivent porter un costume.
la **couverture** [kuvɛrtyr] 2263	Decke	J'ai froid. Peux-tu me donner la couverture?
déchirer [deʃire] 3529	zerreißen	J'ai déchiré mon beau pantalon.
la **dentelle** [dɑ̃tɛl] 3117	Spitze	Aurélie porte un corsage en dentelle.
dépassé [depɑse], **dépassée** [depɑse] 2895	nicht mehr Mode	Les vêtements de ma grand-mère sont dépassés.
échanger [eʃɑ̃ʒe] 2397	umtauschen, austauschen	Le pantalon est trop petit pour moi, je dois aller l'échanger.
l'**esthétique** [ɛstetik] (F) 3122	Ästhetik	L'esthétique s'intéresse au sentiment du beau.
filer [file] 3239	spinnen	Autrefois, les femmes filaient la laine des moutons.
le **gant** [gɑ̃] 3627	Handschuh	J'ai mis des gants pour ne pas avoir froid aux mains.
habiller [abije] 3469	anziehen, kleiden	Le matin, il se lève, prend sa douche, s'habille et part travailler.
la **jupe** [ʒyp] 2425	Rock	Elle ne porte que des jupes longues.
la **laine** [lɛn] 3251	Wolle	L'hiver, je porte des chaussettes en laine.
les **lunettes** [lynɛt] (F, PL) 3547	Brille	Aurélie a cassé ses lunettes en marchant dessus.
la **manche** [mɑ̃ʃ] 2655	Ärmel	Les manches de sa chemise sont trop courtes.
le **manteau** [mɑ̃to] 2606	Mantel	Il fait froid, je vais mettre mon manteau pour sortir.
le **masque** [mask] 2856	Maske	Un masque est un objet qui cache le visage.
le **mécanisme** [mekanism] 2335	Mechanismus	Le mécanisme de la montre est cassé.
le **nylon** [nilɔ̃] 3642	Nylon	Le nylon est un tissu synthètique.
ôter [ote] 3335	ausziehen, abnehmen	Il a ôté sa veste, car il avait trop chaud.
le **pantalon** [pɑ̃talɔ̃] 3011	Hose	Elle n'aime pas les jupes, elle ne porte que des pantalons.

le **parfum** [parfɛ̃] 2511	Parfum	J'ai offert une bouteille de parfum à Aurélie.
revêtir [rəvetir] 2571	anziehen	Mon père a revêtu son plus beau costume.
le **rubis** [rybi] 3854	Rubin	Un rubis est une pierre précieuse de couleur rouge.
le **sac** [sak] 2030	Tasche	Elle s'est acheté un sac en cuir.
la **soie** [swa] 3096	Seide	Les vêtements en soie sont assez chers.
la **teinture** [tɛ̃tyr] 3100	Färben	Ce n'est pas une vraie blonde, elle a fait une teinture.
la **tenue** [təny] 2317	Kleidung	Pierre s'est acheté une nouvelle tenue de sport.
textile [tɛkstil] 3996	textil, Textil-	En Europe, l'industrie du textile est en crise.
le **trou** [tru] 2929	Loch	L'enfant a fait un trou dans son pantalon en jouant.
usé [yze], **usée** [yze] 3865	abgenutzt, gebraucht	Les pantalons des enfants sont souvent usés au niveau des genoux.
user [yze] 3582	gebrauchen	Cette semaine Pierre a usé cinq chapeaux différents.
le **velours** [vəlur] 3867	Samt	Les pantalons en velours ne sont plus à la mode.
vêtu [vety], **vêtue** [vety] 2876	bekleidet	Elle est vêtue d'une longue robe de soie.

7 Öffentliche und private Dienstleistungen

7.01 Ämter und Verwaltung ▸ Grundwortschatz

l'**administration** [administrasjɔ̃] (F) 626	Verwaltung	Il a des problèmes avec l'Administration.
adresser [adrese] 796	adressieren	Cette lettre est adressée à mon père.
ci- [si] (ADV) 1878	*Vorsilbe mit der Bedeutung* hier	Vous trouverez ci-incluse la copie du dossier.
la **copie** [kɔpi] 1572	Kopie	La secrétaire m'a demandé une copie de ma carte d'identité.
correspondre [kɔrɛspɔ̃dr] 812	in Briefwechsel stehen	Nous correspondons depuis deux ans.
le **document** [dɔkymɑ̃] 1377	Dokument	Mon dossier n'est pas encore complet, il me manque un document.
la **douane** [dwan] 1587	Zoll	La douane surveille les frontières.
envoyer [ɑ̃vwaje] 679	schicken	Je lui ai envoyé une lettre ce matin.
examiner [ɛgzamine] 1110	untersuchen	Son dossier sera examiné dans les prochains jours.
l'**expéditeur** [ɛkspeditœr], l'**expéditrice** [ɛkspeditris] 1604	Absender/in	Le nom de l'expéditeur doit être indiqué au dos de la lettre.
le, la **fonctionnaire** [fɔ̃ksjɔnɛr] 1250	Beamte/Beamtin	Les fonctionnaires sont payés par l'État.
l'**impôt** [ɛ̃po] (M) 1943	Steuer	Le ministre de l'Économie a décidé d'augmenter les impôts.
la **lettre** [lɛtr] 421	Brief	J'ai reçu une lettre de mon frère.
l'**office** [ɔfis] (M) 1419	Amt	Les offices de tourisme sont fermés le dimanche.
la **section** [sɛksjɔ̃] 1072	Abteilung, Abschnitt	Je dois me renseigner auprès de la section administrative de l'entreprise.
signer [siɲe] 1048	unterschreiben	Aurélie a oublié de signer la lettre.
le **timbre** [tɛ̃br] 1429	Briefmarke	J'ai collé un timbre sur l'enveloppe.
vérifier [verifje] 1973	überprüfen	La secrétaire vérifie si mon dossier est complet.

7.01 Ämter und Verwaltung ▸ Aufbauwortschatz

administratif [administratif], **administrative** [administrativ] 2447	administrativ, Verwaltungs-	L'oncle de Pierre est conseiller administratif.
administrer [administre] 2675	verwalten	Le maire et le conseil municipal administrent la commune.

l'**ambassade** [ɑ̃basad] (F) 3673	Botschaft	L'ambassade est une représentation diplomatique d'un État.
le **certificat** [sɛrtifika] 3608	Bescheinigung	Il doit présenter un certificat de propriété.
classer [klɑse] 2451	ordnen	La secrétaire classe les papiers administratifs.
délivrer [delivre] 3531	ausstellen	On lui a délivré une nouvelle carte d'identité.
le **dossier** [dosje] 2500	Akte	L'Administration examine plusieurs centaines de dossiers par jour.
la **fondation** [fɔ̃dasjɔ̃] 2330	Stiftung	Il est le directeur d'une fondation pour la défense des animaux.
le **registre** [rəʒistr] 3493	Register	Je note mes dépenses dans un registre.
renvoyer [rɑ̃vwaje] 3089	zurückschicken	L'Administration lui a renvoyé son dossier.
le **statut** [staty] 2620	Status, Statut	Le statut de l'entreprise a été modifié.
valable [valabl] 2123	gültig	Sa carte d'identité n'est plus valable.

7.02 Öffentliche und soziale Dienstleistungen ▸ Grundwortschatz

accorder [akɔrde] 713	gewähren	La commune du village accorde une allocation aux étudiants.
affranchir [afrɑ̃ʃir] 1516	frankieren	La lettre a été affranchie avec un timbre à 70 centimes.
l'**aide** [ɛd] (F) 464	Hilfe	Les secours lui sont venus en aide.
aider [ede] 576	helfen	La secrétaire m'a aidé à remplir le dossier.
l'**assistance** [asistɑ̃s] (F) 1914	Hilfe, Betreuung	Ils ont crée une organisation d'assistance aux personnes atteintes d'un cancer.
l'**assurance** [asyrɑ̃s] (F) 1211	Versicherung	Pierre a pris rendez-vous avec une compagnie d'assurances.
la **communauté** [kɔmynote] 728	Gemeinschaft	Il travaille pour la communauté urbaine.
le **facteur** [faktœr], la **factrice** [faktris] 1127	Briefträger/-in	Le facteur passe tous les matins à 9h30.
la **mission** [misjɔ̃] 793	Auftrag	Le médecin est envoyé en mission en Afrique.
l'**organisme** [ɔrganism] (M) 870	Organisation	Pierre fait un stage dans un organisme chargé de la protection de l'environnement.
la **poste** [pɔst] 937	Post	La poste est située près de l'église.
poster [pɔste] 1691	abschicken	Je viens de poster une lettre pour mon frère.
le **service** [sɛrvis] 208	Dienst	Les services sociaux aident des familles en difficulté.
social [sɔsjal], **sociale** [sɔsjal] 321	sozial, gesellschaftlich	On lui a accordé un logement social.

7.02 Öffentliche und soziale Dienstleistungen ▸ Aufbauwortschatz

accordé [akɔrde], **accordée** [akɔrde] 2124	gewährt	Une allocation de 150 euros par mois lui a été accordée.
l'**allocation** [alɔkasjɔ̃] (F) 3670	Beihilfe	Je touche une allocation pour mes enfants.
auxiliaire [ɔksiljɛr] 3432	Hilfs-	Des troupes auxiliaires ont porté secours aux personnes en danger.
le, la **bénéficiaire** [benefisjɛr] 3887	Empfänger/-in	Ma tante est bénéficiaire d'aides sociales.
bénévole [benevɔl] 3888	freiwillig	Il est bénévole dans une association qui s'occupe de personnes âgées.
le **courrier** [kurje] 3371	Post, Brief	Je regarde tous les matins, s'il y a du courrier dans ma boîte aux lettres.
l'**électricité** [elɛktrisite] (F) 2456	Elektrizität	L'électricité permet, par exemple, de s'éclairer.
engagé [ɑ̃gaʒe], **engagée** [ɑ̃gaʒe] 3235	engagiert	Il est engagé dans plusieurs associations.
l'**engagement** [ɑ̃gaʒmɑ̃] (M) 3311	Verpflichtung	Il fait preuve d'un engagement admirable.
l'**enveloppe** [ɑ̃vlɔp] (F) 2950	Briefumschlag	J'ai oublié de coller un timbre sur l'enveloppe.
envelopper [ɑ̃vlɔpe] 3055	einpacken	Le paquet était enveloppé d'un papier épais.
expédier [ɛkspedje] 3057	aufgeben	J'ai expédié un paquet par la poste.
l'**indemnité** [ɛ̃dɛmnite] (F) 3181	Schadensersatz	Mon père n'a plus de travail, il reçoit des indemnités de fin de contrat.
la **prime** [prim] 4012	Prämie, Zuschuss, Zulage	À la fin de l'année, les employés de l'entreprise reçoivent une prime.
la **protection** [prɔtɛksjɔ̃] 2540	Schutz	Il existe de nombreuses associations pour la protection des animaux.
le, la **volontaire** [vɔlɔ̃tɛr] 2979	Freiwillige	Elle s'est engagée comme volontaire pour une mission scientifique.

7.03 Polizei ▸ Grundwortschatz

avouer [avwe] 1061	gestehen	Le suspect a avoué son acte.
chercher [ʃɛrʃe] 279	suchen	La police a cherché pendant des mois le coupable.
le **contrôle** [kɔ̃trol] 1171	Kontrolle	Les gendarmes effectuent un contrôle de vitesse.
effectuer [efɛktɥe] 847	durchführen	Le policier a effectué un contrôle d'identité.
l'**enquête** [ɑ̃kɛt] (F) 742	Untersuchung	La police a mené une enquête sur le vol d'une banque.

la **force** [fɔrs] 312	Kraft, Gewalt	Ils ont été obligés d'employer la force.
la **police** [pɔlis] 675	Polizei	On m'a volé ma voiture, j'ai appelé la police.
le **policier** [pɔlisje], la **policière** [pɔlisjɛr] 905	Polizist/in	Les policiers ont arrêté le suspect.
poursuivre [pursɥivr] 481	verfolgen	Les gendarmes ont poursuivi le voleur.
protéger [prɔteʒe] 1954	schützen	La police est chargée de protéger les citoyens.

7.03 Polizei ▸ Aufbauwortschatz

l'**accusation** [akyzasjɔ̃] (F) 2674	Anklage	L'accusation de vol était fausse.
l'**arrestation** [arɛstasjɔ̃] (F) 2626	Festnahme	L'arrestation du coupable a eu lieu le matin très tôt.
le **cadavre** [kadɑvr] 3157	Leiche	Le cadavre d'un homme a été trouvé en forêt.
le **commissaire** [kɔmisɛr], **madame le commissaire** [madamləkɔmisɛr] 2235	Kommissar/in	Le commissaire est chargé des enquêtes.
contrôler [kɔ̃trole] 2840	kontrollieren	J'ai été contrôlé par les gendarmes, j'ai dû montrer mon permis de conduire.
dénoncer [denɔ̃se] 2595	anzeigen, denunzieren	Le voleur a dénoncé à la police les hommes qui l'ont aidé.
déployer [deplwaje] 2551	einsetzen, aufmarschieren lassen	La police a déployé d'importantes mesures de sécurité.
le **détenu** [detəny], la **détenue** [detəny] 2690	Gefangene	Le détenu sortira de prison dans une semaine.
enfermer [ɑ̃fɛrme] 2327	einschließen	Le policier a enfermé le suspect.
fouiller [fuje] 3711	durchsuchen	Les policiers de la douane ont fouillé les valises des voyageurs.
le **gendarme** [ʒɑ̃darm] 3628	Gendarm, Polizist	Les gendarmes sont employés par l'armée.
identifier [idɑ̃tifje] 2243	identifizieren	La police a identifié le coupable.
l'**indice** [ɛ̃dis] (M) 2798	Beweis, Spur	La police cherche des indices sur le lieu du crime.
l'**inspecteur** [ɛ̃spɛktœr], l'**inspectrice** [ɛ̃spɛktris] 4013	Inspektor/in	L'inspecteur de police est chargé de mener l'enquête.
le **piège** [pjɛʒ] 3481	Falle	La police a tendu un piège au coupable.
la **poursuite** [pursɥit] 3082	Verfolgung	Le gendarme a couru à la poursuite du voleur.

protégé [prɔteʒe], **protégée** [prɔteʒe] 3651	geschützt	Le président est protégé par de nombreux policiers.
rechercher [rəʃɛrʃe] 2375	suchen	La police recherche les voleurs.
repousser [rəpuse] 2821	abwehren	La police a repoussé la foule qui manifestait.
soupçonner [supsɔne] 3575	verdächtigen	La police soupçonne cet homme d'avoir volé une voiture.
la **sûreté** [syrte] 3351	Sicherheit	Il a mis son argent et les bijoux de sa femme en sûreté.
la **surveillance** [syrvɛjɑ̃s] 3277	Überwachung	Trois policiers assurent la surveillance de la gare la nuit.
surveiller [syrveje] 2315	beaufsichtigen, überwachen	La police surveille un suspect, elle l'observe.

7.04 Kriminalität ▸ Grundwortschatz

assassiner [asasine] 1524	umbringen, ermorden	Un homme a été assassiné dans sa voiture.
l'**attaque** [atak] (F) 1875	Angriff	L'attaque militaire a détruit un village entier.
attaquer [atake] 1776	überfallen, angreifen	L'homme a attaqué une vieille femme et lui a volé son sac.
le **coup** [ku] 201	Schlag, Schuss	L'homme a reçu un coup sur la tête.
le **crime** [krim] 1982	Verbrechen	Le crime a eu lieu dans la nuit de dimanche à lundi.
exécuter [ɛgzekyte] 1784	vollstrecken, hinrichten	Dans certains États, les prisonniers sont exécutés.
frapper [frape] 957	schlagen	Les voleurs ont frappé la victime avant de s'enfuir.
la **prison** [prizɔ̃] 1459	Gefängnis	Il a été condamné à deux ans de prison.
tuer [tɥe] 750	umbringen, umkommen	Il a menacé de tuer l'otage.
la **victime** [viktim] 1348	Opfer	La victime a reconnu le coupable.
voler [vɔle] 1748	stehlen	Un groupe d'hommes a volé des dizaines de voitures.
le **voleur** [vɔlœr], la **voleuse** [vɔløz] 1749	Dieb/in	Les voleurs ont été arrêtés par la police.

7.04 Kriminalität ▸ Aufbauwortschatz

abattre [abatr] 2198	töten	La police a abattu le voleur.
l'**assassinat** [asasina] (M) 3679	Mord, Ermordung	Il a été accusé d'assassinat.
le **bandit** [bɑ̃di] 3681	Verbrecher	Le commerçant a été attaqué par trois bandits.

brutal [brytal], **brutale** [brytal] 2835	brutal	Il est brutal avec sa femme et ses enfants.
brutalement [brytalmɑ̃] (ADV) 3433	brutal	L'homme a frappé brutalement sa victime.
commettre [kɔmɛtr] 2159	begehen	Cet homme a commis plusieurs meurtres.
compromettre [kɔ̃prɔmɛtr] 3905	verwickeln, bloßstellen	Il est compromis dans une affaire de vol d'argent.
criminel [kriminɛl], **criminelle** [kriminɛl] 2104	kriminell, strafbar	L'acte qu'il a commis est de nature criminelle.
cruel [kryɛl], **cruelle** [kryɛl] 3227	grausam	Il s'agit d'une attaque cruelle.
le **délinquant** [delɛ̃kɑ̃], la **délinquante** [delɛ̃kɑ̃t] 4020	Straffällige, Straftäter/in	Le délinquant a été arrêté par la police hier soir.
le **délit** [deli] 3793	Delikt, Straftat	Voler et tuer sont des délits.
détourner [deturne] 2644	unterschlagen	Cet homme a détourné plusieurs milliers d'euros.
enfuir (s) [ɑ̃fɥir] 3234	fliehen	Les bandits ont réussi à s'enfuir.
fuir [fɥir] 2360	flüchten	Le voleur a réussi à fuir avant que la police arrive.
impliquer [ɛ̃plike] 2529	verwickeln	Il a été impliqué dans une affaire de vol.
la **menace** [mənas] 2857	Bedrohung	Le ministre a reçu des menaces de mort.
menacer [mənase] 2608	bedrohen	Le voleur a menacé une femme avant de fuir avec sa voiture.
le **meurtre** [mœrtr] 2962	Mord	Le meurtre date de six mois.
le **pistolet** [pistɔlɛ] 3647	Pistole	Le bandit a tiré plusieurs coups de pistolet.
le **prisonnier** [prizɔnje], la **prisonnière** [prizɔnjɛr] 2373	Gefangene	Le prisonnier sera libéré dans deux semaines.
le **revolver** [revɔlvɛr] 3572	Revolver	Le voleur a menacé le commerçant avec un revolver.
suspect [syspɛ], **suspecte** [syspɛkt] 3201	verdächtig	Il est suspect dans une affaire d'assassinat.
la **tentative** [tɑ̃tativ] 2409	Versuch	L'homme a été condamné pour tentative de meurtre.
la **violence** [vjɔlɑ̃s] 2288	Gewalt	La violence est de plus en plus grande chez les jeunes.
violent [vjɔlɑ̃], **violente** [vjɔlɑ̃t] 2828	gewalttätig	Quand il boit de l'alcool, il devient violent.
le **vol** [vɔl] 3589	Diebstahl	Le vol du musée s'est déroulé la nuit dernière.

8 Körper, Gesundheit und Hygiene

8.01 Körper ▸ Grundwortschatz

la **bouche** [buʃ] 1181	Mund	L'enfant a du chocolat tout autour de la bouche.
le **bras** [bra] 443	Arm	Il m'a pris dans ses bras avant de partir.
brosser [brɔse] 1552	bürsten	La mère brosse les cheveux de sa fille.
le **cheveu** [ʃəvø] 740	Haar	Les cheveux de Pierre sont blonds.
le **cœur** [kœr] 311	Herz	Son cœur s'est arrêté de battre.
le **corps** [kɔr] 359	Körper	Le corps humain est très compliqué.
la **côte** [kot] 1270	Rippe	Je me suis cassé une côte en tombant.
la **dent** [dɑ̃] 1983	Zahn	Je me lave les dents matin et soir.
le **doigt** [dwa] 765	Finger	La main de l'homme a cinq doigts.
le **dos** [do] 1213	Rücken	Mon père ne peut pas porter d'objets lourds, car il a mal au dos.
l'**épaule** [epol] (F) 914	Schulter	Cet homme est grand et a de larges épaules.
l'**estomac** [ɛstɔma] (M) 1600	Magen	Il n'a rien mangé, il a l'estomac vide.
la **figure** [figyr] 775	Gesicht	L'enfant va se laver la figure.
le **front** [frɔ̃] 1329	Stirn	Il a une tache brune sur le front.
le **genou** [ʒənu] 1842	Knie	En tombant, il s'est blessé au genou.
la **jambe** [ʒɑ̃b] 1164	Bein	Certaines personnes ont une jambe plus courte que l'autre.
la **langue** [lɑ̃g] 569	Zunge	J'ai dû tirer la langue pour que le médecin puisse examiner ma gorge.
la **lèvre** [lɛvr] 1330	Lippe	Elle s'est mis du rouge sur les lèvres.
la **main** [mɛ̃] 154	Hand	Je serre la main à mon patron.
le **membre** [mɑ̃br] 330	Glied(maße), Glied	Les pieds et les bras sont des membres du corps humain.
le **nez** [ne] 1500	Nase	Quand il fait froid, j'ai le nez rouge.
nu [ny], **nue** [ny] 1907	nackt	Il s'est mis nu pour se laver.
l'**œil** [œj] (M) 140	Auge	Aurélie a les yeux bleus.
l'**oreille** [ɔrɛj] (F) 1112	Ohr	Mon père a de grandes oreilles.
l'**organisme** [ɔrganism] (M) 870	Organismus	L'organisme est l'ensemble des éléments constituant un être vivant.
la **peau** [po] 946	Haut	Une trop longue exposition au soleil peut entraîner des maladies de la peau.
le **peigne** [pɛɲ] 1672	Kamm	Mon grand-père a toujours un petit peigne dans la poche de son manteau.
le **pied** [pje] 262	Fuß	Il s'est blessé au pied gauche.
le **poil** [pwal] 1683	Haar	Mon oncle a des poils dans les oreilles.

le **pouce** [pus] 1386	Daumen, großer Zeh	Le pouce est le doigt le plus gros de la main.
le **sang** [sɑ̃] 1018	Blut	Il s'est blessé et a perdu beaucoup de sang.
le **savon** [savɔ̃] 1713	Seife	Le savon de Marseille sent très bon.
le **sein** [sɛ̃] 1154	(weibliche) Brust	Une mère donne le sein à son enfant.
la **tête** [tɛt] 212	Kopf	La fumée de cigarette lui donne mal à la tête.
le **visage** [vizaʒ] 368	Gesicht	Il a le visage tout rouge.
la **voix** [vwa] 325	Stimme	Mon oncle a une voix grave.

8.01 Körper ▸ Aufbauwortschatz

l'**A.D.N.** [adeɛn] (M) 3669	DNS	L'A.D.N. est une molécule présente chez les êtres vivants.
la **barbe** [barb] 3036	Bart	Le père Noël porte une longue barbe blanche.
le **buste** [byst] 3893	Oberkörper	Le buste va de la tête à la taille.
cellulaire [selylɛr] 3779	Zell-	L'origine cellulaire du cancer du foie a été identifiée par des chercheurs.
cérébral [serebral], **cérébrale** [serebral] 3434	Gehirn-	L'activité cérébrale, c'est l'activité du cerveau.
le **cerveau** [sɛrvo] 2259	Gehirn	Le cerveau est l'organe de la pensée.
corporel [kɔrpɔrɛl], **corporelle** [kɔrpɔrɛl] 3908	körperlich, Körper-	Il a calculé sa masse corporelle.
le **cou** [ku] 2638	Hals	Il a mis sa veste d'été pour sortir. Le vent soufflait fort, il a eu froid au cou.
le **coude** [kud] 3115	Ellenbogen	Le bras se plie au niveau du coude.
le **crâne** [krɑn] 3226	Schädel	Le cerveau est situé dans le crâne.
le **foie** [fwa] 3932	Leber	L'alcool provoque des maladies du foie.
la **gorge** [gɔrʒ] 2461	Hals, Kehle	J'ai mal à la gorge et je tousse.
l'**index** [ɛ̃dɛks] (M) 3940	Zeigefinger	L'index est l'un des doigts de la main.
interne [ɛ̃tɛrn] 2800	innerlich	Le cœur est un organe interne.
la **joue** [ʒu] 2269	Wange	Après avoir joué dans le jardin, l'enfant a les joues roses.
la **maturité** [matyrite] 3948	Reife	Aurélie fait preuve d'une grande maturité.
la **mémoire** [memwar] 2112	Gedächtnis	Il a une mémoire incroyable, il se souvient toujours de tout.
le **menton** [mɑ̃tɔ̃] 3550	Kinn	Le menton est situé à la base du visage.
le **muscle** [myskl] 2709	Muskel	Pierre fait du sport pour développer ses muscles.
le **nerf** [nɛr] 2657	Nerv	Les nerfs relient le cerveau au reste du corps.
l'**organe** [ɔrgan] (M) 2964	Organ	Les yeux sont les organes de la vue.

organique [ɔrganik] 3557	organisch	Les matières organiques proviennent des êtres vivants.
la **paume** [pom] 3561	Handfläche	Pierre a une pièce dans la paume de sa main.
la **paupière** [popjɛr] 3958	Augenlid	La paupière protège l'œil.
le **poignet** [pwaɲɛ] 3835	Handgelenk	Le poignet relie la main au bras.
le **poing** [pwɛ̃] 2916	Faust	Pierre a reçu un coup de poing dans le nez.
la **poitrine** [pwatrin] 2814	Brust	Mon frère a une douleur dans la poitrine.
la **reproduction** [rəprɔdyksjɔ̃] 3975	Fortpflanzung	Les élèves ont étudié en cours de sciences naturelles la reproduction humaine.
le **shampooing** [ʃɑ̃pwɛ̃] 4014	Shampoo	Aurélie utilise un shampooing pour cheveux secs.
la **sueur** [sɥœr] 3750	Schweiß	Des gouttes de sueur coulent sur son front.
la **tension** [tɑ̃sjɔ̃] 2408	Blutdruck	Ma grand-mère a des problèmes de tension.
la **toilette** [twalɛt] 2383	Körperpflege	L'enfant sait maintenant faire sa toilette seul.
le **vaisseau** [vɛso] 3756	(Blut)Gefäß	Le sang circule à travers le corps dans les vaisseaux.
la **veine** [vɛn] 3284	Vene, Ader	Une veine, c'est un vaisseau qui transporte le sang.
le **ventre** [vɑ̃tr] 2583	Bauch	J'ai mangé trop de chocolat, j'ai mal au ventre maintenant.

8.02 Gesundheit und Krankheit ▸ Grundwortschatz

avoir mal [avwarmal] 1534	Schmerzen haben	J'ai mal à la tête.
le **cigare** [sigar] 1566	Zigarre	Mon oncle fume un cigare le soir devant la télévision.
la **douleur** [dulœr] 1275	Schmerz	Ces médicaments calment les douleurs.
la **faiblesse** [fɛblɛs] 1989	Schwäche	Le malade a une faiblesse au cœur.
fou [fu], **fol** [fɔl], **folle** [fɔl] 1044	verrückt	Après la mort de sa femme, il est devenu fou.
le **fumeur** [fymœr], la **fumeuse** [fymøz] 1613	Raucher/in	Les fumeurs ont un jour ou l'autre des problèmes de santé.
le, la **malade** [malad] 636	Kranke	Le malade espère guérir vite.
la **maladie** [maladi] 716	Krankheit	Elle mourut suite à une longue maladie.
la **mort** [mɔr] 328	Tod	La mort est inévitable.
mourir [murir] 823	sterben	Il est mort dans un accident de voiture.
normal [nɔrmal], **normale** [nɔrmal] 637	normal	La taille de cet enfant est normale pour son âge.
le **patient** [pasjɑ̃], la **patiente** [pasjɑ̃t] 1908	Patient/in	Ce médecin s'occupe très bien de ses patients.
la **pipe** [pip] 1679	Pfeife	Mon grand-père fume la pipe.

porter (se) [pɔrte] 1690	sich befinden, fühlen	La mère et le bébé se portent bien.
le **rhume** [rym] 1705	Erkältung	J'ai un rhume et je tousse.
la **santé** [sɑ̃te] 998	Gesundheit	Être en bonne santé, c'est le plus important.
sentir (se) [sɑ̃tir] 1714	sich fühlen	Il ne se sent pas très bien aujourd'hui.
souffrir [sufrir] 819	leiden	Il souffre d'une douleur au genou.
le **tabac** [taba] 1724	Tabak	Le tabac est dangereux pour la santé.
tousser [tuse] 1732	husten	La fumée de cigarette le fait tousser.
la **vie** [vi] 86	Leben	Mon père a passé toute sa vie à travailler.
vif [vif], **vive** [viv] 963	lebendig, heftig	Il a une douleur vive à la jambe.
vivant [vivɑ̃], **vivante** [vivɑ̃t] 763	lebend	L'homme est gravement blessé mais vivant.
vivre [vivr] 291	leben	Mon grand-père a vécu presque 100 ans.

8.02 Gesundheit und Krankheit ▸ Aufbauwortschatz

anormal [anɔrmal], **anormale** [anɔrmal] 3877	anormal	Cet enfant tousse depuis plusieurs semaines. C'est anormal.
atteint [atɛ̃], **atteinte** [atɛ̃t] 2154	schwer krank	Il est atteint d'une maladie au cœur.
aveugle [avœgl] 3035	blind	Cet enfant est aveugle de naissance.
blesser [blese] 3522	verletzen	Le chien a blessé un enfant.
la **blessure** [blesyr] 2680	Verletzung	Il souffre d'une blessure au bras droit.
le **cancer** [kɑ̃sɛr] 2730	Krebs	Mon oncle est mort d'un cancer du foie.
cardiaque [kardjak] 3364	Herz-	Il souffre de troubles cardiaques.
la **cigarette** [sigarɛt] 2391	Zigarette	La cigarette tue.
le **décès** [desɛ] 3229	Tod, Ableben	Le décès de sa mère l'a rendu très triste.
le **délire** [delir] 3792	Delirium	Un délire est dû à une forte fièvre.
la **dépression** [depresjɔ̃] 3169	Depression	Après la mort de son ami, elle a fait une dépression.
douloureux [dulurø], **douloureuse** [dulurøz] 2596	schmerzhaft	Cette maladie est très douloureuse.
étouffer [etufe] 3622	ersticken	Il fait trop chaud, j'étouffe.
la **fièvre** [fjɛvr] 2847	Fieber	Pierre tousse et a de la fièvre.
la **folie** [fɔli] 2747	Wahnsinn	La folie est difficile à soigner.
le **handicap** [ɑ̃dikap] 3470	Behinderung	Son handicap physique l'empêche de trouver un travail.
incapable [ɛ̃kapabl] 2364	unfähig	Le malade est incapable de marcher.
l'**infection** [ɛ̃fɛksjɔ̃] (F) 3247	Entzündung	Il faut soigner rapidement la plaie pour éviter une infection.
la **lésion** [lezjɔ̃] 3546	Verletzung	Une blessure est une lésion.

le **malaise** [malɛz] 2564	Unwohlsein	Une femme n'a pas supporté la chaleur, elle a fait un malaise.
le **mort** [mɔr], la **morte** [mɔrt] 2508	Tote	L'accident de car a fait 32 morts.
la **mortalité** [mɔrtalite] 3728	Sterblichkeit	Le taux de mortalité a baissé.
mortel [mɔrtɛl], **mortelle** [mɔrtɛl] 3827	sterblich	Tous les hommes sont mortels.
muet [mɥɛ], **muette** [mɥɛt] 3070	stumm	Il est muet, il ne peut pas parler.
la **plaie** [plɛ] 3483	Wunde	Le médecin soigne les plaies d'une des victimes de l'accident.
sain [sɛ̃], **saine** [sɛn] 2925	gesund	Pierre est sain de corps et d'esprit.
la **souffrance** [sufrɑ̃s] 2379	Schmerz, Leiden	La souffrance des malades est terrible.
sourd [sur], **sourde** [surd] 2823	taub	Une personne qui n'entend pas est sourde.
surmonter [syrmɔ̃te] 2669	überwinden	Il a finalment réussi à surmonter la maladie.
survivre [syrvivr] 3577	überleben	Cet homme a survécu à un accident de voiture.
trembler [trɑ̃ble] 2520	zittern	Il tremble à cause du froid.
le **trouble** [trubl] 2581	Beschwerden, Störungen	Il souffre de troubles du comportement.

8.03 Physisches Befinden und Bedürfnisse ▸ Grundwortschatz

le **besoin** [bəzwɛ̃] 219	Bedarf	Mon père travaille de trop, il a besoin de repos.
coucher (se) [kuʃe] 1573	sich hinlegen	En vacances Pierre se couche tous les soirs vers 22h00.
la **croissance** [krwasɑ̃s] 1260	Wachstum	Cet enfant est en âge de croissance.
dormir [dɔrmir] 1023	schlafen	La nuit, mon père n'arrive pas à dormir.
l'**équilibre** [ekilibr] (M) 1357	Gleichgewicht	Pierre a perdu l'équilibre et est tombé.
l'**existence** [ɛgzistɑ̃s] (F) 580	Existenz, Dasein	Il a eu de nombreux problèmes dans son existence.
faible [fɛbl] 719	schwach	Le malade est de plus en plus faible.
l'**influence** [ɛ̃flyɑ̃s] (F) 1222	Einfluss	Il exerce une mauvaise influence sur son ami.
lever (se) [ləve] 1635	aufstehen	Aurélie se lève le matin à 8h00.
la **pause** [poz] 1671	Pause	Je fais une pause le midi pour manger.
physique [fizik] 1047	physisch	Aurélie a des problèmes physiques.

la **pression** [presjɔ̃] 1226	Druck	Il ressent une pression dans l'oreille.
reposer (se) [rəpoze] 1772	sich ausruhen	Le dimanche, je me repose dans mon jardin.
respirer [rɛspire] 1970	atmen	On peut respirer par le nez ou par la bouche.
réveiller (se) [reveje] 1703	aufwachen	Je me suis réveillé au milieu de la nuit, car j'ai entendu du bruit.
souffler [sufle] 1391	pusten	Il a soufflé les bougies.
subir [sybir] 950	erleiden, sich etw. unterziehen	Mon grand-père a subi une opération du cœur.

8.03 Physisches Befinden und Bedürfnisse ▸ Aufbauwortschatz

l'**aspiration** [aspirasjɔ̃] (F) 2984	Einatmung	L'aspiration est l'action d'aspirer de l'air.
aspirer [aspire] 3768	einatmen	Il aspire de l'air.
blessé [blese], **blessée** [blese] 2448	verletzt	Ils transportent l'homme blessé à l'hôpital.
endormir (s') [ɑ̃dɔrmir] 2900	einschlafen	Il était fatigué, il s'est endormi devant la télévision.
la **fatigue** [fatig] 2698	Müdigkeit	Il continue le travail malgré la fatigue.
fatigué [fatige], **fatiguée** [fatige] 2359	müde	Elle a toujours l'air fatigué.
grandir [grɑ̃dir] 2331	wachsen	Cet enfant n'arrête pas de grandir.
inconscient [ɛ̃kɔ̃sjɑ̃], **inconsciente** [ɛ̃kɔ̃sjɑ̃t] 3322	bewusstlos	Le malade a fait un malaise, il était inconscient.
las [lɑ], **lasse** [lɑs] 3635	müde, abgespannt	Pierre se sent las après une journée de travail.
nécessiter [nesesite] 3258	brauchen	Son état de santé nécessite la prise de plusieurs médicaments.
physiologique [fizjɔlɔʒik] 3834	physiologisch	Aurélie a des troubles physiologiques.
le **repos** [rəpo] 2437	Ruhe, Erholung	Une bonne nuit de repos est essentielle.
la **respiration** [rɛspirasjɔ̃] 3849	Atmung	Elle fait des exercices de respiration.
réveiller [reveje] 2175	aufwecken	Elle réveille ses enfants à 6 h 30.
la **solitude** [sɔlityd] 2285	Einsamkeit	Les personnes âgées font souvent face à la solitude.
le **sommeil** [sɔmɛj] 2229	Schlaf	J'ai besoin de huit heures de sommeil par nuit.
le **souffle** [sufl] 2346	Atem	Il faut avoir du souffle pour pouvoir gonfler un ballon.
la **souplesse** [suplɛs] 3747	Gelenkigkeit	La danseuse fait preuve d'une grande souplesse.
supporter [sypɔrte] 2091	ertragen	Je ne supporte pas la fumée de cigarette.
vieillir [vjejir] 3353	altern	Je n'ai pas envie de vieillir.

vital [vital], **vitale** [vital] 3757	Lebens-	Manger et boire sont des besoins vitaux.

8.04 Medizin und medizinische Versorgung ▸ Grundwortschatz

appliquer [aplike] 845	auftragen, anwenden	Elle applique de la crème sur la plaie.
le, la **dentiste** [dɑ̃tist] 1582	Zahnarzt/ Zahnärztin	Les enfants n'aiment pas aller chez le dentiste.
le **docteur** [dɔktœr], le **docteuresse** [dɔktɔrɛs] 380	Arzt/Ärztin	J'ai de la fièvre depuis deux jours, c'est pour cela que j'ai pris un rendez-vous chez le docteur.
l'**examen** [ɛgzamɛ̃] (M) 1160	Untersuchung	Aurélie a dû faire un bilan de santé, elle attend maintenant les résultats des examens.
examiner [ɛgzamine] 1110	untersuchen	Le docteur examine ses patients.
l'**hôpital** [ɔpital] (M) 623	Krankenhaus	L'hôpital est un établissement où l'on soigne les malades.
l'**infirmier** [ɛ̃firmje], l'**infirmière** [ɛ̃firmjɛr] 1455	Kranken-pfleger/in	L'infirmier travaille dans un hôpital.
le, la **médecin** [medəsɛ̃] 646	Arzt/Ärztin	Aurélie a fait un malaise, il faut appeler le médecin.
l'**opération** [ɔperasjɔ̃] (F) 687	Operation	Le patient a subi une opération à l'estomac.
sauver [sove] 1105	retten	Un médecin sauve des vies.
le **soin** [swɛ̃] 800	Pflege	L'infirmier donne des soins au patient.
le **traitement** [trɛtmɑ̃] 801	Behandlung	Il doit prendre ce traitement pendant deux semaines.

8.04 Medizin und medizinische Versorgung ▸ Aufbauwortschatz

absorber [apsɔrbe] 3288	einnehmen, schlucken	Il a absorbé des médicaments contre les maux de ventre.
l'**absorption** [apsɔrpsjɔ̃] (F) 3759	Aufnahme, Einnahme	L'absorption de médicaments et d'alcool n'est pas recommandée.
l'**aiguille** [egɥij] (F) 3212	Nadel	L'aiguille s'est cassée.
artificiel [artifisjɛl], **artificielle** [artifisjɛl] 2069	künstlich	Les médecins ont essayé de créer un cœur artificiel.
la **bande** [bɑ̃d] 2042	Binde	Il a mis une bande autour de son poignet.
clinique [klinik] 2734	klinisch	L'infirmière a suivi une formation clinique.
la **consultation** [kɔ̃syltasjɔ̃] 3437	Sprechstunde	Le prix de la consultation médicale a augmenté.

consulter [kɔ̃sylte] 2353	aufsuchen, fragen	Aurélie a consulté un spécialiste, car elle a mal à la tête depuis plusieurs semaines.
le **diagnostic** [djagnɔstik] 3310	Diagnose	Le diagnostic du médecin est inquiétant.
la **gravité** [gravite] 3808	Schwere	Cette maladie est sans gravité.
guérir [gerir] 3935	heilen, gesund werden	Les médicaments aident à guérir.
l'**hygiène** [iʒjɛn] (F) 3246	Hygiene	Une bonne hygiène de vie est indispensable.
l'**intervention** [ɛ̃tɛrvɑ̃sjɔ̃] (F) 2245	Eingriff, Operation	Il a subi une intervention au cœur.
masser [mase] 3006	massieren	L'infirmier masse la jambe du malade.
la **médecine** [medsin] 2752	Medizin	Mon cousin fait des études de médecine.
médical [medikal], **médicale** [medikal] 2428	ärztlich	Je dois passer une visite médicale avant de commencer à travailler dans la nouvelle entreprise.
le **médicament** [medikamɑ̃] 3394	Medikament	Il existe un nouveau médicament contre les maux de tête.
opérer [ɔpere] 3075	operieren	Pierre a été opéré à l'hôpital.
l'**ordonnance** [ɔrdɔnɑ̃s] (F) 3955	Rezept	Le médecin m'a donné une ordonnance.
l'**oxygène** [ɔksiʒɛn] (M) 3733	Sauerstoff	Les êtres vivants respirent de l'oxygène.
la **précaution** [prekosjɔ̃] 2918	Vorsichts-maßnahme	Il a pris ses précautions pour ne pas tomber malade.
le **remède** [rəmɛd] 2570	Heilmittel, Medikament	Ce sirop est un bon remède, il empêche de tousser.
sanitaire [sanitɛr] 3573	sanitär	Une équipe sanitaire est intervenue sur le lieu de l'accident.
le **secours** [səkur] 2617	erste Hilfe, Unfallhilfe	Ils portent secours aux victimes de l'accident.
le **sérum** [serɔm] 2478	Serum	Le sérum est un liquide jaune.
soigné [swaɲe], **soignée** [swaɲe] 3990	gepflegt	Sa plaie a été mal soignée, elle s'est infectée.
soigner [swaɲe] 2480	pflegen	Le médecin soigne ses malades.
le **suicide** [sɥisid] 3859	Selbstmord	J'ai appris le suicide d'un ami.
l'**urgence** [yrʒɑ̃s] (F) 2582	Notfall, Not-	On a demandé un médecin d'urgence.
le **virus** [virys] 3588	Virus	Certains virus sont difficiles à soigner.

9 Wahrnehmung und Bewegung

9.01 Sinneswahrnehmung und -äußerung ▸ Grundwortschatz

apercevoir [apɛrsəvwar] 543	wahrnehmen	Je l'ai aperçu ce matin sur la place du village.
l'**attention** [atɑ̃sjɔ̃] (F) 731	Aufmerksamkeit	Il a obtenu l'attention du public.
le **bruit** [brɥi] 642	Lärm	J'entends le bruit d'une voiture.
concevoir [kɔ̃səvwar] 1087	sich etwas ausdenken, eine Vorstellung haben	Elle ne conçoit pas une vie sans enfant.
considérer [kɔ̃sidere] 317	betrachten	Aurélie me considérait avec attention.
le **cri** [kri] 1242	Schrei	Il a poussé un cri de douleur.
crier [krije] 1108	schreien	Il a crié en pleine rue qu'il m'aimait.
distinguer [distɛ̃ge] 1144	erkennen	J'ai oublié mes lunettes, je distingue mal la route.
écouter [ekute] 754	hören	Elle écoute de la musique classique.
envisager [ɑ̃vizaʒe] 1126	in Betracht ziehen	J'envisage de m'acheter une nouvelle voiture.
fort [fɔr] (ADV) 420	stark, kräftig	Les enfants jouent dans le jardin et crient fort.
le **goût** [gu] 720	Geschmack	Le goût est l'un des cinq sens.
imaginer [imaʒine] 777	sich vorstellen	Pierre essaie d'imaginer la réaction de son ami, lorsqu'il lui annoncera la nouvelle.
l'**impression** [ɛ̃presjɔ̃] (F) 635	Eindruck	J'ai l'impression qu'il est en colère contre moi.
l'**observation** [ɔpsɛrvasjɔ̃] (F) 1440	Beobachtung	Le médecin a annoncé ses premières observations.
observer [ɔpsɛrve] 673	beobachten	Il reste plusieurs heures à observer les oiseaux dans le jardin.
réaliser [realize] 504	verwirklichen	Il a réalisé un exploit.
le **regard** [rəgar] 377	Blick	Elle m'a suivi du regard.
remarquer [rəmarke] 788	bemerken	Je n'avais pas remarqué sa nouvelle tenue.
le **rêve** [rɛv] 1017	Traum	Fais de beaux rêves!
rêver [reve] 1390	träumen	J'ai rêvé cette nuit que j'étais sur une île déserte.
le **sens** [sɑ̃s] 306	Sinn	L'être humain possède cinq sens.
le **son** [sɔ̃] 1812	Ton	La musique est trop forte. Peux-tu baisser le son s'il te plaît?
toucher [tuʃe] 639	berühren	Au musée, il est interdit de toucher aux objets en exposition.
la **vue** [vy] 289	Blick	Les yeux sont les organes de la vue.

9.01 Sinneswahrnehmung und -äußerung ▸ Aufbauwortschatz

attentif [atɑ̃tif], **attentive** [atɑ̃tiv] 2776	aufmerksam	Le public est attentif.
attentivement [atɑ̃tivmɑ̃] (ADV) 3516	aufmerksam	J'ai écouté attentivement le discours du président.
contempler [kɔ̃tɑ̃ple] 2685	betrachten, bewundern	La nuit, il contemple les étoiles dans le ciel.
écrier (s') [ekrije] 2301	ausrufen	Tu arrives trop tard, s'écria-t-il.
éveiller [eveje] 3534	erwachen, erregen	Un bruit étrange a éveillé mon attention.
guetter [gete] 3178	belauern, abwarten	Le chat guette sa proie.
l'**imagination** [imaʒinasjɔ̃] (F) 2463	Fantasie, Einbildung	Pierre a beaucoup d'imagination.
murmurer [myrmyre] 2222	murmeln	Elle m'a murmuré un secret à l'oreille.
l'**odeur** [odœr] (F) 2029	Geruch	L'odeur du cigare me donne mal au ventre.
optique [ɔptik] 2963	optisch, Seh-	Le nerf optique relie l'œil au cerveau.
la **perception** [pɛrsɛpsjɔ̃] 3832	Wahrnehmung	Les yeux, les oreilles et le nez sont des organes de la perception.
percevoir [pɛrsəvwar] 2539	wahrnehmen, spüren	Les animaux perçoivent rapidement les dangers.
la **sensation** [sɑ̃sasjɔ̃] 2440	Empfindung	Aurélie a une sensation de froid, elle se met à trembler.
la **vision** [vizjɔ̃] 2771	Sehen, Sicht	Pierre a des troubles de la vision, il a besoin de lunettes.
vu [vy], **vue** [vy] 2673	gesehen	Il est bien vu de son directeur.

9.02 Psychisches Befinden ▸ Grundwortschatz

l'**âme** [ɑm] (F) 821	Seele	On oppose l'âme au corps.
la **connaissance** [kɔnɛsɑ̃s] 590	Kenntnis	Pierre a de bonnes connaissances en mathématiques.
la **conscience** [kɔ̃sjɑ̃s] 583	Bewusstsein	Il n'a pas conscience du danger.
efforcer (s') [efɔrse] 1839	sich anstrengen	Il s'efforce de faire bonne impression.
l'**espoir** [ɛspwar] (M) 1245	Hoffnung	Il n'a jamais perdu espoir de la retrouver.
l'**esprit** [ɛspri] (M) 252	Geist, Verstand	On ne sait jamais ce qu'il a dans l'esprit.
importer [ɛ̃pɔrte] 553	wichtig sein	L'argent l'importe peu.
intellectuel [ɛ̃telɛktɥɛl], **intellectuelle** [ɛ̃telɛktɥɛl] 1053	intellektuell	Il vient d'un milieu intellectuel, ses parents étaient professeurs à l'université.
l'**intelligence** [ɛ̃teliʒɑ̃s] (F) 1223	Intelligenz	Pierre est d'une grande intelligence.

l'**interprétation** [ɛ̃tɛrpretasjɔ̃] (F) 1865	Erklärung, Auslegung	Chacun avait son interprétation de la situation.
lier [lje] 3330	verbunden sein	Aurélie et Pierre sont très liés, ce sont des amis.
oublier [ublije] 381	vergessen	J'ai oublié mes lunettes chez moi.
la **pensée** [pɑ̃se] 514	Gedanke	Aurélie m'a confié ses pensées.
plaindre (se) [plɛ̃dr] 1680	sich beklagen	Aurélie se plaint de maux de ventre.
rappeler [raple] 475	erinnern	Cette femme lui rappelle sa mère.
rappeler (se) [raple] 1698	sich erinnern	Elle ne se rappelle plus de mon nom de famille.
la **réaction** [reaksjɔ̃] 738	Reaktion	Je n'ai pas compris sa réaction.
réfléchir [refleʃir] 1504	nachdenken	Il réfléchit un instant avant de répondre à la question.
songer [sɔ̃ʒe] 842	nachdenken, träumen	J'ai songé un instant à partir, car je ne supportais plus la situation.
le **souci** [susi] 1443	Sorge	Elle a des soucis avec son patron.
le **sourire** [surir] 1192	Lächeln	Ma mère a un très beau sourire.
le **souvenir** [suvnir] 881	Erinnerung	Il raconte ses souvenirs d'enfance.
souvenir (se) [suvnir] 960	sich erinnern	Elle ne se souvient plus de rien.
la **volonté** [vɔlɔ̃te] 691	Wille	Il fait preuve d'une grande volonté.

9.02 Psychisches Befinden ▸ Aufbauwortschatz

adapter (s') [adapte] 2066	anpassen	La famille Dupont habite à Paris depuis peu. Les enfants ont su bien s'adapter à leur nouvel environnement.
l'**aise** [ɛz] (F) 2932	Bequemlichkeit	Je suis à l'aise dans ce pantalon, je m'y sens bien.
le **bien-être** [bjɛ̃nɛtr] 2834	Wohlbefinden	Mon mari veille à mon bien-être.
le **choc** [ʃɔk] 2494	Schock	La mort de sa mère fut un choc.
la **concentration** [kɔ̃sɑ̃trasjɔ̃] 2683	Konzentration	Cet élève manque de concentration.
conscient [kɔ̃sjɑ̃], **consciente** [kɔ̃sjɑ̃t] 2637	bewusst	Il est conscient de ses erreurs.
convaincu [kɔ̃vɛ̃ky], **convaincue** [kɔ̃vɛ̃ky] 2687	überzeugt	Je suis convaincu qu'il dit la vérité.
la **conviction** [kɔ̃viksjɔ̃] 2688	Überzeugung	J'ai la conviction qu'il lui est arrivé quelque chose.
le **désespoir** [dezɛspwar] 2780	Verzweiflung	Elle pleure de désespoir.
la **dignité** [diɲite] 3170	Würde	Il a perdu sa dignité.
l'**espérance** [ɛsperɑ̃s] (F) 2420	Hoffnung, Zuversicht	Elle a gardé l'espérance de réussir.

la **fierté** [fjɛrte] 3462	Stolz	Il éprouve de la fierté pour ses enfants.
le **gré** [gre] 3244	Meinung, Geschmack	Je trouve cette robe à mon gré, elle me plaît vraiment.
l'**ignorance** [iɲɔrɑ̃s] (F) 3715	Unwissenheit	Elle l'a laissé dans l'ignorance totale.
l'**impulsion** [ɛ̃pylsjɔ̃] (F) 3631	Impuls, innerer Drang	Pierre a obéi à ses impulsions.
l'**instinct** [ɛ̃stɛ̃] (M) 2507	Instinkt	Les animaux sont guidés par leur instinct.
la **maîtrise** [mɛtriz] 3824	Beherrschung	Il a une grande maîtrise de lui-même.
marqué [marke], **marquée** [marke] 2805	vorbelastet, geprägt	La mort de ses parents l'a beaucoup marquée.
mental [mɑ̃tal], **mentale** [mɑ̃tal] 2708	Kopf-, geistig	Je n'aime pas le calcul mental.
la **morale** [mɔral] 3187	Moral, Stimmung	Elle agit selon la morale.
la **préoccupation** [preɔkypasjɔ̃] 2713	Sorge	Pierre a de graves préoccupations.
préoccupé [preɔkype], **préoccupée** [preɔkype] 3839	besorgt	Il est préoccupé par la santé de sa mère.
psychologique [psikɔlɔʒik] 2282	psychologisch	Elle a des problèmes psychologiques.
spirituel [spiritɥɛl], **spirituelle** [spiritɥɛl] 2195	geistreich	C'est un philosophe spirituel.
vouer [vwe] 3028	hegen	Aurélie voue une grande admiration à cet écrivain.

9.03 Emotionen ► Grundwortschatz

craindre [krɛ̃dr] 1123	befürchten	Beaucoup de personnes craignent la mort.
le **désir** [dezir] 925	Wunsch, Verlangen	Son plus grand désir, c'est de faire le tour du monde.
l'**ennui** [ɑ̃nɥi] (M) 1987	Kummer	Pierre a des ennuis d'argent.
éprouver [epruve] 1148	verspüren	J'éprouve de la sympathie pour cet homme.
espérer [ɛspere] 693	hoffen	J'espère avoir une bonne note.
la **hâte** [ɑt] 3318	Eile	J'ai hâte de partir en vacances.
heureux [ørø], **heureuse** [ørøz] 501	glücklich	Pierre a obtenu une bonne note, il est heureux.
l'**inquiétude** [ɛ̃kjetyd] (F) 1944	Unruhe	Je ne vous cache pas mes inquiétudes.
la **joie** [ʒwa] 886	Freude	La joie est une émotion agréable.

malheureux [maløʀø], **malheureuse** [maløʀøz] 1787	unglücklich	Il est malheureux, car sa femme l'a quitté.
la **peine** [pɛn] 309	Kummer	La mort de sa mère lui a causé beaucoup de peine.
la **peur** [pœʀ] 683	Angst	Il a peur des chiens.
le **plaisir** [pleziʀ] 631	Freude, Vergnügen	J'ai eu le plaisir de faire la connaissance d'Aurélie.
pleurer [plœʀe] 1421	weinen	La naissance de son enfant l'a fait pleurer de joie.
le **rire** [ʀiʀ] 1471	Lachen	J'entends des rires venant de la rue.
le **sentiment** [sɑ̃timɑ̃] 647	Gefühl	L'amour et la peur sont des sentiments.
sourire [suʀiʀ] 929	lächeln	Cet enfant sourit tout le temps.
surprendre [syʀpʀɑ̃dʀ] 1155	überraschen	Cette nouvelle a surpris toute ma famille.
la **surprise** [syʀpʀiz] 1346	Überraschung	Je lui ai préparé une surprise pour son anniversaire.
tranquille [tʀɑ̃kil] 2034	ruhig, gelassen	Nous habitons dans une rue tranquille.
triste [tʀist] 1738	traurig	Il est triste de devoir quitter son pays.

9.03 Emotionen ▸ Aufbauwortschatz

affecter [afɛkte] 3874	nahe gehen, treffen	La mort de son père l'a profondément affecté.
l'**angoisse** [ɑ̃gwas] (F) 2097	Angst	Son angoisse, c'est de prendre l'avion.
l'**anxiété** [ɑ̃ksjete] (F) 3878	Angst	L'anxiété l'empêche de dormir.
bouleverser [bulvɛʀse] 2587	durcheinander bringen	La mort de ses parents l'a bouleversé.
calmer [kalme] 3778	beruhigen	Je n'ai pas réussi à calmer sa colère.
la **colère** [kɔlɛʀ] 2203	Wut	Il est rouge de colère.
combler [kɔ̃ble] 2635	wunschlos glücklich machen	Ce cadeau m'a comblé.
content [kɔ̃tɑ̃], **contente** [kɔ̃tɑ̃t] 2454	zufrieden	Elle est contente de partir en voyage.
la **crainte** [kʀɛ̃t] 2357	Befürchtung	Il est rempli de craintes.
détester [detɛste] 3795	verabscheuen	Aurélie déteste le fromage.
l'**émotion** [emosjɔ̃] (F) 2165	Emotion, Ergriffenheit	Elle a vécu des émotions fortes.
émouvoir [emuvwaʀ] 3796	berühren, bewegen	Ce film m'a beaucoup ému.
l'**enthousiasme** [ɑ̃tuzjasm] (M) 2695	Begeisterung, Enthusiasmus	Il a accepté ma proposition avec enthousiasme.
envier [ɑ̃vje] 3923	beneiden	Il envie le bonheur des autres.

étonné [etɔne], **étonnée** [etɔne] 3056	erstaunt	Je suis étonné de son choix.
furieux [fyrjø], **furieuse** [fyrjøz] 3626	wütend, rasend	Pierre est furieux contre son frère.
la **haine** [ɛn] 2242	Hass	La haine est un sentiment négatif.
la **honte** [ɔ̃t] 2957	Scham	Il a honte de dire la vérité.
inquiet [ɛ̃kjɛ], **inquiète** [ɛ̃kjɛt] 3815	unruhig	Il est inquiet pour sa femme.
inquiéter (s') [ɛ̃kjete] 2217	sich beunruhigen	Les parents s'inquiètent toujours pour leurs enfants.
intense [ɛ̃tɑ̃s] 2799	intensiv	La haine est un sentiment intense.
jouir [ʒwir] 2333	sich erfreuen; Orgasmus haben	Pierre jouit d'une bonne santé.
joyeux [ʒwajø], **joyeuse** [ʒwajøz] 2801	vergnügt, fröhlich	Cette soirée est très joyeuse.
la **larme** [larm] 2466	Träne	Les larmes coulent sur ses joues.
le **mépris** [mepri] 2858	Verachtung	J'ai du mépris pour ces gens-là.
l'**orgueil** [ɔrgœj] (M) 2367	Stolz, Hochmut	Je déteste son orgueil.
la **pitié** [pitje] 2281	Mitleid	Aurélie a eu pitié de ce pauvre chien.
la **rage** [raʒ] 3569	Wut	Cette nouvelle a mis mon père en rage.
ravi [ravi], **ravie** [ravi] 3968	glücklich, entzückt	Je suis ravi de vous voir.
redouter [rədute] 3137	fürchten	Je redoute l'avenir.
le **regret** [rəgrɛ] 2923	Bedauern	Il a quitté sa famille sans regret.
regretter [rəgrete] 2148	bedauern	Il regrette de ne pas pouvoir venir à ma fête d'anniversaire.
réjouir [reʒwir] 3972	erfreuen	Ce cadeau l'a réjoui.
rire [rir] 3979	lachen	Cette histoire m'a fait beaucoup rire.
rougir [ruʒir] 3980	erröten	Aurélie est très timide, elle rougit souvent.
la **satisfaction** [satisfaksjɔ̃] 2117	Zufriedenheit	Son travail lui procure une grande satisfaction.
soucier (se) [susje] 3745	sich kümmern, sich sorgen	Je me soucie de l'avenir.
soucieux [susjø], **soucieuse** [susjøz] 3414	sorgenvoll	Il semble être soucieux.
soulager [sulaʒe] 3746	erleichtern	Cette nouvelle l'a soulagé.
la **tentation** [tɑ̃tasjɔ̃] 3282	Versuchung	Elle ne résiste pas à la tentation de manger des bonbons.
la **tristesse** [tristɛs] 3581	Traurigkeit	C'est avec une profonde tristesse que je dois quitter mon pays.
troublé [truble], **troublée** [truble] 3864	verwirrt	Elle est troublée par le bruit.

9.04 Körperliche Tätigkeiten ▸ Grundwortschatz

amener [amne] 811	mitnehmen	Elle a amené un ami à la maison.
appuyer [apɥije] 953	drücken	Elle appuie sur le bouton pour éteindre l'appareil.
arracher [araʃe] 1890	herausziehen	Il arrache la feuille de papier.
asseoir (s') [aswar] 1201	(sich) setzen	Il s'assoit sur la chaise en bois.
assis [asi], **assise** [asiz] 1258	sitzend	Il est assis à côté de son père.
atteindre [atɛ̃dr] 346	erreichen	Ma mère est trop petite pour atteindre le carton posé sur l'armoire.
attraper [atrape] 1527	(ein)fangen	Pierre attrape le ballon.
bouger [buʒe] 2098	bewegen	L'enfant ne bouge pas de sa place.
charger [ʃarʒe] 2045	auf-, beladen	Mon père vient de charger la voiture.
couvrir [kuvrir] 1412	zu-, bedecken	La mère couvre son enfant, car il fait froid.
déposer [depoze] 1882	lagern, hinstellen	Pierre a déposé son sac dans l'entrée.
écarter [ekarte] 1495	verdrängen, schieben	Aurélie écarte les branches qui l'empêchent de passer.
enlever [ɑ̃lve] 1825	wegnehmen	Il a enlevé sa veste, car il avait chaud.
entretenir [ɑ̃trətnir] 1961	instand halten	Mon frère entretient bien sa voiture.
faire mal [fɛrmal] 1606	weh tun	Mes chaussures sont trop petites, elles me font mal.
glisser [glise] 1287	rutschen	J'ai glissé et je suis tombé.
marcher [marʃe] 593	laufen	J'ai marché trois kilomètres.
le **pas** [pa] 563	Schritt	L'enfant marche à petits pas.
pénétrer [penetre] 1209	eindringen	Il est interdit de pénétrer dans cette pièce.
poser [poze] 297	stellen, legen	Elle pose le vase sur la table.
pousser [puse] 502	stoßen, drücken	Pierre pousse la porte du pied.
rapprocher [raprɔʃe] 1790	näher bringen	Aurélie rapproche sa chaise pour mieux entendre.
relever [rəlve] 976	aufstellen	Il relève le col de sa veste.
retenir [rətnir] 725	zurückhalten	Il m'a retenu, il ne voulait pas que je parte.
retirer [rətire] 1103	herausnehmen, ausziehen	Mon père retire la valise de la voiture.
saisir [sezir] 1216	(er)greifen	Le sportif saisit la balle au vol.
serrer [sere] 1506	drücken, umklammern	Je l'ai serré fort dans mes bras.
soulever [sulve] 1369	hochheben	Je n'arrive pas à soulever ma valise.
tendre [tɑ̃dr] 690	reichen	Il m'a tendu la main.
tirer [tire] 467	ziehen	J'ai tiré sur la ficelle.
tomber [tɔ̃be] 405	fallen	Il est tombé en faisant du sport.
tourner (se) [turne] 1731	sich umdrehen	Il s'est tourné vers moi.

9.04 Körperliche Tätigkeiten ► Aufbauwortschatz

abaisser [abɛse] 3758	niedriger machen	Pierre abaisse sa chaise de bureau.
accrocher [akrɔʃe] 3105	(auf)hängen	Il accroche le tableau au mur.
achever [aʃve] 2037	beenden	Je n'ai pas le temps d'achever mon travail.
agiter [aʒite] 2489	schwenken	Il agite un mouchoir par la fenêtre de la voiture en signe d'adieu.
allonger (s') [alɔ̃ʒe] 3428	hinlegen	Il s'allonge sur le lit.
bousculer [buskyle] 3363	beiseite drängen	En courant, j'ai bousculé un homme dans la rue.
briser [brize] 2727	zerbrechen	Briser un miroir porte malheur.
casser [kɑse] 2351	zerbrechen	Aurélie a cassé une assiette.
croiser [krwaze] 2843	verschränken, überkreuzen	Elle s'assoit puis croise les jambes.
debout [dəbu] (ADV) 2136	stehend	Quand le professeur est entré, les élèves se sont mis debout.
dégager [degaʒe] 2072	befreien, frei machen	Les secours n'arrivaient pas à dégager la personne de sa voiture.
détacher [detaʃe] 2996	ab-/losmachen	Une fois arrivé dans le jardin, l'homme détache son chien.
élargir [elarʒir] 3704	verbreitern, ausdehnen, vergrößern	La route a été élargie.
empresser (s') [ɑ̃prese] 3922	sich beeilen, sich eifrig bemühen	Elle s'est empressée de m'annoncer la bonne nouvelle.
enfoncer [ɑ̃fɔ̃se] 2239	(ein)schlagen	Il enfonce un clou dans le mur.
errer [ere] 3797	umher irren	J'ai erré toute la journée dans les rues de la ville.
extraire [ɛkstrɛr] 3236	fördern, entnehmen	On extrait le charbon de la mine.
hâter [ɑte] 3810	beschleunigen	Il a hâté son départ pour ne pas rater son train.
hausser [ose] 2796	heben	Pierre a haussé les épaules.
lâcher [lɑʃe] 2904	loslassen, aufgeben	L'enfant lâche son ballon.
mouvoir [muvwar] 3189	bewegen	Pierre est tombé et ne peut plus se mouvoir.
plier [plije] 3263	falten, zusammenlegen	Aurélie a plié une feuille de papier.
précipiter (se) [presipite] 3016	sich beeilen	Il s'est précipité sur le lieu de l'accident.
presser [prese] 2757	drücken, auspressen	Pierre presse des oranges.
rattacher [rataʃe] 3267	anbinden, angliedern	Il rattache son chien avant de sortir du parc.

reculer [rəkyle] 2761	zurückweichen	La police a demandé aux passants de reculer.
redresser [rədrese] 3656	wieder aufrichten	Pierre a redressé la tête.
remuer [rəmɥe] 3268	bewegen, zur Seite rücken	Cet enfant remue sans cesse.
renforcer [rɑ̃fɔrse] 3494	verstärken	Mon père a renforcé le mur du jardin.
secouer [səkwe] 2032	(aus)schütteln	Elle secoue la nappe.
traîner [trene] 2286	ziehen	L'enfant traîne son jouet derrière lui avec une ficelle.

9.05 Sensorische Eigenschaften ▸ Grundwortschatz

clair [klɛr], **claire** [klɛr] 1002	klar	L'eau du fleuve est claire.
doux [du], **douce** [dus] 900	geschmeidig, süß	Cette veste en laine est vraiment douce.
dur [dyr], **dure** [dyr] 1052	hart, schwer	Cette baguette de pain est trop dure, on ne peut pas la manger.
fin [fɛ̃], **fine** [fin] 1862	fein, dünn	J'aime la plage et le sable fin.
léger [leʒe], **légère** [leʒɛr] 665	leicht	Son sac est léger, il est presque vide.
lourd [lur], **lourde** [lurd] 869	schwer	Sa valise est trop lourde, elle n'arrive pas à la porter.
solide [sɔlid] 1811	fest, robust	Cette porte est très solide.

9.05 Sensorische Eigenschaften ▸ Aufbauwortschatz

aigu [egy], **aiguë** [egy] 2931	schrill, spitz, scharf	Il a une voix aiguë.
amer [amɛr], **amère** [amɛr] 3595	bitter	Le café est une boisson amère.
brûlant [brylɑ̃], **brûlante** [brylɑ̃t] 3682	glühend heiß	Attention! La casserole est brûlante.
confortable [kɔ̃fɔrtabl] 3304	bequem, gemütlich	Mon lit est très confortable.
doucement [dusmɑ̃] (ADV) 3052	sanft, vorsichtig	Il ferme doucement la porte pour ne pas la réveiller.
la **douceur** [dusœr] 2646	Süße, Sanftheit, Weichheit	Il aime la douceur de ce parfum.
épais [epɛ], **épaisse** [epɛs] 2419	dick, dicht	Ce livre est épais, il a environ 600 pages.
étroit [etrwa], **étroite** [etrwat] 2140	eng	Cette rue est trop étroite, on ne peut pas y garer sa voiture.

foncé [fɔ̃se], **foncée** [fɔ̃se] 3381	dunkel	Elle porte un manteau bleu foncé.
fragile [fraʒil] 3464	zerbrechlich	Attention aux verres! Ils sont très fragiles.
invisible [ɛ̃vizibl] 3720	unsichtbar	Les molécules sont invisibles.
lisse [lis] 3474	glatt	Les bébés ont la peau lisse.
la **lueur** [lɥœr] 3185	Schein, Schimmer	Une lueur est une lumière faible.
massif [masif], **massive** [masiv] 2535	massiv, wuchtig	Il a acheté une bague en or massif.
mou [mu], **molle** [mɔl] 3950	weich	Le lit de ma grand-mère est mou.
obscur [ɔpskyr], **obscure** [ɔpskyr] 2910	dunkel, finster	La forêt est obscure.
l'**obscurité** [ɔpskyrite] (F) 3829	Dunkelheit	Je n'aime pas rentrer seule dans l'obscurité.
retentir [rətɑ̃tir] 3851	erklingen	Les cloches de l'église retentissent.
rude [ryd] 3343	hart, rau	La montée au sommet a été rude.
serré [sere], **serrée** [sere] 2717	eng	Sa ceinture n'est pas assez serrée, il perd son pantalon.
silencieux [silɑ̃sjø], **silencieuse** [silɑ̃sjøz] 2822	still, ruhig	La nuit, la rue est silencieuse.
sombre [sɔ̃br] 2149	dunkel	Ma chambre est une pièce sombre.
sonore [sɔnɔr] 3659	klangvoll, geräuschvoll	Ce métal est sonore.
souple [supl] 3347	biegsam, weich	Ses chaussures sont en cuir souple.
tendre [tɑ̃dr] 2718	weich, zart	Cette viande est bien tendre.
visible [vizibl] 2672	sichtbar	Certains insectes ne sont pas visibles à l'œil nu.

10 Ausbildung

10.01 Schule ▸ Grundwortschatz

appliqué [aplike], **appliquée** [aplike] 1974	fleißig, eifrig	Le professeur a écrit sur le bulletin scolaire d'Aurélie qu'elle est une élève très appliquée.
le, la **camarade** [kamarad] 1819	Kamerad/in, Mitschüler/in	Il est important de bien s'entendre avec ses camarades de classe.
capable [kapabl] 981	fähig	L'élève est capable de répondre aux questions de l'instituteur, car il a bien appris sa leçon.
la **classe** [klɑs] 379	Klasse	Dans une école, il y a différentes classes.
le **collège** [kɔlɛʒ] 1096	höhere Schule	Le collège est un établissement scolaire.
le **crayon** [krɛjɔ̃] 1576	Bleistift	Pour écrire, les élèves ont besoin de crayons.
le **devoir** [dəvwar] 1271	Test, Hausaufgabe	Les élèves font leurs devoirs à la maison.
l'**école** [ekɔl] (F) 214	Schule	L'école n'est plus obligatoire à partir de l'âge de 16 ans.
l'**élève** [elɛv] 601	Schüler/in	Les enfants qui vont à l'école sont des élèves.
l'**emploi du temps** [ɑ̃plwadytɑ̃] (M) 1596	Stundenplan	Aurélie n'est pas satisfaite de son nouvel emploi du temps car elle a cours le samedi matin.
enseigner [ɑ̃sɛɲe] 1450	unterrichten	Madame Dupont préfère enseigner dans un collège.
l'**établissement** [etablismɑ̃] (M) 993	Einrichtung	C'est un établissement très moderne.
la **formation** [fɔrmasjɔ̃] 619	Ausbildung	Aurélie choisit la formation de secrétaire.
le **groupe** [grup] 246	Gruppe	La classe de Madame Dupont est répartie en deux groupes.
ignorer [iɲɔre] 1009	ignorieren, nicht wissen	C'est important que l'enseignant n'ignore pas les fautes de ses élèves. Au contraire, il doit les corriger.
intéressé [ɛ̃terese], **intéressée** [ɛ̃terese] 2166	interessiert	C'est un élève très intéressé.
le **maître** [mɛtr], la **maîtresse** [mɛtrɛs] 529	Lehrmeister/in	Le maître donne des devoirs aux élèves à faire pour la semaine prochaine.
mal [mal] (ADV) 463	schlecht	Il ne fait pratiquement pas de fautes, mais il écrit très mal.
la **matière** [matjɛr] 497	Fach	En général, les matières préférées des garçons sont les mathématiques et le sport.
le **modèle** [mɔdɛl] 1199	Muster, Vorlage	Les élèves dessinent d'après un modèle.

scolaire [skɔlɛr] 826	Schul-	En France, il y a douze années scolaires, tandis qu'en Allemagne il y en a treize.
souligner [suliɲe] 843	unterstreichen	J'ai souligné le titre du texte.
le **stylo** [stilo] 1720	Stift	Les élèves utilisent des stylos de différentes couleurs.
le **surveillant** [syrvɛjɑ̃], la **surveillante** [syrvɛjɑ̃t] 723	beaufsichtigende Person	Le surveillant fait attention aux élèves qui jouent dans la cour.
le **tableau** [tablo] 756	Tafel, Tabelle	L'instituteur écrit la leçon de mathématiques au tableau.

10.01 Schule ▸ Aufbauwortschatz

l'**apprentissage** [aprɑ̃tisaʒ] (M) 3879	Lehre	Pierre n'a pas envie de faire des études. Il a préféré choisir un apprentissage pour devenir boulanger.
l'**avertissement** [avɛrtismɑ̃] (M) 3770	Warnung, Mahnung	Aurélie vient de recevoir un sévère avertissement.
le **bulletin** [byltɛ̃] 3683	Zeugnis	À la fin de chaque année scolaire, les élèves reçoivent leur bulletin.
le **cahier** [kaje] 3220	Heft	Les élèves écrivent la nouvelle leçon dans leur cahier.
effacer [efase] 3171	(aus)wischen, auslöschen	Le professeur efface le tableau.
l'**enseignant** [ɑ̃sɛɲɑ̃], l'**enseignante** [ɑ̃sɛɲɑ̃t] 2744	Lehrer/in	Les enseignants doivent avoir beaucoup de patience.
l'**explication** [ɛksplikasjɔ̃] (F) 2016	Erklärung	Lorsque les élèves ont du mal à comprendre quelque chose, l'enseignant leur donne des explications supplémentaires.
l'**exposé** [ɛkspoze] (M) 3124	Referat, Vortrag	Nous devions faire un exposé sur l'Europe.
inscrire [ɛ̃skrir] 2142	einschreiben	Elle a inscrit ses enfants dans une école privée.
le **lycée** [lise] 2605	Gymnasium	Si on veut faire des études, il faut d'abord terminer le lycée.
la **recommandation** [rəkɔmɑ̃dasjɔ̃] 2145	Empfehlung	C'est une recommandation du directeur.
reproduire [rəprɔdɥir] 3196	wiederholen, etw. wieder machen	Cet élève reproduit toujours les mêmes erreurs.
sévère [sevɛr] 2764	streng	Mon maître d'école est un homme sévère.
le **stage** [staʒ] 2824	Praktikum	Après son stage à l'hôpital, Pierre s'est rendu compte que les médecins ont un métier très difficile.

10.02 Unterricht ▸ Grundwortschatz

l'**absence** [apsɑ̃s] (F) 1956	Abwesenheit, Fehlen	Les parents doivent justifier par un mot d'excuses l'absence de leurs enfants.
apprendre [aprɑ̃dr] 323	lernen	L'élève apprend ses leçons le soir à la maison.
le **calcul** [kalkyl] 1818	Berechnung	4 + 4 est un calcul simple.
compter [kɔ̃te] 363	zählen	La première chose que les élèves apprennent en mathématiques, c'est de compter jusqu'à dix.
le **cours** [kur] 150	Unterricht, Kurs	Pierre a cours de mathématiques le mercredi et le jeudi de 8h30 à 10h00.
définir [definir] 1243	definieren	L'instituteur m'a demandé de définir le mot amour.
la **définition** [definisjɔ̃] 1273	Definition, Begriffsbestimmung	Avant de commencer la leçon, le professeur écrit plusieurs définitions au tableau.
la **discipline** [disiplin] 1413	Disziplin, Fach	Le professeur exige de la discipline en classe.
la **division** [divizjɔ̃] 1325	Division, Gliederung	Aujourd'hui, les élèves apprennent à faire des divisions.
l'**enseignement** [ɑ̃sɛɲmɑ̃] (M) 534	Lehrberuf	L'enseignement est une vocation.
l'**erreur** [ɛrœr] (F) 885	Fehler	C'était une erreur de compréhension.
l'**exemple** [ɛgzɑ̃pl] (M) 223	Beispiel	Le professeur donne des exemples pour que les élèves puissent mieux comprendre ses explications.
l'**exercice** [ɛgzɛrsis] (M) 685	Übung	L'instituteur donne des exercices de calcul mental aux élèves.
la **faute** [fot] 1220	Fehler	Elle a rendu un texte plein de fautes.
historique [istɔrik] 1416	historisch	Ce monument historique est énormément visité.
lever [ləve] 570	hochheben	Si les élèves veulent poser une question pendant le cours, ils doivent lever la main.
les **mathématiques** [matematik] (F, PL) 1788	Mathematik	On dit que les garçons sont plus forts en mathématiques que les filles, mais c'est un préjugé.
multiplier [myltiplije] 1807	multiplizieren	Il multiplie 3 par 5.
l'**opération** [ɔperasjɔ̃] (F) 687	Operation, Verfahren	La division est une opération mathématique.
la **présence** [prezɑ̃s] 438	Anwesenheit	À l'école, la présence des élèves est contrôlée tous les jours.
recopier [rəkɔpje] 1700	abschreiben	Il a recopié au propre la leçon de mathématiques dans son cahier.

10.02 Unterricht ▸ Aufbauwortschatz

absent [apsɑ̃], **absente** [apsɑ̃t] 3872	abwesend	Aujourd'hui, Aurélie ne participe pas au cours de mathématiques. Elle est absente.
l'**atome** [atom] (M) 3769	Atom	Les élèves ont appris que la molécule d'eau contient trois atomes.
coller [kɔle] 2452	kleben	Les élèves collent des images sur une grande feuille de papier.
dispenser [dispɑ̃se] 3918	befreien	Pierre est dispensé de sport, car il est blessé à la jambe.
diviser [divize] 2138	teilen	L'institutrice a divisé la classe en deux pour cet exercice.
élémentaire [elemɑ̃tɛr] 2557	elementar, Grund-	Ma mère ne veut pas enseigner au lycée, elle préfère enseigner les classes élémentaires.
la **fraction** [fraksjɔ̃] 2649	Bruch	À l'école, les élèves apprennent à multiplier et à faire des fractions.
illustrer [ilystre] 3385	illustrieren, veranschaulichen	Ce manuel scolaire est illustré de photos récentes.
l'**instituteur** [ɛ̃stitytœr], l'**institutrice** [ɛ̃stitytris] 2959	Grundschul-lehrer/in	Cet instituteur est aimé de ses élèves.
la **leçon** [ləsɔ̃] 2054	Lektion	Le professeur constate que les leçons n'ont pas été apprises.
logique [lɔʒik] 3005	logisch	Je ne comprends pas pourquoi elle a tant de problèmes à faire cet exercice. C'est tellement logique.
le **manuel** [manɥɛl] 3393	Lehrbuch	L'élève met ses manuels scolaires dans son sac.
la **marge** [marʒ] 3475	Rand	Les élèves doivent laisser une marge de dix centimètres pour que les professeurs puissent corriger les fautes.
la **molécule** [mɔlekyl] 3552	Molekül	Nous apprenons en cours les noms des molécules.
punir [pynir] 3842	bestrafen	Autrefois, les élèves étaient punis s'ils n'avaient pas fait leurs devoirs.
résumer [rezyme] 2438	zusammenfassen	Le devoir d'aujourd'hui, c'est de résumer l'article que nous avons lu en classe.
le **symbole** [sɛ̃bɔl] 2578	Symbol	Le professeur explique à ses élèves que la balance est le symbole de la justice.
le **vecteur** [vɛktœr] 2545	Vektor	Le vecteur est une notion mathématique.

10.03 Studium ▸ Grundwortschatz

l'**analyse** [analiz] (F) 1798	Analyse	Les étudiants en médecine font des analyses du corps humain.
le **concours** [kɔ̃kur] 1918	Auswahlverfahren, Wettbewerb	Pierre n'a pas réussi le concours, il ne pourra donc pas étudier dans cette école d'arts.
l'**étude** [etyd] (F) 234	Studium	Aurélie fait ses études à Paris.
l'**étudiant** [etydjɑ̃], l'**étudiante** [etydjɑ̃t] 792	Student/in	Les étudiants vont à l'université.
étudier [etydje] 894	erlernen, untersuchen	Ma voisine a étudié la philosophie, elle est maintenant professeur de philosophie.
la **faculté** [fakylte] 1379	Fakultät	Aurélie est inscrite en faculté de droit.
l'**institut** [ɛ̃stity] (M) 1803	Institut	Dans beaucoup de villes étrangères, il y a un institut français.
la **méthode** [metɔd] 422	Methode	Il existe différentes méthodes pour analyser un résultat.
la **notion** [nosjɔ̃] 1167	Begriff	Les élèves ont des notions de base en sciences.
la **philosophie** [filɔzɔfi] 1304	Philosophie	Pierre est étudiant en philosophie.
la **pratique** [pratik] 1366	Praxis	La pratique est le contraire de la théorie.
le **professeur** (M, F) [prɔfesœr] 524	Professor/in, Lehrer/in, Dozent/in	La tante de Pierre est professeur, elle donne des cours à l'université.
la **théorie** [teɔri] 1094	Theorie	Les étudiants apprennent à développer une théorie.
universitaire [ynivɛrsitɛr] 2093	Universitäts-	La cité universitaire est située dans le centre-ville.
l'**université** [ynivɛrsite] (F) 509	Universität	Si on veut faire des études, il faut aller à l'université.

10.03 Studium ▸ Aufbauwortschatz

analyser [analize] 2490	analysieren, untersuchen	Les savants analysent un fait.
la **bibliothèque** [bibliɔtɛk] 3155	Bibliothek	La bibliothèque restera fermée pendant le mois d'août.
biologique [bjɔlɔʒik] 3889	biologisch	Ils étudient des phénomènes biologiques.
chimique [ʃimik] 2131	chemisch	Les produits chimiques sont à utiliser avec beaucoup de prudence.
le **colloque** [kɔlɔk] 3784	Kolloquium	Le professeur organise un colloque sur l'histoire française contemporaine.
le **concept** [kɔ̃sɛpt] 3041	Konzept	L'université a développé un nouveau concept pour mieux préparer les étudiants.

étudié [etydje], **étudiée** [etydje] 2421	gut durchdacht	Ce professeur a préparé un discours bien clair et étudié.
expérimental [ɛksperimɑ̃tal], **expérimentale** [ɛksperimɑ̃tal] 2846	experimentell	Le chercheur universitaire emploie des méthodes expérimentales.
l'**hypothèse** [ipɔtɛz] (F) 2216	Hypothese	Le scientifique émet plusieurs hypothèses qu'il doit ensuite vérifier.
l'**inscription** [ɛ̃skripsjɔ̃] (F) 3249	Einschreibung	Pour pouvoir suivre des cours, il faut d'abord effectuer son inscription à l'université.
orienter [ɔrjɑ̃te] 3260	(aus)richten, orientieren	Les scientifiques ont orienté leurs recherches dans une nouvelle direction.
philosophique [filɔzɔfik] 3833	philosophisch	Le livre que je viens de lire est une analyse philosophique de la société actuelle.
la **psychologie** [psikɔlɔʒi] 3135	Psychologie	Les études de psychologie sont assez complexes.
le **séminaire** [seminɛr] 3497	Seminar	Ce n'est pas la peine de se charger de trop de séminaires. Cela ne mène à rien!
la **sociologie** [sɔsjɔlɔʒi] 2479	Soziologie	La sociologie est l'étude des phénomènes sociaux et des relations humaines.
théorique [teɔrik] 3752	theoretisch	C'est une discussion purement théorique.
la **thèse** [tɛz] 2978	These, Dissertation	Les professeurs ont participé à un débat sur les thèses de cet auteur.

10.04 Prüfungen ▸ Grundwortschatz

complexe [kɔ̃plɛks] 1122	komplex	C'est une histoire bien trop complexe.
le **contrôle** [kɔ̃trol] 1171	Kontrolle, Prüfung	L'instituteur fait un contrôle pour évaluer les connaissances de ses élèves.
difficile [difisil] 410	schwierig	Aurélie a trouvé l'examen de mathématiques très difficile, elle ne pense pas obtenir la moyenne.
la **difficulté** [difikylte] 585	Schwierigkeit	Aurélie a des difficultés en mathématiques.
l'**épreuve** [eprœv] (F) 1158	Prüfung	La secrétaire affichera les résultats des épreuves écrites demain à 14 heures.
l'**essai** [esɛ] (M) 1802	Versuch	Elle a réussi cet examen après deux essais.
excellent [ɛkselɑ̃], **excellente** [ɛkselɑ̃t] 1100	herausragend	Aurélie a toujours de très bonnes notes. C'est une excellente étudiante.
facile [fasil] 643	einfach	Même bien préparé, un examen n'est pas obligatoirement facile.

faux [fo], **fausse** [fos] 1078	falsch	L'information que la secrétaire nous a donnée est fausse.
inconnu [ɛ̃kɔny], **inconnue** [ɛ̃kɔny] 1251	unbekannt	Ce mot m'est inconnu.
interroger [ɛ̃terɔʒe] 1174	befragen	Ce professeur interroge un étudiant à chaque début de cours.
moyen [mwajɛ̃], **moyenne** [mwajɛn] 878	Durchschnitts-, mittelmäßig	Mes connaissances en langues sont assez moyennes.
le **niveau** [nivo] 477	Niveau	Le niveau de Pierre en langues est faible.
noter [nɔte] 816	notieren, Notizen machen	Pour ne pas oublier la date de l'examen je vais la noter tout de suite.
résoudre [rezudr] 1229	lösen	À l'université, on apprend à résoudre des problèmes.
le **résultat** [rezylta] 394	Ergebnis	Les résultats de l'examen seront publiés demain.
résulter [rezylte] 1426	sich ergeben, resultieren	De cette discussion, il résulte que la théorie de ce scientifique est fausse.
réussir [reysir] 485	Erfolg haben, bestehen	S'il continue de sortir autant, il ne réussira jamais son examen.
simple [sɛ̃pl] 358	einfach	Il est beaucoup plus simple de s'inscrire sur Internet.
la **solution** [sɔlysjɔ̃] 500	Lösung	Chaque problème a sa solution.

10.04 Prüfungen ▸ Aufbauwortschatz

acquis [aki], **acquise** [akiz] 3427	erworben	Malgré beaucoup de travail le résultat attendu n'est pas acquis.
admis [admi], **admise** [admiz] 2981	zugelassen	Pierre était très content quand il a appris qu'il était admis à l'école militaire.
compliqué [kɔ̃plike], **compliquée** [kɔ̃plike] 3903	kompliziert	Pierre a échoué à l'examen, car les questions étaient trop compliquées.
correct [kɔrɛkt], **correcte** [kɔrɛkt] 3909	richtig	La réponse qu'Aurélie a formulée n'était pas correcte.
corriger [kɔriʒe] 3167	korrigieren	Le professeur corrige les examens.
difficilement [difisilmɑ̃] (ADV) 2553	schwerlich, schwierig	Comme Pierre était souvent absent des cours, il ne pourra que difficilement passer l'examen.
le **diplôme** [diplom] 2896	Diplom	Un diplôme est un titre universitaire.
diplômé [diplome], **diplômée** [diplome] 3696	diplomiert	Elle est diplômée en droit.
le **doctorat** [dɔktɔra] 2997	Doktortitel, Doktorarbeit	La semaine prochaine, Aurélie obtiendra son doctorat.

échouer [eʃwe] 3702	scheitern, durchfallen	Pierre a échoué à l'épreuve écrite de mathématiques.
évaluer [evalɥe] 2647	einschätzen	Deux professeurs sont chargés d'évaluer le niveau des étudiants en langues.
la **facilité** [fasilite] 3537	Erleichterung, Mühelosigkeit	Aurélie a certaines facilités pour les langues étrangères.
faciliter [fasilite] 3000	vereinfachen	Ce manuel scolaire facilite l'apprentissage des langues.
le **jury** [ʒyri] 3723	Prüfungskommission	Cette année, le jury est composé uniquement de femmes.
médiocre [medjɔkr] 3725	mittelmäßig	C'est un résultat assez médiocre.
négatif [negatif], **négative** [negativ] 3398	negativ	Pierre a posé sa candidature pour entrer dans une grande école. Il a reçu une réponse négative.
la **note** [nɔt] 2168	Note	Pierre a eu la meilleure note de tous à l'examen écrit.
positif [pozitif], **positive** [pozitiv] 2002	positiv	Aurélie est extrêmement contente, car elle a reçu un résultat positif.
réviser [revize] 4015	wiederholen	Pour passer le test, je dois encore réviser les verbes irréguliers.
la **révision** [revizjɔ̃] 3495	Wiederholung	Aurélie passe des examens le mois prochain. Elle ne sort plus, car elle est en période de révisions.
satisfaisant [satisfəzɑ̃], **satisfaisante** [satisfəzɑ̃t] 2666	zufriedenstellend	Les résultats de Pierre aux épreuves écrites sont satisfaisants.
la **simplicité** [sɛ̃plisite] 3989	Einfachheit, Unkompliziertheit	Pierre a résolu le problème de mathématiques avec simplicité.
le **test** [tɛst] 2671	Test	Pour pouvoir participer aux cours de langues, il faut passer un test d'entrée.

11 Arbeitswelt

11.01 Berufsbezeichnungen ▸ Grundwortschatz

l'**agriculteur** [agrikyltœr], l'**agricultrice** [agrikyltris] 1517	Landwirt/in	Un agriculteur cultive la terre.
l'**astronaute** [astrɔnot] (M, F) 1525	Astronaut/in	Des astronautes ont marché sur la Lune.
le **boucher** [buʃe], la **bouchère** [buʃɛr] 1549	Fleischer/in	Un boucher vend de la viande.
le **boulanger** [bulɑ̃ʒe], la **boulangère** [bulɑ̃ʒɛr] 1551	Bäcker/in	Un boulanger fabrique et vend du pain.
le **capitaine** [kapitɛn] 954	Kapitän	Un capitaine commande une troupe militaire.
le **commandant** [kɔmɑ̃dɑ̃], la **commandante** [kɔmɑ̃dɑ̃t] 1979	Kommandant/in, Major/in	Un commandant donne des ordres.
le **cuisinier** [kɥizinje], la **cuisinière** [kɥizinjɛr] 1579	Koch, Köchin	Il est cuisinier dans un grand restaurant.
le **directeur** [dirɛktœr], la **directrice** [dirɛktris] 651	Direktor/in	Il a été nommé directeur de l'entreprise.
le **général** [ʒeneral] 1007	General/in	Le grade de général est le grade le plus élevé.
l'**ingénieur** [ɛ̃ʒenjœr] (M, F) 1163	Ingenieur/in	Ma mère est ingénieur dans une usine chimique.
l'**ouvrier** [uvrije], l'**ouvrière** [uvrijɛr] 921	Arbeiter/in	L'usine possède 35 ouvriers.
le **personnel** [pɛrsɔnɛl] 1674	Personal	Cette entreprise cherche du personnel.
le, la **pilote** [pilɔt] 1966	Pilot/in	Il est pilote d'avion.
le **président** [prezidɑ̃], la **présidente** [prezidɑ̃t] 491	Präsident/in, Vorsitzende	Le président de l'assemblée a tenu un discours cet après-midi.
le **représentant** [rəprezɑ̃tɑ̃], la **représentante** [rəprezɑ̃tɑ̃t] 1255	Vertreter/in	Le président a eu une réunion avec ses représentants.
le **savant** [savɑ̃], la **savante** [savɑ̃t] 1773	Wissenschaftler/in, Gelehrte	Les savants ont fait de nouvelles découvertes.

le, la **secrétaire** [səkretɛr] 1308	Sekretär/in	Elle est secrétaire dans une entreprise.
le, la **spécialiste** [spesjalist] 1774	Spezialist/in	C'est un spécialiste de la médecine interne.
le **travailleur** [travajœr], la **travailleuse** [travajøz] 1371	Arbeiter/in	Les travailleurs de l'usine ont prévu une grève pour demain.

11.01 Berufsbezeichnungen ▸ Aufbauwortschatz

l'**administrateur** [administratœr], l'**administratrice** [administratris] 2774	Verwalter/in	Un administrateur s'occupe des affaires d'une société.
l'**ambassadeur** [ɑ̃basadœr], l'**ambassadrice** [ɑ̃basadris] 2880	Botschafter/in	Un ambassadeur représente son pays à l'étranger.
l'**architecte** [arʃitɛkt] (M, F) 2491	Architekt/in	Cet architecte a dessiné les plans du nouveau musée.
l'**artisan** [artizɑ̃], l'**artisane** [artizan] 3293	Handwerker/in	Les artisans travaillent généralement du matin au soir.
l'**assistant** [asistɑ̃], l'**assistante** [asistɑ̃t] 3215	Assistent/in	Le médecin a plusieurs assistants.
le **chauffeur** [ʃofœr] (M, F) 3524	Chauffeur/in	Le chauffeur de taxi est prudent sur la route.
le **chercheur** [ʃɛrʃœr], la **chercheuse** [ʃɛrʃøs] 2733	Forscher/in	Le chercheur a fait une nouvelle découverte scientifique.
le **collaborateur** [kɔlabɔratœr], la **collaboratrice** [kɔlabɔratris] 2837	Mitarbeiter/in	Le directeur de l'entreprise a demandé à son collaborateur de venir dans son bureau.
le, la **collègue** [kɔlɛg] 2838	Kollege/Kollegin	L'ambiance entre collègues est bonne.
le **commerçant** [kɔmɛrsɑ̃], la **commerçante** [kɔmɛrsɑ̃t] 2942	Händler/in, Kaufmann/Kauffrau	Les boulangers et les bouchers sont des commerçants.
le **confrère** [kɔ̃frɛr], la **consœur** [kɔ̃sœr] 3436	Kollege/Kollegin	Cet avocat est estimé de ses confrères.

le **constructeur** [kɔ̃stryktœr], la **constructrice** [kɔ̃stryktris] 3907	Konstrukteur/in, Baumeister/in	Le constructeur d'automobiles a présenté une nouvelle voiture de sports.
le **danseur** [dɑ̃sœr], la **danseuse** [dɑ̃søz] 3790	Tänzer/in	La cousine de Pierre est danseuse professionnelle depuis l'âge de 17 ans.
l'**éducateur** [edykatœr], l'**éducatrice** [edykatris] 2783	Erzieher/in	Les professeurs et les instituteurs sont des éducateurs.
l'**expert** [ɛkspɛr], l'**experte** [ɛkspɛrt] 2304	Experte/Expertin	L'expert évalue le prix des tableaux.
le **garde** [gard] 3466	Wächter/in	Le prince est entouré de cinq gardes du corps.
le **gardien** [gardjɛ̃], la **gardienne** [gardjɛn] 3467	Aufseher/in	Mon oncle est gardien d'immeuble.
l'**historien** [istɔrjɛ̃], l'**historienne** [istɔrjɛn] 2362	Historiker/in	Plusieurs historiens participeront au débat.
l'**informaticien** [ɛ̃fɔrmatisjɛ̃], l'**informaticienne** [ɛ̃fɔrmatisjɛn] 4025	Informatiker/in	L'informaticien est très à l'aise dans son équipe.
la **main-d'œuvre** [mɛ̃dœvr] 2189	Arbeitskraft	Cette usine manque de main-d'œuvre.
le **marchand** [marʃɑ̃], la **marchande** [marʃɑ̃d] 2427	Verkäufer/in	Il est marchand de vins.
la **marine** [marin] 3946	Marine	Il est engagé dans la marine depuis 20 ans.
le **metteur en scène** [metœrɑ̃sɛn], la **metteuse en scène** [metøzɑ̃sɛn] 3638	Regisseur/in	Ce metteur en scène est célèbre.
le **patron** [patrɔ̃], la **patronne** [patrɔn] 2538	Chef/in	Mon patron est un homme très sérieux.
le **paysan** [peizɑ̃], la **paysanne** [peizan] 2085	Bauer/Bäuerin	Ce paysan habite dans une ferme.
le **philosophe** [filɔzɔf] 3078	Philosoph/in	Ce philosophe donne une conférence à l'université mercredi prochain.

le **producteur** [prɔdyktœr], la **productrice** [prɔdyktris] 2171	Hersteller/in, Produzent/in	Les producteurs de blé ont des difficultés économiques.
la **profession** [prɔfesjɔ̃] 2172	Beruf	Il a changé de profession, il est maintenant vendeur en magasin.
le **salarié** [salarje], la **salariée** [salarje] 3409	Arbeitnehmer/in	Cette entreprise a 352 salariés.
le **technicien** [tɛknisjɛ̃], la **technicienne** [tɛknisjɛn] 2544	Techniker/in	Le technicien a réparé sa télévision.
le **vendeur** [vɑ̃dœr], la **vendeuse** [vɑ̃døz] 3423	Verkäufer/in, Händler/in	Il est vendeur dans une boutique de vêtements.
le **vice-président** [visprezidɑ̃], la **vice-présidente** [visprezidɑ̃t] 3285	Vizepräsident/in	Le président et le vice-président ont des points de vue différents.

11.02 Berufliche Aufgaben und Tätigkeiten ▸ Grundwortschatz

accomplir [akɔ̃plir] 1752	etw. erledigen	Elle a accompli un travail incroyable.
adroit [adrwa], **adroite** [adrwat] 1514	geschickt	Cet ouvrier est très adroit.
la **capacité** [kapasite] 1756	Fähigkeit	Aurélie a de grandes capacités.
la **carrière** [karjɛr] 1433	Karriere	Mon oncle a fait carrière dans cette entreprise.
charger (se) de [ʃarʒedə] 1560	sich um etwas kümmern	Il se charge du contrôle qualité.
le **chef** [ʃɛf] 451	Chef	Je m'entends très bien avec mon chef.
la **conférence** [kɔ̃ferɑ̃s] 912	Konferenz, Vortrag	La conférence aura lieu ce soir à 19h30.
contribuer [kɔ̃tribɥe] 1758	beitragen	Aurélie a contribué à la réussite du nouveau projet.
développer [devlɔpe] 599	entwickeln	Aurélie et ses collègues ont développé un nouveau projet.
diriger [diriʒe] 791	leiten	Cet homme dirige l'entreprise depuis trois ans.
efficace [efikas] 1356	kompetent, wirksam	Il produit un travail efficace.
entreprendre [ɑ̃trəprɑ̃dr] 893	in Angriff nehmen	Pierre a entrepris un travail difficile.

exercer [ɛgzɛrse] 935	ausüben	Mon père exerce des fonctions importantes dans son entreprise.
les **exigences** [ɛgziʒɑ̃s] (F, PL) 1248	Ansprüche, (An)Forderungen	Le directeur de la société a de grandes exigences.
l'**expérience** [ɛksperjɑ̃s] (F) 353	Erfahrung	On lui a reproché un manque d'expérience.
la **fonction** [fɔ̃ksjɔ̃] 426	Funktion, Aufgabe, Posten	On lui a attribué de nouvelles fonctions.
imposer [ɛ̃poze] 806	auftragen, fordern	Mon patron m'a imposé de finir ce travail le plus vite possible.
l'**instruction** [ɛ̃stryksjɔ̃] (F) 1400	Anweisung	Il a suivi les instructions de son chef.
occuper [ɔkype] 546	innehaben	Il occupe la fonction de patron.
le **projet** [prɔʒɛ] 581	Projekt	Le vice-président présente un nouveau projet.
le **rapport** [rapɔr] 196	Bericht	Le ministre a écrit un rapport sur la situation économique du pays.
la **recherche** [rəʃɛrʃ] 327	Forschung	La recherche sur le cancer a évolué ces dernières années.
la **responsabilité** [rɛspɔ̃sabilite] 1016	Verantwortung	Le chef d'entreprise a de nombreuses responsabilités.
la **réunion** [reynjɔ̃] 1307	Treffen, Sitzung, Versammlung	Ils organisent une réunion une fois par mois.
la **science** [sjɑ̃s] 418	Wissenschaft	Les mathématiques et la physique sont des sciences.
scientifique [sjɑ̃tifik] 711	wissenschaftlich	Le médecin lit une revue scientifique.
spécialiser [spesjalize] 1370	spezialisieren	Ce médecin s'est spécialisé dans la recherche sur le cancer.
la **tâche** [tɑʃ] 930	Aufgabe	Sa tâche consiste à classer les documents.
travailler [travaje] 391	arbeiten	Il travaille de 8 h 30 à 17 h.

11.02 Berufliche Aufgaben und Tätigkeiten ▸ Aufbauwortschatz

l'**ambition** [ɑ̃bisjɔ̃] (F) 3213	Ambition, Ehrgeiz	Cet employé a l'ambition de devenir un jour directeur de l'entreprise.
l'**aptitude** [aptityd] (F) 3515	Eignung, Fähigkeit	Les salariés sont employés selon leurs aptitudes.
assumer [asyme] 2415	übernehmen, annehmen	Il est prêt à assumer ses responsabilités.
attribuer [atribɥe] 2155	zuweisen	Mon patron m'a attribué de nouvelles responsabilités.
avancé [avɑ̃se], **avancée** [avɑ̃se] 2679	vorangekommen, befördert	As-tu avancé dans ton travail?
la **besogne** [bəzɔɲ] 3774	Aufgabe, Pflicht	Il fait toutes sortes de besognes.

la **compétence** [kɔ̃petɑ̃s] 2682	Sachkenntnis, Kompetenz	Ce travail demande de grandes compétences.
la **compression** [kɔ̃presjɔ̃] 3904	Reduzierung	Le chef d'entreprise a annoncé une compression de personnel, 21 personnes vont perdre leur emploi.
conjugué [kɔ̃ʒyge], **conjuguée** [kɔ̃ʒyge] 3611	vereint, gemeinsam	Leurs efforts conjugués ont permis de finir de travail.
la **coopération** [kɔɔperasjɔ̃] 2593	Zusammenarbeit	Sa coopération m'a aidé dans mon travail.
créateur [kreatœr], **créatrice** [kreatris] 2236	schöpferisch, kreativ	Cet employé dispose d'un génie créateur.
le **critère** [kritɛr] 2640	Kriterium	L'efficacité est un critère de travail important.
le **délégué** [delege], la **déléguée** [delege] 2238	Delegierte, Abgeordnete	Le comité a nommé de nouveaux délégués.
le **déplacement** [deplasmɑ̃] 2995	Versetzung	Dans le corps de fonctionnaires, les déplacements sont fréquents.
la **détermination** [detɛrminasjɔ̃] 2691	Entschlossenheit	Il a agit avec détermination.
la **directive** [dirɛktiv] 3917	Weisung	Le patron a donné de nouvelles directives de travail.
dirigé [diriʒe], **dirigée** [diriʒe] 2844	geleitet	Cette entreprise est dirigée par un groupe américain.
l'**efficacité** [efikasite] (F) 2455	Effizienz, Wirksamkeit	Elle travaille avec efficacité.
élaborer [elabɔre] 3172	ausarbeiten, ausbreiten	Il a élaboré un nouveau plan.
étaler [etale] 3174	verteilen	Le commerçant étale sa marchandise.
l'**expédition** [ɛkspedisjɔ̃] (F) 2697	Forschungsreise	Les chercheurs ont réalisé une expédition scientifique.
l'**exploration** [ɛksplɔrasjɔ̃] (F) 3623	Erforschung	L'exploration a duré dix jours.
explorer [ɛksplɔre] 3460	erkunden, erforschen	Des chercheurs ont exploré une région inconnue.
la **gestion** [ʒɛstjɔ̃] 3243	Geschäftsführung, Verwaltung	Le patron est chargé de la gestion de l'entreprise.
le **grade** [grad] 3713	Dienstgrad	Je suis monté en grade.
l'**impératif** [ɛ̃peratif] (M) 3938	Gebot, Bestimmung	Il doit respecter les impératifs de l'horaire.
inventer [ɛ̃vɑ̃te] 2332	erfinden	Il a inventé un nouveau concept.
l'**invention** [ɛ̃vɑ̃sjɔ̃] (F) 3388	Erfindung	L'invention de l'ordinateur a changé le monde.

la **perfection** [pɛrfɛksjɔ̃] 3401	Perfektion, Vollkommenheit	Il est difficile d'atteindre la perfection.
la **planification** [planifikasjɔ̃] 3960	Planung	Le ministre est chargé de la planification de l'économie.
le **recrutement** [rəkrytmɑ̃] 3969	Anwerbung	Le recrutement de nouveaux employés est terminé.
recruter [rəkryte] 3845	anwerben	L'entreprise recrute trois nouveaux employés.
renouveler [rənuvle] 2405	erneuern	Son contrat vient d'être renouvelé.
réuni [reyni], **réunie** [reyni] 2227	versammelt	Le directeur a parlé devant le personel réuni.
le **schéma** [ʃema] 3200	Schema	Il présente les schémas résumant le projet.
sérieusement [serjøzmɑ̃] (ADV) 2974	ernsthaft	Pierre ne travaille pas sérieusement.
supprimer [syprime] 2380	streichen, beseitigen	L'entreprise a supprimé des emplois.
la **vocation** [vɔkasjɔ̃] 2412	Berufung, Neigung	La médecine est sa vocation.

11.03 Arbeitsplatz und Arbeitsbedingungen ▸ Grundwortschatz

le **bureau** [byro] 512	Büro	J'ai acheté des plantes pour mettre dans mon bureau.
le **chômage** [ʃomaʒ] 1564	Arbeitslosigkeit	Pierre est au chômage, il cherche du travail.
le **chômeur** [ʃomœr], la **chômeuse** [ʃomøz] 1565	Arbeitslose	Le nombre de chômeurs a encore augmenté.
la **collaboration** [kɔlabɔrasjɔ̃] 1879	Zusammenarbeit	Une collaboration entre collègues est indispensable.
la **condition** [kɔ̃disjɔ̃] 326	Bedingung	Aurélie a de bonnes conditions de travail.
destiner [dɛstine] 970	bestimmen, zuweisen	On lui a destiné ce poste.
le **domaine** [dɔmɛn] 362	Bereich	Il travaille dans le domaine juridique.
l'**emploi** [ɑ̃plwa] (M) 782	Anstellung	Mon frère a perdu son emploi.
l'**employé** [ɑ̃plwaje], l'**employée** [ɑ̃plwaje] 1824	Angestellte	Les employés de l'entreprise font grève.
employer [ɑ̃plwaje] 734	anstellen	L'entreprise emploie 46 personnes.
engager [ɑ̃gaʒe] 926	einstellen, verpflichten	L'entreprise engage un nouveau collaborateur.
l'**entreprise** [ɑ̃trəpriz] (F) 495	Unternehmen, Firma	L'entreprise se situe dans le centre-ville.
le **génie** [ʒeni] 1923	Genie	C'est un génie de la physique.

le **laboratoire** [labɔratwar] 1457	Labor	Les chercheurs travaillent dans un laboratoire.
l'**obligation** [ɔbligasjɔ̃] (F) 1866	Verpflichtung	Il est dans l'obligation d'assister à la réunion.
la **perspective** [pɛrspɛktiv] 1867	Perspektive	Ce travail me donne de nouvelles perspectives.
professionnel [prɔfesjɔnɛl], **professionnelle** [prɔfesjɔnɛl] 949	beruflich, Berufs-	L'employé a commis une faute professionnelle.
le **supérieur** [syperjœr] 616	Vorgesetzte	Il a rendez-vous avec son supérieur.
le **travail** [travaj] 138	Arbeit	Mon père a trouvé un nouveau travail.
l'**usine** [yzin] (F) 1058	Fabrik	Il travaille dans une usine d'automobiles.

11.03 Arbeitsplatz und Arbeitsbedingungen ▸ Aufbauwortschatz

l'**agence** [aʒɑ̃s] (F) 3211	Agentur, Büro	Ma tante travaille dans une agence de voyages.
l'**atelier** [atəlje] (M) 2319	Werkstatt	Il a fait des travaux dans son atelier.
le **cabinet** [kabinɛ] 2201	Praxis, Agentur	Un cabinet est une pièce de travail.
le **chantier** [ʃɑ̃tje] 3896	Baustelle	Les ouvriers travaillent sur un chantier.
collaborer [kɔlabɔre] 3899	zusammen arbeiten	Il a collaboré avec un collègue pour terminer ce projet.
le **congé** [kɔ̃ʒe] 2989	Urlaub	Je prends des congés en août.
la **contrainte** [kɔ̃trɛ̃t] 2887	Einschränkung	Le métier de boulanger impose beaucoup de contraintes.
le **contrat** [kɔ̃tra] 2262	Vertrag	J'ai signé mon contrat de travail.
le **demandeur d'emploi** [dəmɑ̃dœrdɑ̃plwɒ], la **demandeuse d'emploi** [dəmɑ̃døzdɑ̃plwɒ] 2894	Arbeitssuchende	Mon oncle est demandeur d'emploi.
la **démission** [demisjɔ̃] 3441	Rücktritt	Elle a donné sa lettre de démission.
l'**employeur** [ɑ̃plwajœr], l'**employeuse** [ɑ̃plwajøz] 3120	Arbeitgeber/in	Mon employeur a augmenté mon salaire.
la **firme** [firm] 3176	Firma	Il travaille dans une grande firme américaine.
la **grève** [grɛv] 2215	Streik	Le syndicat a décidé de prolonger la grève.
la **norme** [nɔrm] 3071	Norm	Ce produit respecte les normes européennes.
qualifié [kalifje], **qualifiée** [kalifje] 2920	qualifiziert, kompetent	Il est parfaitement qualifié pour ce poste.
la **retraite** [rətrɛt] 2226	Rente	Il est parti à la retraite à l'âge de 60 ans.
le **salaire** [salɛr] 2005	Gehalt	L'employé reçoit son salaire à la fin du mois.

la **suspension** [syspɑ̃sjɔ̃] 3993	Suspendierung	Plusieurs fautes professionnelles ont entraîné sa suspension.
le **syndicat** [sɛ̃dika] 2150	Gewerkschaft	Les syndicats défendent les droits des ouvriers.

12 Sprache

12.01 Spracherwerb und Sprachbeherrschung ▸ Grundwortschatz

l'**article** [artikl] (M) 613	Artikel	Un et une sont par exemple des articles.
certes [sɛrt] (ADV) 853	sicher	Certes, il y a quelques inconvénients, mais il existe beaucoup d'avantages.
citer [site] 1120	zitieren	Aurélie adore citer des phrases de César.
conclure [kɔ̃klyr] 1194	schließen, folgern	Pour conclure, il y a deux solutions au problème.
la **conclusion** [kɔ̃klyzjɔ̃] 1312	Schlussfolgerung	Nous vous avons appelés pour vous présenter la conclusion des discussions des dernières journées.
écrit [ekri], **écrite** [ekri] 1920	geschrieben, schriftlich	En comparant la version écrite et la version parlée du roman je préfère la première.
la **formule** [fɔrmyl] 1132	Formel, Formulierung	«Bien à vous» est par exemple une formule qui termine une lettre.
introduire [ɛ̃trɔdɥir] 1381	einleiten	Aurélie introduit son exposé par une courte présentation de son sujet.
le **langage** [lɑ̃gaʒ] 1224	Sprache	Le langage familier a beaucoup d'expressions pour le mot argent.
la **langue** [lɑ̃g] 569	Sprache	Beaucoup disent que le français est une langue difficile.
la **langue maternelle** [lɑ̃gmatɛrnɛl] 1632	Muttersprache	Le nouveau professeur vient du Québec. Sa langue maternelle est le français mais il parle aussi parfaitement anglais.
la **phrase** [frɑz] 1333	Satz	Marcel Proust a écrit des phrases très longues.
précis [presi], **précise** [presiz] 871	präzise, genau	Ses renseignements étaient clairs et précis.
préciser [presize] 1128	präzisieren, klar formulieren	Peux-tu préciser ta question car je n'ai pas compris le problème.
la **précision** [presizjɔ̃] 1423	Präzision, Genauigkeit	Pierre n'avait pas le temps de donner des précisions concernant son projet.
prononcer [prɔnɔ̃se] 1071	aussprechen	En français on prononce moins de lettres qu'on en écrit.
répéter [repete] 696	wiederholen	Je ne vous ai pas compris. Pourriez-vous répéter la question?
le **terme** [tɛrm] 508	Wort, Ausdruck	Le terme exact n'est pas viande mais chair.
la **traduction** [tradyksjɔ̃] 1735	Übersetzung	La traduction allemande du livre paraîtra dans trois mois.
traduire [tradɥir] 1445	übersetzen	Aurélie a traduit le texte d'allemand en français.

12.01 Spracherwerb und Sprachbeherrschung ▸ Aufbauwortschatz

abstrait [apstrɛ], **abstraite** [apstrɛt] 3354	abstrakt	Il est plus difficile d'expliquer des mots abstraits que des mots concrets.
absurde [apsyrd] 3209	absurd, unsinnig	Cette décision est absurde. Personne n'en profite.
l'**accent** [aksɑ̃] (M) 2521	Akzent, Betonung	Aurélie parle allemand avec un accent français.
l'**appelant** [aplɑ̃], l'**appelante** [aplɑ̃t] 2936	Anrufer/in	Elle n'a pas répondu au téléphone, car elle ne connaissait pas le numéro de l'appelant.
l'**appellation** [apelasjɔ̃] (F) 3677	Bezeichnung, Benennung	L'appellation de l'entreprise SISFAL provient des deux noms des propriétaires Sisfaut et Faltate.
concret [kɔ̃krɛ], **concrète** [kɔ̃krɛt] 2736	konkret	Il a déjà préparé un projet concret pour son séminaire.
correspondant [kɔrɛspɔ̃dɑ̃], **correspondante** [kɔrɛspɔ̃dɑ̃t] 2161	entsprechend	Je ne trouve pas l'expression correspondante.
l'**écriture** [ekrityr] (F) 2105	Schrift	L'écriture de Pierre est facile à lire.
familier [familje], **familière** [familjɛr] 2560	ungezwungen, familiär	Gars est un mot familier.
formuler [fɔrmyle] 2848	formulieren, in Worte fassen	Aurélie a formulé son problème de manière précise.
l'**introduction** [ɛ̃trɔdyksjɔ̃] (F) 3063	Einleitung	L'introduction de son exposé est bien faite. Elle montre très bien les différents aspects qu'il souhaite développer.
latin [latɛ̃], **latine** [latin] 2704	lateinisch	Autrefois, les élèves apprenaient la langue latine.
la **signification** [siɲifikasjɔ̃] 2618	Bedeutung	Même si je comprends chaque mot je ne comprends pas la signification de cette phrase.
substituer [sypstitɥe] 3660	ersetzen	Il a substitué un mot à un autre.
transmettre [trɑ̃smɛtr] 2519	überbringen, weitergeben	Chaque matin, Aurélie espère que le facteur lui transmette la réponse de la clinique.

12.02 Verständigung ▸ Grundwortschatz

l'**accord** [akɔr] (M) 612	Zustimmung	Nous attendons l'accord de Monsieur Duval pour pouvoir débuter les travaux dans notre maison.
admettre [admɛtr] 889	zugeben, einräumen	J'admets avoir fait une erreur.

affirmer [afirme] 517	behaupten	Le seul témoin de l'accident affirme maintenant qu'il ne se souvient plus exactement.
ajouter [aʒute] 344	hinzufügen	Pierre a ajouté quelques lignes pour que la carte d'anniversaire soit complète.
à l'égard de [alegardə] (M) 717	in Bezug auf, gegenüber	La violence à l'égard des femmes est un grand problème.
arrêter [arete] 413	anhalten	Je ne peux plus t'entendre. Arrête de parler!
assurer [asyre] 479	versichern	Je lui ai assuré que je rentrerai avant 20 heures.
cher [ʃɛr], **chère** [ʃɛr] 752	lieb	Il débuta sa lettre par «Chers amis».
la **communication** [kɔmynikasjɔ̃] 2046	Kommunikation	Il y a plusieurs moyens de communication: email, téléphone, lettre etc.
compris [kɔ̃pri], **comprise** [kɔ̃priz] 1322	inklusive, einschließlich	Le prix du chauffage est compris dans le loyer.
confirmer [kɔ̃firme] 1800	bestätigen	Sa femme confirme qu'il était toute la nuit à la maison.
le **conseil** [kɔ̃sɛj] 304	Ratschlag	Ne sachant plus quoi faire, Aurélie demande conseil à son frère.
convenir [kɔ̃vnir] 1043	sich einigen, vereinbaren	Les voisins conviennent d'une utilisation commune du jardin.
déclarer [deklare] 425	erklären	Le ministre a déclaré que le taux de chômage avait baissé cette année.
la **demande** [dəmɑ̃d] 867	Wunsch, Bitte	La banque a refusé sa demande de crédit.
désigner [deziɲe] 1195	hinweisen, deuten auf	Le secrétaire me désigne une chaise et m'explique que le chef est en réunion.
écrire [ekrir] 295	schreiben	Je lui écris un email pour lui dire que je suis en ville.
épeler [eple] 1599	buchstabieren	Comment s'écrit ton nom? Peux-tu l'épeler?
expliquer [ɛksplike] 392	erklären	Elle a expliqué très clairement pourquoi elle est parvenue à ce résultat.
l'**expression** [ɛkspresjɔ̃] (F) 815	Ausdruck	Ce texte est plein d'expressions techniques.
exprimer [ɛksprime] 600	ausdrücken	Mon père a exprimé depuis longtemps le souhait de partir vivre au Canada.
le **geste** [ʒɛst] 672	Geste	Elle me fait un geste de la main pour m'indiquer la sortie.
le **message** [mesaʒ] 1963	Nachricht	Pierre a appelé. Il n'a pas laissé de message.
le **mot** [mo] 264	Wort	Pierre veut qu'Aurélie lui répète la phrase mot par mot.
la **parole** [parɔl] 578	Wort, Sprache	Il ne m'a jamais adressé la parole jusqu'à hier où il m'a invitée à boire un café.
proposer [prɔpoze] 607	vorschlagen	Je te propose deux possibilités.

provoquer [prɔvɔke] 704	provozieren	Le commissaire provoque l'accusé pour qu'il avoue son délit.
la **question** [kɛstjɔ̃] 161	Frage	Le professeur pose des questions et les élèves essaient de répondre.
la **réponse** [repɔ̃s] 572	Antwort	La seule réponse possible est oui ou non.
révéler [revele] 779	aufdecken, aufzeigen	En me mentant et me trompant, son vrai caractère a été révélé.
signaler [siɲale] 1200	auf etw. hinweisen	Le feu rouge signale qu'on doit attendre.
le **signe** [siɲ] 667	Zeichen	En signe de son amour il lui offre chaque samedi des fleurs.
signifier [siɲifje] 1178	bedeuten	Que signifie le mot cheminée?
le **silence** [silɑ̃s] 628	Stille	Le discours du professeur s'est déroulé dans un silence absolu.
souhaiter [swete] 922	wünschen	Beaucoup de gens souhaitent un salaire plus élevé.

12.02 Verständigung ▸ Aufbauwortschatz

accentuer [aksɑ̃tɥe] 3591	betonen	Pour bien parler une langue étrangère, il faut savoir accentuer les mots.
approuver [apruve] 2983	zustimmen, beipflichten	Les employés ont approuvé la décision de la direction.
clairement [klɛrmɑ̃] (ADV) 2681	deutlich	Il nous a expliqué clairement les règles.
la **compréhension** [kɔ̃preɑ̃sjɔ̃] 2496	Verständlichkeit	Cet essai philosophique est d'une compréhension difficile.
confus [kɔ̃fy], **confuse** [kɔ̃fyz] 3526	wirr, undeutlich	Son discours était trop confus, je n'ai pas compris ses idées principales.
la **confusion** [kɔ̃fyzjɔ̃] 3042	Verwechslung	Aurélie a fait une confusion de dates. Elle pensait que la réunion avait lieu demain.
consentir [kɔ̃sɑ̃tir] 2944	zustimmen	Pierre est obligé de consentir aux conditions de son travail. Sinon il va le perdre.
l'**entente** [ɑ̃tɑ̃t] (F) 2558	Einvernehmen, Eintracht	Il y a une bonne entente entre les deux pays.
la **marque** [mark] 2309	Merkmal	La marque des noms féminins de la langue française est généralement un e.
mentionner [mɑ̃sjɔne] 2056	erwähnen	Il a mentionné dans la lettre son adresse et son numéro de téléphone.
qualifier [kalifje] 3266	benennen	Peux-tu qualifier les plantes que tu as trouvées?
la **teneur** [tənœr] 3995	Wortlaut	La teneur du discours du président relevait des difficultés économiques du pays.

12.03 Sprechhandlungen ▸ Grundwortschatz

annoncer [anɔ̃se] 604	ankündigen	Le président annonce une baisse des impôts.
l'**appel** [apɛl] (M) 844	Aufforderung	On trouve partout les affiches du syndicat avec l'appel de grève.
le **débat** [deba] 1895	Diskussion, Debatte	Le débat entre les députés portera sur l'environnement.
la **déclaration** [deklarasjɔ̃] 1124	Erklärung	Le président fera une déclaration à la télévision ce soir à 20 heures.
démontrer [demɔ̃tre] 1481	beweisen	Hier, Aurélie a démontré qu'elle savait faire des conférences intéressantes.
déterminer [detɛrmine] 1185	festlegen, bestimmen	Les policiers n'ont pas réussi à déterminer les causes exactes de l'accident.
évoquer [evɔke] 1414	in Erinnerung rufen	Cette odeur évoque des souvenirs d'enfance.
l'**excuse** [ɛkskyz] (F) 1603	Entschuldigung	Bien qu'il eût tort, pas un mot d'excuse ne venait de sa bouche.
exiger [ɛgziʒe] 895	fordern	Les ouvriers en grève exigent un salaire plus élevé.
exposer [ɛkspoze] 1006	darlegen, vortragen	Pierre m'a exposé ses problèmes durant des heures.
insister [ɛ̃siste] 1484	auf etw. bestehen	Pierre a insisté pour que je vienne manger chez lui ce soir.
justifier [ʒystifje] 1762	rechtfertigen	Même si la situation était dangereuse, cela ne justifie pas un meurtre.
nommer [nɔme] 1439	benennen	Beaucoup de régions sont nommées d'après les noms des personnes qui les ont découvertes.
prétendre [pretɑ̃dr] 1468	behaupten	Pierre prétend qu'il est grand, fort et intelligent.
les **propos** [prɔpo] (M, PL) 975	Äußerungen	Il a eu des propos désagréables.
raconter [rakɔ̃te] 872	erzählen	Quand j'étais petit, mes grands-parents me racontaient une histoire pour m'endormir.
réclamer [reklɑme] 1114	verlangen, fordern	Le syndicat réclame de meilleures conditions de travail.
recommander [rəkɔmɑ̃de] 1810	empfehlen	Il m'a recommandé d'être prudent sur la route car il neige.
soumettre [sumɛtr] 1428	unterbreiten	Pierre soumet son idée d'une construction d'un nouvel hôtel à la banque en espérant qu'elle lui accorde un crédit.
suggérer [sygʒere] 1972	vorschlagen, anregen	Une amie m'a suggéré ce site Internet. Il décrit très clairement les étapes de la maladie.

12.03 Sprechhandlungen ► Aufbauwortschatz

aborder [abɔrde] 2007	angehen, ansprechen	Ils ont abordé ce problème difficile pour pouvoir par la suite trouver une solution.
l'**affirmation** [afirmasjɔ̃] (F) 3031	Behauptung	L'affirmation que la Terre a la forme d'un disque est fausse.
l'**allusion** [alyzjɔ̃] (F) 3291	Anspielung	On trouve dans ce texte de nombreuses allusions à la Bible.
amorcer [amɔrse] 3765	aufnehmen, einleiten	Le ministre amorce une réforme du système scolaire.
animé [anime], **animée** [anime] 2881	lebhaft, angeregt	La discussion était très animée car chacun avait sa propre opinion.
causer [koze] 3895	reden, unterhalten	Aurélie a rencontré sa cousine dans la rue. Elles ont causé pendant plus d'une heure sur le trottoir.
communiquer [kɔmynike] 2294	mitteilen	Aurélie m'a communiqué ses projets pour l'avenir.
la **constatation** [kɔ̃statasjɔ̃] 3527	Feststellung	L'expert a communiqué ses constatations au chef de l'entreprise.
convaincre [kɔ̃vɛ̃kr] 2888	überzeugen	Finalement, mes arguments l'ont convaincu.
déduire [dedɥir] 2892	herleiten, folgern	On peut déduire que la température moyenne annuelle augmente.
la **description** [dɛskripsjɔ̃] 3308	Beschreibung, Darstellung	Ce livre comprend plusieurs descriptions des paysages du sud de la France.
échanger [eʃɑ̃ʒe] 2397	austauschen, wechseln	Échangeons nos adresses pour ne pas perdre contact.
entamer [ɑ̃tame] 3706	einleiten, aufnehmen	Pour que les journalistes soient libérés, il est nécessaire d'entamer des négociations entre les deux pays.
exagérer [ɛgzaʒere] 3927	übertreiben	Mon père m'a raconté que 20 centimètres de neige étaient tombés hier mais il a exagéré. Il en est tombé en vérité dix centimètres.
exclamer (s') [ɛksklame] 3313	aufschreien	Pierre a attendu une heure à la gare. Enfin! s'exclama-t-il en voyant Aurélie arriver.
excuser [ɛkskyze] 2303	entschuldigen	Il s'est excusé mille fois de m'avoir laissé attendre.
hurler [yrle] 2702	schreien, brüllen	Elle a refusé d'acheter un jouet à son enfant qui s'est mis à hurler de colère.
l'**interlocuteur** [ɛ̃tɛrlɔkytœr], l'**interlocutrice** [ɛ̃tɛrlɔkytris] 2530	Gesprächs-partner/in, Sprecher/in	L'homme, assis en face de moi dans le train, était un interlocuteur très agréable.

interrompre [ɛ̃terɔ̃pr] 2143	unterbrechen	Il n'est pas poli d'interrompre une personne lorsqu'elle parle.
le **mensonge** [mɑ̃sɔ̃ʒ] 2906	Lüge	Il ne faut pas croire cet homme, il ne dit que des mensonges.
mentir [mɑ̃tir] 4016	lügen	Depuis qu'il m'a menti je n'ai plus confiance en lui.
l'**orateur** [ɔratœr], l'**oratrice** [ɔratris] 2865	Redner/in	Mon oncle est un très bon orateur, j'adore l'écouter parler.
ordonner [ɔrdɔne] 2754	befehlen	Il m'ordonne de sortir.
persuader [pɛrsɥade] 2914	überzeugen, überreden	J'ai réussi à persuader Pierre de venir manger avec nous au restaurant.
préconiser [prekɔnize] 3649	befürworten, empfehlen	Le spécialiste préconise de nouvelles méthodes de travail pour augmenter le rendement de l'entreprise.
prévenir [prevnir] 2061	benachrichtigen	Il a prévenu Aurélie seulement ce matin qu'il ne viendrait pas manger ce midi.
la **promesse** [prɔmɛs] 3194	Versprechen	Après les élections les hommes politiques ne tiennent pas leurs promesses électorales.
promettre [prɔmɛtr] 2472	versprechen, zusagen	Pierre a promis de s'occuper de mes plantes en mon absence.
la **proposition** [prɔpozisjɔ̃] 2473	Vorschlag	J'ai accepté la proposition de Pierre de partir en vacances quelques jours.
questionner [kɛstjɔne] 3843	befragen	L'avocat questionne le témoin du crime.
rassurer [rasyre] 2760	beruhigen	Elle m'a rassuré en me disant que son fils était en bonne santé.
la **remarque** [rəmark] 2820	Bemerkung	Pierre était de mauvaise humeur. Il a fait des remarques désagréables toute la soirée.
remercier [rəmɛrsje] 2476	danken	Aurélie remercie Pierre de l'avoir aidée.
renseigner [rɑ̃seɲe] 2541	Auskunft erteilen	Aurélie renseigne les étudiants sur le programme du concours.
répliquer [replike] 3848	erwidern	Pierre voulait savoir où j'étais hier soir. Je lui ai répliqué que ma vie privée ne le regardait pas.
saluer [salɥe] 2439	grüßen	J'ai croisé Pierre dans la rue. Il m'a salué brièvement puis il est reparti.
le **salut** [saly] 2064	Gruß	J'ai vu Pierre dans la rue. Je lui ai fait un salut de la main mais il n'a pas répondu.
soupirer [supire] 3097	seufzen	Le thème du cours d'aujourd'hui n'intéresse pas les étudiants, ils soupirent tous d'ennui.
taire (se) [tɛr] 2197	schweigen	Le professeur a demandé aux élèves de se taire.

12.04 Diskussion ▸ Grundwortschatz

ainsi [ɛ̃si] (ADV) 95	so, also	Pourquoi me parlez-vous ainsi? Pourquoi êtes-vous en colère?
alors [alɔr] (ADV) 129	nun, damals, dann	Alors, qu'a dit le médecin?
bien [bjɛ̃] (ADV) 51	sehr, gut	Avez-vous bien dormi, Madame?
bien entendu [bjɛ̃nɑ̃tɑ̃dy] (ADV) 1540	selbstverständlich	Tu crois qu'il va venir? – Bien entendu.
bien sûr [bjɛ̃syr] (ADV) 1541	selbstverständlich, natürlich	Tu connaissais déjà ce film? – Bien sûr, je l'avais vu au cinéma.
le **but** [by] 606	Ziel	Son but est de devenir chef d'entreprise.
comment [kɔmɑ̃] (ADV) 283	wie	Comment allez-vous?
contredire [kɔ̃trədir] 1571	widersprechen	Il n'aime pas qu'on le contredise, il veut toujours avoir raison.
la **conversation** [kɔ̃vɛrsasjɔ̃] 1283	Unterhaltung, Gespräch	Pierre et Aurélie ont eu une longue conversation.
délicat [delika], **délicate** [delikat] 1857	fein, zart, heikel	Il s'agit d'un cas délicat.
le **détail** [detaj] 846	Einzelheit, Detail	Le frère de Pierre connaît tous les détails de la construction de ce pont. Il pourrait écrire un livre!
le **dialogue** [djalɔg] 1448	Dialog, Gespräch	Le dialogue entre mon frère et moi est parfois difficile.
la **discussion** [diskysjɔ̃] 1494	Gespräch, Diskussion, Besprechung	Nous avons eu une longue discussion sur l'avenir.
discuter [diskyte] 1896	diskutieren	Ils ont discuté de la situation politique et économique du pays.
en effet [ɑ̃nefɛ] (ADV) 183	in der Tat	Pierre ne répond pas au téléphone. En effet, il est parti en vacances pour deux semaines.
en outre [ɑ̃nutr] (ADV) 699	außerdem	Mon collègue est arrivé en retard, et en outre il n'a pas présenté ses excuses au patron.
entendu [ɑ̃tɑ̃dy], **entendue** [ɑ̃tɑ̃dy] 1098	abgemacht	C'est d'accord pour ce soir? C'est entendu?
etc. [ɛtsetera] 459	etc.	Tu prends tout ce que tu veux: manteaux, pantalons, chaussures etc.
exactement [ɛgzaktəmɑ̃] (ADV) 1159	genau	Il est exactement 9 h 00.
facilement [fasilmɑ̃] (ADV) 1276	leicht	Il apprend facilement.
franchement [frɑ̃ʃmɑ̃] (ADV) 1612	offen, klar, wirklich	Pierre m'a parlé franchement.

guère [gɛr] (ADV) 776	kaum	Vous n'avez guère mangé, Monsieur. N'avez-vous pas faim?
heureusement [øʀøzmɑ̃] (ADV) 1992	zum Glück	Il ne lui est rien arrivé, heureusement!
justement [ʒystəmɑ̃] (ADV) 1383	gerade, zu Recht, richtig	Je pensais justement à lui quand il est arrivé.
naturellement [natyʀɛlmɑ̃] (ADV) 1653	natürlich, selbstverständlich	Tu connais ce livre? – Naturellement.
ne [nə] (ADV) 12	nicht	Ce n'est pas bon pour nos enfants. Ils vont mal dormir.
non [nɔ̃] (ADV) 84	nein	Non, malheureusement je ne peux pas vous aider.
notamment [nɔtamɑ̃] (ADV) 1012	vor allem	Aurélie est une bonne élève, notamment en histoire.
nul [nyl], **nulle** [nyl] 1029	überhaupt kein	Je n'ai nul besoin de ta pitié.
oui [wi] (ADV) 320	ja	Veux-tu un verre de vin? – Oui, merci.
parfaitement [parfɛtmɑ̃] (ADV) 1091	perfekt, vollkommen	Il parle parfaitement trois langues étrangères.
particulièrement [partikyljɛrmɑ̃] (ADV) 674	besonders	Aurélie aime lire, particulièrement des romans d'aventures.
pas [pa] (ADV) 23	nicht	Il ne faut pas rouler trop vite sur la route.
point [pwɛ̃] (ADV) 700	gar nicht	Il ne l'a point regardée de la soirée.
pourquoi [purkwa] (ADV) 210	warum	Il ne comprend pas pourquoi nous ne l'avons pas salué.
pourtant [purtɑ̃] (ADV) 314	dennoch, jedoch, trotzdem	Aurélie tousse et a de la fièvre, pourtant elle va travailler.
précisément [presizemɑ̃] (ADV) 1968	genau	Il a décrit précisément les buts de son projet.
le **principe** [prɛ̃sip] 568	Prinzip, Grundsatz	Le principe des écoles de langues est le contact le plus tôt possible avec plusieurs langues étrangères.
profondément [prɔfɔ̃demɑ̃] (ADV) 1847	tief	La mort de ses parents a profondément marqué son enfance.
quel [kɛl], **quelle** [kɛl] 152	welche (-r/-s), was für ein (-e)	Quel manteau avez-vous choisi, Madame? Celui-ci ou celui-là?
si [si] (ADV) 158	doch, ob	Tu n'as pas rangé ta chambre. – Si, hier soir.
simplement [sɛ̃pləmɑ̃] (ADV) 617	einfach	Je voulais simplement te dire que je t'aime.
surtout [syrtu] (ADV) 229	vor allem	Il faut toujours faire attention sur la route surtout la nuit.
tellement [tɛlmɑ̃] (ADV) 931	so	Mon cousin a tellement changé que je ne l'avais pas reconnu.

le **ton** [tɔ̃] 828	Ton	Ce ton provocant m'a rendu nerveuse.
toutefois [tutfwa] (ADV) 762	jedoch, indessen	Je vous attends à 14h00 dans mon bureau; si toutefois vous ne pouviez pas venir, appelez-moi.

12.04 Diskussion ▸ Aufbauwortschatz

l'**adieu** [adjø] (M) 3761	Abschied	Hier soir, ils ont fait les adieux avant son départ à l'Amérique.
considérablement [kɔ̃siderabləmɑ̃] (ADV) 3043	beachtlich	Le prix de l'essence a considérablement augmenté.
le **contexte** [kɔ̃tɛkst] 3692	Kontext, Zusammenhang	Un mot peut avoir plusieurs significations selon le contexte.
effectivement [efɛktivmɑ̃] (ADV) 2743	tatsächlich, wirksam, effektiv	Je ne compte que les heures effectivement travaillées.
l'**entretien** [ɑ̃trətjɛ̃] (M) 3452	Gespräch	Il a demandé un entretien à son directeur.
essentiellement [esɑ̃sjɛlmɑ̃] (ADV) 2183	im Wesentlichen	Le nord de la France est une région essentiellement industrielle.
légèrement [leʒɛrmɑ̃] (ADV) 2270	etwas, leicht	Il n'est que légèrement blessé au bras.
librement [librəmɑ̃] (ADV) 3942	frei, ungezwungen	Il s'est exprimé librement.
le **merci** [mɛrsi] 2337	Dank	Merci pour les fleurs!
nettement [nɛtmɑ̃] (ADV) 2026	deutlich, eindeutig	Il fait nettement plus froid qu'hier.
neutre [nøtr] 2753	neutral	Il préfère un style neutre, car il ne veut pas attirer l'attention.
normalement [nɔrmalmɑ̃] (ADV) 2275	normalerweise	Il rentre normalement à 19h00 du travail.
principalement [prɛ̃sipalmɑ̃] (ADV) 2372	hauptsächlich	Il travaille principalement à la maison.
purement [pyrmɑ̃] (ADV) 3567	rein	C'est une histoire purement inventée.
que [kə] (ADV) 2921	wie	Que tu es grand!
révélateur [revelatœr], **révélatrice** [revelatris] 2972	verräterisch	La lettre qu'il a écrite est révélatrice de ses intentions.
sensiblement [sɑ̃sibləmɑ̃] (ADV) 3410	deutlich	Il a sensiblement progressé en langues.
significatif [siɲifikatif], **significative** [siɲifikativ] 3345	bedeutsam, bedeutend	Cette loi a marqué un changement significatif.

le **sujet** [syʒɛ] 2033	Thema	Quel est le sujet de ton mémoire?
la **synthèse** [sɛ̃tɛz] 3279	Synthese, Gesamtüberblick	Il doit faire la synthèse de ce qui a été dit au congrès.
terriblement [teribləmɑ̃] (ADV) 3861	schrecklich, äußerst	J'ai terriblement peur des chiens.
volontiers [vɔlɔ̃tje] (ADV) 2773	gern	Veux-tu un verre de vin? – Oui, volontiers.

12.05 Meinung ▸ Grundwortschatz

accepter [aksɛpte] 407	annehmen	J'ai immédiatement accepté sa proposition.
apprécier [apresje] 1431	schätzen	Son patron l'apprécie beaucoup.
à part ça [aparsa] (ADV) 1510	davon abgesehen	Mon travail est très difficile, mais à part ça tout va bien.
l'**avis** [avi] (M) 1019	Ansicht	Il m'a demandé mon avis.
la **certitude** [sɛrtityd] 1936	Sicherheit, Gewissheit	J'ai la certitude qu'il ne viendra pas.
choisir [ʃwazir] 526	wählen	Aurélie a choisi les chaussures rouges.
le **choix** [ʃwa] 698	Wahl, Auswahl	Pierre n'a pas regretté son choix.
concerner [kɔ̃sɛrne] 883	betreffen	Cette critique ne te concerne pas.
constater [kɔ̃state] 598	feststellen	J'ai constaté qu'il y avait des erreurs dans le texte.
constituer [kɔ̃stitɥe] 373	bilden	Un texte est constitué de plusieurs parties.
contenter (se) [kɔ̃tɑ̃te] 1323	sich zufrieden geben	Il se contente du minimum.
décider [deside] 366	beschließen	Il a décidé de changer de travail.
la **décision** [desizjɔ̃] 860	Entscheidung, Beschluss	Il a pris une décision importante.
désirer [dezire] 813	wünschen, begehren	Il ne désire qu'une chose: partir en vacances.
le **doute** [dut] 233	Zweifel	Il sera sans doute à la maison ce soir.
douter [dute] 1941	zweifeln, misstrauen	Je doute parfois de mes capacités.
estimer [ɛstime] 829	schätzen	J'estime beaucoup mes parents.
étonner [etɔne] 1496	erstaunen	Sa décision m'a étonné.
la **faveur** [favœr] 1300	Gefallen	Je lui ai demandé une faveur.
favoriser [favɔrize] 1277	bevorzugen	Il favorise son travail plutôt que ses enfants.
hésiter [ezite] 1829	zögern	Il hésite à contredire son directeur.
l'**idée** [ide] (F) 254	Idee	Il m'a parlé de ses nouvelles idées concernant notre projet.
l'**initiative** [inisjativ] (F) 1761	Initiative	Pierre a pris l'initiative d'aller voir ses grands-parents.

l'**intention** [ɛ̃tɑ̃sjɔ̃] (F) 1054	Absicht	Aurélie a l'intention de partir demain matin.
maintenir [mɛ̃tənir] 855	aufrecht erhalten	Je maintiens mon opinion sur ce sujet.
l'**objectif** [ɔbʒɛktif] (M) 1365	Ziel	Elle a atteint ses objectifs.
l'**opinion** [ɔpinjɔ̃] (F) 832	Meinung	Il n'a pas voulu donner son opinion.
plutôt [plyto] (ADV) 393	eher	Il viendra nous rendre visite plutôt demain soir.
le **point de vue** [pwɛ̃dvy] 1152	Ansicht, Standpunkt	Nous avons un point de vue différent.
préférer [prefere] 862	vorziehen	Aurélie préfère la ville à la campagne.
la **raison** [rɛzɔ̃] 224	Grund, Vernunft, Verstand	Il n'a pas donné la raison de son départ.
reconnaître [rəkɔnɛtr] 388	erkennen, anerkennen	Il a reconnu que j'avais raison.
la **réflexion** [reflɛksjɔ̃] 1470	Bemerkung, Überlegung	Il m'a fait une réflexion sur ma tenue.
refuser [rəfyze] 530	ablehnen, verweigern	Pierre a refusé mon invitation.
le **secret** [səkrɛ] 1337	Geheimnis	Aurélie m'a confié un secret.
soutenir [sutnir] 1813	unterstützen, stützen	Mes parents me soutiennent dans mes projets.
supposer [sypoze] 1039	annehmen, vermuten	Je suppose qu'il doit être déjà rentré à la maison.
la **vérité** [verite] 544	Wahrheit	On demande aux enfants de toujours dire la vérité.

12.05 Meinung ▸ Aufbauwortschatz

l'**argument** [argymɑ̃] (M) 2258	Argument	Ses arguments m'ont convaincu.
baser [bɑze] 2629	stützen	Sa théorie est basée sur la philosophie antique.
caractériser [karakterize] 2631	kennzeichnen, charakterisieren	L'automne est caractérisé par la chute des feuilles mortes.
critiquer [kritike] 3911	kritisieren	Elle doit toujours critiquer les autres.
donné (étant) [etɑ̃dɔne] 2742	in Anbetracht	Étant donné qu'il neige, je préfère rester à la maison.
fondé [fɔ̃de], **fondée** [fɔ̃de] 2265	begründet	Il s'agit d'une critique fondée.
le **fondement** [fɔ̃dmɑ̃] 3240	Grundlage	Cette rumeur est sans fondement.
généraliser [ʒeneralize] 3317	verallgemeinern	Il a toujours tendance à généraliser.

l'**hésitation** [ezitasjɔ̃] (F) 3179	Zögern	Il a accepté ma proposition sans hésitation.
l'**idéal** [ideal] (M) 2650	Ideal	Le monde des adultes lui a fait perdre ses idéaux.
l'**illusion** [ilyzjɔ̃] (F) 2110	Täuschung, Illusion	Il croit qu'il va réussir mais il se fait des illusions.
l'**incertitude** [ɛ̃sɛrtityd] (F) 3632	Ungewissheit, Unsicherheit	On pouvait lire l'incertitude sur son visage.
nier [nje] 3259	leugnen, bestreiten	Malgré les preuves, il continue à nier.
préférable [preferabl] 3739	besser, vorzuziehen	Il est préférable de ne pas sortir lors d'une tempête.
la **préférence** [preferɑ̃s] 2968	Vorliebe	Pierre a une préférence pour l'art contemporain.
le **préjugé** [preʒyʒe] 3084	Vorurteil	Il est difficile de lutter contre les préjugés.
le **prétexte** [pretɛkst] 2612	Vorwand, Ausrede	Aurélie dit qu'elle est fatiguée, mais c'est un prétexte pour ne pas venir.
rationnel [rasjɔnɛl], **rationnelle** [rasjɔnɛl] 3741	vernünftig, zweckmäßig, rationell	Les chercheurs emploient des méthodes rationnelles.
le **refus** [rəfy] 3195	Ablehnung, Weigerung	Je n'ai pas compris les raisons de son refus.
satisfait [satisfɛ], **satisfaite** [satisfɛt] 2574	zufrieden	Le directeur est satisfait du travail de ses employés.
secret [səkrɛ], **secrète** [səkrɛt] 2407	geheim	Cette information doit rester secrète.
la **suggestion** [sygʒɛstjɔ̃] 3275	Vorschlag	Les suggestions de mon collègue m'aident beaucoup dans mon travail.

12.06 Wahrscheinlichkeit ▸ Grundwortschatz

absolument [apsɔlymɑ̃] (ADV) 1180	völlig, unbedingt, ganz	Cette théorie est absolument fausse.
certain [sɛrtɛ̃], **certaine** [sɛrtɛn] 83	sicher	Je suis certain d'avoir fermé la porte.
certainement [sɛrtɛnmɑ̃] (ADV) 1434	sicher(lich), zweifellos	Pierre viendra certainement récupérer ses livres demain matin.
complètement [kɔ̃plɛtmɑ̃] (ADV) 1212	vollständig, völlig	Cette réponse est complètement ridicule.
entièrement [ɑ̃tjɛrmɑ̃] (ADV) 1234	völlig	Pierre est entièrement satisfait de ses vacances.
environ [ɑ̃virɔ̃] (ADV) 432	ungefähr	Il y a environ 200 personnes dans la salle de concert.

évidemment [evidamɑ̃] (ADV) 1070	natürlich, offensichtlich	Il a évidemment fermé les fenêtres avant de sortir.
évident [evidɑ̃], **évidente** [evidɑ̃t] 1215	klar, offensichtlich	Cette solution est évidente.
forcément [fɔrsemɑ̃] (ADV) 1609	gezwungenermaßen, zwangsläufig	Les premiers jours de travail sont forcément difficiles.
impossible [ɛ̃pɔsibl] 936	unmöglich	Je ne peux pas partir plus tôt du travail, c'est impossible.
peut-être [pøtɛtr] (ADV) 167	vielleicht	Pierre viendra peut-être demain.
la **possibilité** [pɔsibilite] 709	Möglichkeit	J'ai la possibilité de partir un an au Canada.
possible [pɔsibl] 217	möglich	Je n'arrive pas à joindre Pierre. Il est possible qu'il soit parti en vacances.
presque [prɛsk] (ADV) 274	fast, beinahe	Il est presque huit heures.
probablement [prɔbabləmɑ̃] (ADV) 1406	wahrscheinlich	Il est probablement parti acheter du pain.
réel [reɛl], **réelle** [reɛl] 766	wirklich, real	L'histoire que Pierre raconte est bien réelle.
relativement [rəlativmɑ̃] (ADV) 1770	relativ, ziemlich	L'enfant est relativement grand pour son âge.
sûr [syr], **sûre** [syr] 456	sicher	Aurélie est sûre d'avoir réussi son examen.
la **tendance** [tɑ̃dɑ̃s] 990	Trend, Tendenz	Pierre a tendance à exagérer.
tout à fait [tutafɛ] (ADV) 1733	ganz, völlig	Il est tout à fait d'accord avec moi.
très [trɛ] (ADV) 67	sehr	Mon père est très fort.
vraiment [vrɛmɑ̃] (ADV) 458	wirklich	Crois-tu vraiment à cette histoire?

12.06 Wahrscheinlichkeit ▸ Aufbauwortschatz

apparemment [aparamɑ̃] (ADV) 3292	anscheinend	Je ne l'ai pas vu depuis une semaine, il est apparemment parti en voyage.
deviner [dəvine] 2498	erraten	J'essaie de deviner ce qu'il va m'offrir pour mon anniversaire.
éventuel [evɑ̃tɥɛl], **éventuelle** [evɑ̃tɥɛl] 2999	möglich, potenziell	Aurélie m'a parlé de son départ éventuel pour l'étranger.
éventuellement [evɑ̃tɥɛlmɑ̃] (ADV) 4017	eventuell, unter Umständen	Ma sœur passera éventuellement demain à la maison. Elle n'était pas encore sûre.
l'**évidence** [evidɑ̃s] (F) 2240	Offensichtlichkeit	C'est une évidence!

extrêmement [ɛkstrɛmmɑ̃] (ADV) 2184	äußerst	Il fait extrêmement froid aujourd'hui.
fortement [fɔrtəmɑ̃] (ADV) 2700	stark, fest, sehr	Aurélie appuie fortement sur le bouton.
l'impossibilité [ɛ̃pɔsibilite] (F) 3630	Unmöglichkeit	Je suis dans l'impossibilité de vous donner plus d'informations.
nullement [nylmɑ̃] (ADV) 2863	keineswegs	Je ne me doutais nullement de l'importance du projet.
pratiquement [pratikmɑ̃] (ADV) 2371	praktisch	Aurélie n'a pratiquement pas pris de poids.
probable [prɔbabl] 2432	wahrscheinlich	Il est fort probable qu'il pleuve demain toute la journée.
provisoire [prɔvizwar] 3966	provisorisch	Il s'agit d'une solution provisoire.
rarement [rɑrmɑ̃] (ADV) 2435	selten	Pierre arrive rarement en retard.
réellement [reɛlmɑ̃] (ADV) 2762	wirklich, tatsächlich	Que veux-tu réellement?
sûrement [syrmɑ̃] (ADV) 2196	sicher(lich), bestimmt	Ne t'inquiète pas, il va sûrement t'appeler demain.
vague [vag] 3583	vage, unbestimmt	Sa description du lieu reste très vague.
véritablement [veritabləmɑ̃] (ADV) 4003	wirklich	Son histoire est véritablement étonnante.
voire [vwar] (ADV) 2546	sogar	Il restera à l'hôpital des semaines, voire des mois.

13 Freizeit und Unterhaltung

13.01 Veranstaltungen ▸ Grundwortschatz

accompagner [akɔ̃paɲe] 802	begleiten	Il m'accompagne au congrès.
l'**assistance** [asistɑ̃s] (F) 1914	Publikum, Hilfe	L'assistance écoute attentivement le discours du président.
assister [asiste] 1157	anwesend sein, beistehen	J'ai assisté à plusieurs congrès sur l'environnement.
complet [kɔ̃plɛ], **complète** [kɔ̃plɛt] 890	ausverkauft, vollständig	Le concert est complet depuis six mois.
le **congrès** [kɔ̃grɛ] 1855	Kongress	Le congrès se déroulera à la faculté de médecine.
culturel [kyltyrɛl], **culturelle** [kyltyrɛl] 1353	kulturell, Kultur-	Un centre culturel organise des expositions, des spectacles et des concerts.
les **félicitations** [felisitasjɔ̃] (F, PL) 1607	Glückwünsche	Toutes mes félicitations et mes vœux de bonheur.
la **fête** [fɛt] 1186	Fest	Pierre est invité à la fête d'anniversaire d'Aurélie.
la **foule** [ful] 1263	Menge	La foule attend devant la salle de spectacles.
la **manifestation** [manifɛstasjɔ̃] 2023	Veranstaltung	Différents artistes se réunissent pour une grande manifestation culturelle au profit des enfants en difficultés.
le **Noël** [nɔɛl] 1808	Weihnachten	Noël est une fête chrétienne.
offrir [ɔfrir] 333	schenken, anbieten	Pierre a offert une montre à Aurélie pour son anniversaire.
organisé [ɔrganize], **organisée** [ɔrganize] 1998	organisiert	Le congrès est organisé par la faculté d'histoire.
organiser [ɔrganize] 1332	organisieren	La ville organise un festival de musique chaque été.
les **Pâques** [pɑk] (F, PL) 1666	Ostern	À Pâques les parents offrent des chocolats à leurs enfants.
participer [partisipe] 838	teilnehmen	Plusieurs professeurs participent à la conférence.
le **programme** [prɔgram] 384	Programm	Il vend les programmes du spectacle.
le **public** [pyblik] 235	Publikum	Le public a applaudi l'artiste.
réunir (se) [reynir] 1849	sich treffen	Ils se réunissent tous les jeudis à 19h00.
le **spectacle** [spɛktakl] 1035	Vorstellung	Le spectacle commence à 20h00.

13.01 Veranstaltungen ▸ Aufbauwortschatz

l'**ambiance** [ɑ̃bjɑ̃s] (F) 3764	Stimmung, Atmosphäre	Il y avait une très bonne ambiance, nous avons dansé toute la nuit.
l'**apparition** [aparisjɔ̃] (F) 2289	Auftritt, Erscheinung	Il a fait une courte apparition.
l'**auditoire** [oditwar] (M) 2985	Zuhörerschaft	Son discours a ému l'auditoire.
le **bal** [bal] 3772	Ball	Un bal est un lieu où l'on danse.
le **cadeau** [kado] 3363	Geschenk	Aurélie a reçu de nombreux cadeaux d'anniversaire.
célébrer [selebre] 2732	feiern	Mes parents célèbrent leurs 30 ans de mariage.
la **cérémonie** [seremɔni] 3367	Zeremonie	La cérémonie d'ouverture du festival de cinéma aura lieu le 24 juin.
la **composition** [kɔ̃pozisjɔ̃] 2321	Zusammenstellung, Komposition	Il s'est occupé de la composition du spectacle.
conférer [kɔ̃fere] 2737	verleihen	Le président lui a conféré la légion d'honneur.
décerner [desɛrne] 3116	verleihen	Le jury lui a décerné le prix du meilleur acteur.
dérouler (se) [derule] 2207	stattfinden, verlaufen	Le festival se déroulera du 15 au 18 septembre.
le **festival** [fɛstival] 2306	Festival	Le festival de musique classique attire de nombreux touristes.
figurer [figyre] 2141	erscheinen, auftreten	Il figure sur la liste des invités.
grouper [grupe] 2268	gruppieren	Elle a groupé les personnes par niveau.
l'**hommage** [ɔmaʒ] (M) 2797	Hommage, Huldigung	Ils rendent hommage aux soldats morts pendant la guerre.
la **liste** [list] 2188	Liste	Aurélie a fait une liste des invités.
la **noce** [nɔs] 3732	Hochzeit	Ils ont invité le village entier à leur noce.
la **participation** [partisipasjɔ̃] 2280	Beteiligung, Teilnahme	La participation au congrès coûte 20 euros.
la **présentation** [prezɑ̃tasjɔ̃] 2919	Vorstellung, Vorführung	Il a assisté à la présentation du nouveau roman d'Amélie Nothomb.
la **réception** [resɛpsjɔ̃] 2870	Empfang	La réception aura lieu samedi soir.
la **séance** [seɑ̃s] 3141	Vorstellung, Sitzung	Il s'agit d'une séance publique.
spectaculaire [spɛktakylɛr] 3576	spektakulär	Les acteurs font une entrée en scène spectaculaire.
le **spectateur** [spɛktatœr], la **spectatrice** [spɛktatris] 2314	Zuschauer/in	Cette salle peut accueillir 1500 spectateurs.

le **visiteur** [vizitœr], la **visiteuse** [vizitøz] 3208	Besucher/in	Les visiteurs ont dû attendre quelques minutes avant de pouvoir entrer dans le musée.
le **vu** [vø] 2829	Wunsch, Glückwunsch	Il lui a présenté ses vœux.

13.02 Museum, Ausstellungen und Sehenswürdigkeiten ► Grundwortschatz

l'**art** [ar] (M) 348	Kunst	Pierre fait des études d'art.
le **cadre** [kadr] 852	Rahmen	On a placé le tableau dans un cadre en bois.
le **château** [ʃato] 1937	Schloss	Autrefois, le roi vivait dans un château.
la **colonne** [kɔlɔn] 1978	Säule	Les touristes admirent les colonnes du monument.
exposer [ɛkspoze] 1006	ausstellen; darlegen	L'artiste expose ses tableaux dans une galerie.
l'**exposition** [ɛkspozisjɔ̃] (F) 1249	Ausstellung	L'exposition est prolongée jusqu'en décembre.
le **musée** [myze] 1846	Museum	Nous avons visité le musée du Louvre à Paris.
peindre [pɛ̃dr] 1673	malen	Il peint des paysages.
le, la **peintre** [pɛ̃tr] 1831	Maler/in	Claude Monnet est un célèbre peintre du XIXe siècle.
la **peinture** [pɛ̃tyr] 947	Malerei, Farbe	Il s'intéresse à la peinture contemporaine.
la **photographie** [fɔtɔgrafi] 1965	Fotografie	La photographie est considérée comme un art.
photographier [fɔtɔgrafje] 1678	fotografieren	Elle photographie les enfants qui jouent dans la rue.
le **tableau** [tablo] 756	Bild, Gemälde	Plusieurs tableaux ont été volés la nuit dernière.
la **toile** [twal] 1491	Gemälde	Le musée possède plusieurs toiles de ce peintre.

13.02 Museum, Ausstellungen und Sehenswürdigkeiten ► Aufbauwortschatz

antique [ɑ̃tik] 3357	antik, alt	Cet édifice a été construit à l'époque antique.
artistique [artistik] 2678	künstlerisch	Pierre a une grande sensibilité artistique.
le **chef-d'œuvre** [ʃɛdœvr] 3609	Meisterwerk	Ce tableau est un chef-d'œuvre.
le **dessin** [desɛ̃] 2137	Zeichnung	Il fait ses études dans une école de dessin.
l'**édifice** [edifis] (M) 2556	Gebäude	Une église est un édifice religieux.
édifier [edifje] 3921	errichten	Les Grecs ont édifié des temples religieux.
l'**expo** [ɛkspo] (F) 2052	Ausstellung	Le musée organise une nouvelle expo.
la **galerie** [galri] 2955	Galerie, Gang	Ses photographies sont exposées dans une galerie d'art.

l'**inspiration** [ɛ̃spirasjɔ̃] (F) 3716	Inspiration	L'artiste est en manque d'inspiration.
inspiré [ɛ̃spire], **inspirée** [ɛ̃spire] 3325	inspiriert	Cet artiste a peint plus de 100 tableaux, il était toujours très inspiré.
inspirer [ɛ̃spire] 2218	inspirieren	Les paysages du sud de la France ont inspiré de nombreux peintres.
magnifique [maɲifik] 2272	wunderschön	Ce monument est magnifique.
la **merveille** [mɛrvɛj] 3068	Meisterwerk, Wunder	Ce château est une merveille.
le **monument** [mɔnymɑ̃] 3641	Denkmal	À Paris, on peut visiter de nombreux monuments.
l'**orgue** [ɔrg] (M) 3479	Orgel	L'orgue de cette église date de 1742.
peint [pɛ̃], **peinte** [pɛ̃t] 3831	bemalt, gemalt	Les murs de la salle du musée sont peints en bleu clair.
la **photo** [fɔto] 2086	Foto	Cette photo a été publiée dans de nombreux journaux.
le **pinceau** [pɛ̃so] 3562	Pinsel	Le pinceau est l'outil du peintre.
le **portrait** [pɔrtrɛ] 3014	Porträt	Le peintre a réalisé un portrait de la reine.
la **statue** [staty] 3749	Statue	Une statue est une œuvre artistique.

13.03 Theater, Kino und Konzert ▸ Grundwortschatz

l'**acte** [akt] (M) 1059	Akt, Tat	C'est une comédie en trois actes.
l'**artiste** [artist] (M, F) 851	Künstler/in	On l'a désigné meilleur artiste de l'année.
l'**auteur** [otœr] (M, F) 365	Autor/in	L'auteur de cette pièce de théâtre est encore peu connu du public.
le **billet** [bijɛ] 1543	Eintrittskarte	Je n'ai pas de billet, la salle est complète.
le **cinéma** [sinema] 866	Kino	Le cinéma français a une bonne réputation.
classique [klasik] 911	klassisch	Aurélie aime la musique classique.
le **comédien** [kɔmedjɛ̃], la **comédienne** [kɔmedjɛn] 1938	Schauspieler/in	Un comédien est un acteur de cinéma, de théâtre ou de télévision.
le **film** [film] 400	Film	J'ai vu un très bon film au cinéma.
l'**instrument** [ɛ̃strymɑ̃] (M) 1288	Instrument	Il joue de plusieurs instruments de musique.
moderne [mɔdɛrn] 554	modern	J'aime beaucoup le théâtre moderne.
la **musique** [myzik] 785	Musik	La musique joue parfois un rôle important dans les films.
original [ɔriʒinal], **originale** [ɔriʒinal] 1999	original, originell	Est-ce que tu as lu le texte original ou la version adaptée?

le **personnage** [pɛrsɔnaʒ] 824	Figur, Person, Rolle	Cette comédie contient 15 personnages.
la **réalisation** [realizasjɔ̃] 1503	Regie, Verwirklichung	La réalisation de ce film a demandé plusieurs années de travail.
représenter [rəprezɑ̃te] 403	darstellen, vertreten	Les acteurs représentent un drame.
le **rôle** [rol] 357	Rolle	Cet acteur joue des rôles très différents.
la **scène** [sɛn] 555	Szene, Bühne	La dernière scène de la pièce a ému le public.
le **talent** [talɑ̃] 1832	Talent	Cette jeune actrice a beaucoup de talent.
le **théâtre** [teɑtr] 657	Theater	Le théâtre est un genre littéraire particulier.

13.03 Theater, Kino und Konzert ▸ Aufbauwortschatz

l'**acteur** [aktœr], l'**actrice** [aktris] 2038	Schauspieler/in	J'ai oublié le nom de cet acteur.
adapté [adapte], **adaptée** [adapte] 2624	angepasst, angelehnt	Cette pièce de théâtre est parfaitement adaptée au roman.
adapter [adapte] 2066	bearbeiten	Le réalisateur a adapté ce livre au cinéma.
afficher [afiʃe] 3762	ankündigen, aufhängen	Le concert est affiché à 20h00.
applaudir [aplodir] 3429	applaudieren	Le public applaudit les acteurs.
la **chanson** [ʃɑ̃sɔ̃] 2202	Lied	Je ne connais pas les paroles de la chanson.
le **chant** [ʃɑ̃] 2493	Gesang, Lied	Aurélie prend des cours de chant.
le **chanteur** [ʃɑ̃tœr], la **chanteuse** [ʃɑ̃tøz] 3684	Sänger/in	Il n'y aura pas de concert ce soir, car le chanteur a des problèmes de santé.
le **chœur** [kœr] 3782	Chor	Un chœur désigne plusieurs personnes qui chantent ensemble.
la **comédie** [kɔmedi] 2886	Komödie	Cette comédie est très drôle, j'ai beaucoup ri.
le **concert** [kɔ̃sɛr] 2735	Konzert	Nous sommes allés à un concert de musique classique.
le **décor** [dekɔr] 2299	Kulisse, Dekoration	Le décor pour la pièce de théâtre n'est pas prêt.
dramatique [dramatik] 2501	dramatisch	Cet auteur a écrit plusieurs pièces dramatiques.
le **drame** [dram] 2073	Drama	Je suis allé voir un drame de Victor Hugo.
la **gamme** [gam] 2790	Tonleiter, Palette	Une gamme est une suite de notes de musique.
incarner [ɛ̃karne] 3814	verkörpern	C'est un acteur anglais qui incarne le rôle principal du film.
interpréter [ɛ̃tɛrprete] 2081	darstellen, interpretieren	On peut interpréter cette pièce de plusieurs manières.
musical [myzikal], **musicale** [myzikal] 3554	Musik-, musikalisch	Ce chanteur a eu une longue carrière musicale.

le **musicien** [myzisjɛ̃], la **musicienne** [myzisjɛn] (M) 2656	Musiker/in	Le groupe a engagé un nouveau musicien.
l'**orchestre** [ɔrkɛstr] (M) 2469	Orchester	Un orchestre est un groupe de musiciens.
prodigieux [prɔdiʒjø], **prodigieuse** [prɔdiʒjøz] 3840	ungeheuer, wunderbar	Ce film a eu un succès prodigieux.
la **projection** [prɔʒɛksjɔ̃] 3486	Projektion, Vorführung	La projection du film débute à 20h10.
la **régie** [reʒi] 3571	Regie	On lui a confié la régie du film.
la **répétition** [repetisjɔ̃] 3974	Probe	Les acteurs ont prévu une dernière répétition avant la première représentation.
la **représentation** [rəprezɑ̃tasjɔ̃] 2615	Darstellung, Aufführung	La représentation débute à 19h30.
la **tournée** [turne] 2769	Tour, Tournee	Les musiciens partent en tournée de septembre à décembre.
la **vedette** [vədɛt] 2006	Star, Hauptdarsteller/in	Cet acteur est une vedette de cinéma.
la **version** [vɛrsjɔ̃] 3585	Version, Fassung	Ce film est en version originale.

13.04 Telekommunikation, Radio und Fernsehen ▸ Grundwortschatz

l'**action** [aksjɔ̃] (F) 383	Tat, Handlung	Ce film n'a pas beaucoup d'action.
apparaître [aparɛtr] 397	erscheinen	Une image apparaît sur l'écran de l'ordinateur.
l'**appareil** [aparɛj] (M) 506	Gerät, Apparat	Il répare des appareils de tout type.
la **caméra** [kamera] 1554	Kamera	On a volé la caméra de Pierre.
le **disque** [disk] 1858	Scheibe, Platte	Ce chanteur a vendu plus d'un million de disques.
les **données** [dɔne] (F, PL) 1838	Daten	Aurélie a eu un problème d'ordinateur et a perdu toutes ses données.
l'**écran** [ekrɑ̃] (M) 1823	Bildschirm, Leinwand	L'écran de mon ordinateur est couvert de poussière.
électrique [elɛktrik] 1147	elektrisch	Cet appareil électrique ne fonctionne plus.
l'**émission** [emisjɔ̃] (F) 934	Sendung	Cette émission de télévision est très populaire.
exécuter [ɛgzekyte] 1784	ausführen	Il n'arrive pas à exécuter ce programme, l'ordinateur affiche une erreur.
l'**imprimante** [ɛ̃primɑ̃t] (F) 1627	Drucker	J'ai oublié de mettre des feuilles de papier dans l'imprimante.
l'**informatique** [ɛ̃fɔrmatik] (F) 1628	Informatik	Mon grand frère travaille dans l'informatique.

l'**installation** [ɛ̃stalasjɔ̃] (F) 1207	Installation	L'installation du logiciel peut durer jusqu'à 20 minutes.
installer [ɛ̃stale] 528	installieren	J'ai installé ce logiciel sur l'ordinateur.
le **logiciel** [lɔʒisjɛl] 1637	Software	Ce logiciel me permet de créer des cartes de visites.
le **matériel informatique** [materjɛl ɛ̃fɔrmatik] 1645	Hardware	Chaque bureau est équipé de matériel informatique.
le **menu** [məny] 1646	Menü	Je recherche un document informatique dans le menu.
l'**ordinateur** [ɔrdinatœr] (M) 1663	Computer	Presque chaque étudiant possède un ordinateur.
la **radio** [radjo] 787	Radio	Le matin, j'écoute la radio pour me réveiller.
le **réseau** [rezo] 1388	Netz	Il est chargé du réseau informatique dans cette entreprise.
le **satellite** [satelit] 1711	Satellit	Les Américains ont lancé un nouveau satellite.
taper [tape] 1725	eingeben, tippen	Il tape son texte à l'ordinateur.
la **technique** [tɛknik] 364	Technik	La technique évolue rapidement.
la **télévision** [televizjɔ̃] 999	Fernsehen, Fernseher	Les enfants regardent la télévision plusieurs heures par jour.

13.04 Telekommunikation, Radio und Fernsehen ▸ Aufbauwortschatz

animer [anime] 3214	leiten	Le journaliste anime une émission littéraire.
automatique [ɔtɔmatik] 3216	automatisch	Le bâtiment est équipé de portes automatiques.
automatiquement [ɔtɔmatikmɑ̃] (ADV) 3106	automatisch	L'ordinateur s'éteint automatiquement.
le **bouton** [butɔ̃] 2726	Knopf	Tu dois appuyer sur ce bouton pour faire fonctionner l'appareil.
la **chaîne** [ʃɛn] 2633	Sender	France 2 est une chaîne de télévision publique.
le **code** [kɔd] 2260	Kode	Pour pouvoir utiliser cet ordinateur, je dois d'abord taper un code d'entrée.
le **commentaire** [kɔmɑ̃tɛr] 2495	Kommentar	Les commentaires des journalistes sportifs sont parfois exagérés.
commenter [kɔmɑ̃te] 2839	kommentieren	Le journaliste commente le match de football.
électronique [elɛktrɔnik] 2784	elektronisch	Il existe maintenant des bibliothèques électroniques.
émettre [emɛtr] 2182	ausstrahlen	La station de radio émet des ondes.
l'**enregistrement** [ɑ̃rʒistrəmɑ̃] (M) 2694	Aufnahme, Speicherung	Silence pendant l'enregistrement!

enregistrer [ɑ̃rəʒistre] 2212	aufnehmen, speichern	Mon père m'a demandé d'enregistrer le match de football.
l'**épisode** [epizɔd] (M) 3453	Episode, Folge	Ce film a plusieurs épisodes.
le **fonctionnement** [fɔ̃ksjɔnmɑ̃] 2787	Funktionieren	Je ne comprends pas le fonctionnement de cet appareil.
fonctionner [fɔ̃ksjɔne] 2077	funktionieren	Je dois faire réparer mon imprimante, car elle ne fonctionne plus.
imprimer [ɛ̃prime] 3813	drucken	J'ai imprimé mon mémoire.
le **laser** [lazɛr] 3183	Laser	Le laser est de plus en plus utilisé en médecine.
la **liaison** [ljɛzɔ̃] 3004	Verbindung	Son ordinateur ne fonctionne pas bien, il n'a pas réussi à établir une liaison Internet.
magnétique [maɲetik] 2751	magnetisch	Il enregistre un concert sur une bande magnétique.
le **montage** [mɔ̃taʒ] 3726	Montage	Le technicien est chargé du montage des images.
numérique [nymerik] 4024	digital, Digital-	L'appareil photo numérique, c'est très pratique, je peux enregistrer les photos sur mon ordinateur.
l'**onde** [ɔ̃d] (F) 2430	Welle	Le son est constitué d'ondes.
le **portable** [pɔrtabl] 4023	Laptop	Aujourd'hui beaucoup des étudiants possèdent un portable.
la **publicité** [pyblisite] 2970	Werbung	Il y a de plus en plus de publicités à la télévision.
le **signal** [siɲal] 3095	Signal	Cet appareil électrique émet un signal.
sonner [sɔne] 2765	läuten, klingeln	Le réveil de Pierre sonne à 6h30.
le **téléphone** [telefɔn] 2347	Telefon	Je lui ai donné mon numéro de téléphone pour qu'il puisse m'appeler demain.
téléphoner [telefɔne] 3202	anrufen, telefonieren	Elle téléphone à sa mère pour lui dire qu'elle est bien arrivée.
la **touche** [tuʃ] 3754	Taste	Appuie sur la touche rouge, s'il te plaît.
la **transmission** [trɑ̃smisjɔ̃] 3755	Übertragung, Weitergabe	Il a effectué une transmission de données.

13.05 Lektüre und Presse ▸ Grundwortschatz

l'**article** [artikl] (M) 613	Artikel	Pierre a lu dans un article de journal qu'on allait fermer son ancienne école.
contemporain [kɔ̃tɑ̃pɔrɛ̃], **contemporaine** [kɔ̃tɑ̃pɔrɛn] 1479	zeitgenössisch	Il aime lire des auteurs contemporains.
l'**écrivain** [ekrivɛ̃] (M, F) 1109	Schriftsteller/in	Les jeunes écrivains participent de plus en plus à des émissions de télévision.

le **genre** [ʒɑ̃r] 560	Gattung, Art	La poésie et le théâtre sont des genres littéraires.
le **héros** [ero], l'**héroïne** [erɔin] 1380	Held/in	Le héros meurt à la fin du livre.
l'**histoire** [istwar] (F) 281	Geschichte	Elle lit, chaque soir, une histoire à ses enfants.
l'**image** [imaʒ] (F) 656	Bild	On trouve des images dans les livres pour enfants.
le **journal** [ʒurnal] 406	Zeitung	Mon père lit le journal le matin dans le métro.
le, la **journaliste** [ʒurnalist] 1198	Journalist/in	Le journaliste écrit un article sur la pollution.
le **lecteur** [lɛktœr], la **lectrice** [lɛktris] 1111	Leser/in	Mon oncle est un grand lecteur.
la **lecture** [lektyr] 1904	Lesen	La lecture fait partie de ses loisirs.
lire [lir] 385	lesen	Les enfants apprennent à lire à l'âge de six ans.
la **littérature** [literatyr] 1763	Literatur	Il est professeur de littérature à l'université.
le **livre** [livr] 315	Buch	Je lui ai offert un livre de cuisine pour son anniversaire.
l'**œuvre** [œvr] (F) 336	Werk	Il a analysé l'œuvre d'Émile Zola.
l'**ouvrage** [uvraʒ] (M) 944	Werk, Arbeit	La publication de cet ouvrage est prévue pour le 17 septembre.
la **page** [paʒ] 547	Seite	Il lit en moyenne 30 pages par heure.
le **poète** [pɔɛt], la **poètesse** [pɔetɛs] 1305	Dichter/in	Charles Baudelaire est l'un des poètes les plus connus.
la **presse** [prɛs] 958	Presse	Ce journaliste travaille pour la presse écrite.
publier [pyblije] 1113	veröffentlichen, herausgeben	L'écrivain a publié son nouveau livre.
le **quotidien** [kɔtidjɛ̃] 1085	Tageszeitung	Un quotidien est un journal paraissant chaque jour.
le **reportage** [rəpɔrtaʒ] 1702	Reportage	Le journaliste a réalisé un reportage sur les universités françaises.
la **revue** [rəvy] 1971	Zeitschrift	Combien coûte cette revue littéraire?
le **roman** [rɔmɑ̃] 1033	Roman	Aurélie a lu un roman de 400 pages.
le **texte** [tɛkst] 1040	Text	Un livre pour enfants est composé de texte et d'images.
le **titre** [titr] 469	Titel	J'ai oublié le titre du livre. Peux-tu me le rappeler?

13.05 Lektüre und Presse ▸ Aufbauwortschatz

l'**annonce** [anɔ̃s] (F) 3513	Anzeige	Il a publié une annonce dans un journal pour vendre sa voiture.
le **chapitre** [ʃapitr] 2013	Kapitel	Le roman est composé de 17 chapitres.

la **chronique** [krɔnik] 3368	Chronik	L'historien dresse, dans son livre, une chronique de la guerre.
le **contenu** [kɔ̃təny] 2686	Inhalt	Il est parfois difficile de résumer le contenu d'un livre en trois phrases.
le **critique** [kritik] 2237	Kritiker/in, Kritik	Il est critique de cinéma.
l'**édition** [edisjɔ̃] (F) 2597	Auflage, Ausgabe	La nouvelle édition de ce livre vient d'apparaître.
fantastique [fɑ̃tastik] 3799	fantastisch	J'aime les histoires fantastiques.
le **fantôme** [fɑ̃tom] 3708	Gespenst	On dit qu'il y a un fantôme dans le château.
féliciter [felisite] 3237	gratulieren	Le journaliste a félicité l'écrivain pour son nouveau roman.
illustré [ilystre], **illustrée** [ilystre] 3320	illustriert	Elle a acheté un livre illustré pour son fils.
l'**index** [ɛ̃dɛks] (M) 3940	Inhaltsverzeichnis	Elle consulte l'index du livre pour choisir les chapitres intéressants pour ses recherches.
intituler [ɛ̃tityle] 2960	betiteln	Molière a intitulé une de ses pièces «L'École des femmes».
la **légende** [leʒɑ̃d] 2961	Legende	Il nous a raconté une légende sur la nature et les animaux.
littéraire [literɛr] 2055	literarisch	Pierre a acheté une revue littéraire.
le **magazine** [magazin] 4018	Zeitschrift, Magazin	Ce magazine paraît chaque semaine.
les **mémoires** [memwar] (M, PL) 3334	Memoiren	L'ancien président vient de publier ses mémoires.
le **monstre** [mɔ̃str] 3397	Monster	Le héros de l'histoire est prisonnier d'un méchant monstre.
pittoresque [pitɔrɛsk] 3737	malerisch	Il a décrit la France pittoresque dans son livre.
la **poésie** [pɔezi] 2470	Gedicht	Pierre préfère la poésie au théâtre.
la **publication** [pyblikasjɔ̃] 2374	Veröffentlichung	On a interdit la publication de ce livre.
le **réalisme** [realism] 3087	Realismus	Cette œuvre est d'un grand réalisme.
le **récit** [resi] 2224	Erzählung, Bericht	Le récit est un style littéraire.
le **rédacteur** [redaktœr], la **rédactrice** [redaktris] 3971	Redakteur/in	Il est rédacteur en chef d'un journal local.
rédiger [rediʒe] 3088	verfassen	Chaque étudiant rédige un mémoire.
relier [rəlje] 2377	binden	Ce livre est relié en cuir bleu.
relire [rəlir] 3847	noch einmal lesen	Ce livre m'a tellement plu, je vais le relire.

le **romancier** [rɔmɑ̃sje], la **romancière** [rɔmɑ̃sjɛr] 3092	Romanschrift-steller/in	Balzac est l'un des grands romanciers du XIXe siècle.
le **thème** [tɛm] 2122	Thema	Le thème de cet article est la protection de l'environnement.
le **tirage** [tiraʒ] 3997	Auflagenzahl, Druckauflage	Il s'agit d'un journal à gros tirage.

13.06 Sport ▸ Grundwortschatz

l'**adversaire** [advɛrsɛr] (M, F) 1796	Gegner/in	Il a vaincu son adversaire.
le **but** [byt] 606	Tor	L'équipe de football a marqué trois buts.
courir [kurir] 822	laufen	Pierre court plus vite qu'Aurélie.
l'**effort** [efɔr] (M) 409	Anstrengung	Le sportif a fait de gros efforts pour terminer la course.
entraîner [ɑ̃trene] 702	trainieren	Il entraîne une équipe de football.
jeter [ʒəte] 561	werfen	Elle jette le ballon très loin.
lancer [lɑ̃se] 552	werfen	Il lance le ballon très loin.
le **mouvement** [muvmɑ̃] 401	Bewegung	Aurélie fait un mouvement du bras.
pratiquer [pratike] 1422	ausüben	Il pratique le football et la course à pied.
sauter [sote] 1368	springen	Le sportif saute dans l'eau.
skier [skje] 1716	Ski fahren	Les enfants apprennent à skier.
le **sport** [spɔr] 1408	Sport	Pierre fait du sport chaque soir après le travail.
viser [vize] 1795	zielen, anstreben	Il essaie de viser la cible.

13.06 Sport ▸ Aufbauwortschatz

le **ballon** [balɔ̃] 3601	Ball	Un ballon de football est rond.
le **bond** [bɔ̃] 3890	Sprung	Il fait un bond d'un mètre.
le **cavalier** [kavalje], la **cavalière** [kavaljɛr] 2779	Reiter/in	Le cavalier est tombé de cheval.
la **chute** [ʃyt] 2416	Fall, Sturz	Le sportif s'est blessé lors d'une chute.
la **cible** [sibl] 3301	Zielscheibe	Le sportif doit atteindre la cible.
composer [kɔ̃poze] 2204	zusammenstellen	Le capitaine compose son équipe.
l'**élan** [elɑ̃] (M) 2598	Schwung, Anlauf	Il prend de l'élan avant de sauter.
l'**entraînement** [ɑ̃trɛnmɑ̃] (M) 2074	Training, Übung	Les sportifs ont un entraînement quotidien de trois heures.
la **flèche** [flɛʃ] 3710	Pfeil	Pierre tire des flèches.

le **football** [futbol] 3806	Fußball	Le football est un sport très populaire en France.
grimper [grɛ̃pe] 3245	klettern	Les élèves doivent grimper à la corde.
le **hockey** [ɔkɛ] 3383	Hockey	Les joueurs de hockey portent un équipement particulier.
nager [naʒe] 3952	schwimmen	Pierre a appris à nager à l'âge de 6 ans.
la **piste** [pist] 2059	Piste, Rennbahn	La piste de course est mouillée.
plonger [plɔ̃ʒe] 2170	tauchen	Aurélie a plongé dans l'eau.
le **ski** [ski] 2575	Ski	Le ski fait partie des sports d'hiver.
sportif [spɔrtif], **sportive** [spɔrtiv] 2443	sportlich	Pierre fait du football et du hockey, il est très sportif.
le **stade** [stad] 2255	Stadion	Le stade de football peut contenir 45 000 personnes.
stimuler [stimyle] 3024	anregen, anspornen	La présence du public stimule les sportifs.
la **tribune** [tribyn] 3862	Zuschauertribüne	Les tribunes du stade sont complètes.

13.07 Wettkampf ▸ Grundwortschatz

l'**avance** [avɑ̃s] (F) 1777	Vorsprung	Le sportif hollandais a pris de l'avance sur le reste de ses adversaires.
battre [batr] 1001	schlagen	Ils ont battu leur adversaire.
la **catégorie** [kategɔri] 1241	Klasse, Kategorie	Pierre est passé dans la catégorie professionnelle.
la **course** [kurs] 1077	Lauf, Rennen	Il a gagné la course.
le **départ** [depar] 773	Start	Le juge donne le départ de la course.
dominer [dɔmine] 1355	stärker sein, übertreffen	Malgré quelques difficultés, le sportif a dominé sur ses adversaires.
l'**équipe** [ekip] (F) 632	Mannschaft	Une équipe de football est composée de 11 joueurs.
fort [fɔr], **forte** [fɔrt] 419	stark, kräftig	Pierre est plus fort que son adversaire.
gagner [gaɲe] 551	gewinnen	L'équipe de France a gagné le match de football.
le **match** [matʃ] 1644	Spiel	Les matchs de football ont souvent lieu le samedi soir.
meilleur [mɛjœr], **meilleure** [mɛjœr] 375	besser	Pierre a été meilleur que son adversaire.
mériter [merite] 1499	verdienen	Il mérite de gagner la course.
perdre [pɛrdr] 398	verlieren	Les joueurs ont perdu le match.
perdu [pɛrdy], **perdue** [pɛrdy] 1252	verloren	L'équipe en rouge a perdu le match.
vaincre [vɛ̃kr] 1743	schlagen	L'équipe de France a vaincu les Anglais.

13.07 Wettkampf ▸ Aufbauwortschatz

acharner (s') [aʃarne] 3873	sich abmühen	Malgré les difficultés, il s'acharne à réussir.
affronter [afrɔ̃te] 2676	gegenübertreten	Ils affronteront l'équipe italienne samedi à 19h00.
le **champion** [ʃɑ̃pjɔ̃], la **championne** [ʃɑ̃pjɔn] 3112	Champion, Meister/in	La France a été championne du monde de football en 1998.
la **compétition** [kɔ̃petisjɔ̃] 2522	Wettkampf	25 équipes participent à la compétition.
la **défaite** [defɛt] 3439	Niederlage	La défaite du match l'a rendu triste.
le **défi** [defi] 3915	Herausforderung	Il considère cette course comme un nouveau défi.
disputer [dispyte] 3617	austragen	Ils disputeront la rencontre ce soir à partir de 20h00.
l'**élimination** [eliminasjɔ̃] (F) 3449	Ausscheidung	L'élimination de cette équipe au premier tour a surpris tout le monde.
éliminer [elimine] 2599	hinauswerfen	L'équipe italienne a éliminé l'équipe de France.
l'**exploit** [ɛksplwa] (M) 3798	Leistung	Pierre a gagné la course, il a réalisé un exploit.
lutter [lyte] 2750	kämpfen	Après avoir lutté l'un contre l'autre, les deux sportifs sont très fatigués.
la **performance** [pɛrfɔrmɑ̃s] 3012	Leistung	Cette victoire est une performance remarquable.
qualifier (se) [kalifje] 3266	sich qualifizieren	Avec ce résultat, elle n'a malheureusement pas pu se qualifier pour le concours.
le **record** [rəkɔr] 2250	Rekord	Le sportif a établi un nouveau record.
regagner [rəgaɲe] 3405	zurückgewinnen	Ils ont l'intention de regagner leur titre de champion.
remporter [rɑ̃pɔrte] 3657	gewinnen	L'équipe de France a remporté la victoire.
la **revanche** [rəvɑ̃ʃ] 2716	Revanche	L'équipe hollandaise a pris sa revanche.
tactique [taktik] 3751	taktisch	Ils ont remporté le match grâce à un nouveau plan tactique de jeu.
triompher [trijɔ̃fe] 2486	triumphieren	Ils ont triomphé de leurs adversaires.
vaincu [vɛ̃ky], **vaincue** [vɛ̃ky] 3866	besiegt	Les journalistes annonçaient cette équipe vaincue avant même le début du match.
la **victoire** [viktwar] 2151	Sieg	Les joueurs ont fêté leur victoire.

14 Persönliche Beziehungen und Kontakte

14.01 Art der persönlichen Beziehung ▸ Grundwortschatz

abandonner [abɑ̃dɔne] 873	verlassen, aufgeben	Malheureusement, il y a des gents qui abandonnent leurs animaux.
l'**ami** [ami], l'**amie** [ami] 265	Freund/in	Ses amis lui manquent beaucoup.
la **compagnie** [kɔ̃paɲi] 345	Gesellschaft	Elle rend visite à une dame âgée deux fois par semaine et lui tient compagnie.
la **confiance** [kɔ̃fjɑ̃s] 1067	Vertrauen	Avoir confiance en quelqu'un n'est pas toujours facile.
dépendre [depɑ̃dr] 985	abhängen	Elle a cherché un travail, car elle ne voulait plus dépendre de ses parents.
élever [elve] 718	aufziehen, erziehen	Les enfants de ma voisine ne font que crier et se battre. Ils sont mal élevés.
empêcher [ɑ̃peʃe] 550	(ver)hindern	Mon père m'empêche de sortir le soir après 22h.
encourager [ɑ̃kuraʒe] 1860	ermutigen	Aurélie a encouragé son frère à commencer des études.
partager [partaʒe] 1168	teilen	Sa mère lui a appris à partager avec les autres dès son enfance.
la **relation** [rəlasjɔ̃] 638	Beziehung, Verhältnis	Aurélie et ses parents entretiennent une bonne relation.
le **respect** [rɛspɛ] 1489	Respekt, Achtung	Le respect envers les autres commence par le respect de soi-même.
respecter [rɛspɛkte] 1469	respektieren, achten	Il faut apprendre aux enfants à respecter les animaux.
traiter [trete] 712	behandeln	Il a toujours traité ses grands-parents avec beaucoup d'égards.
uni [yni], **unie** [yni] 261	vereint	Pierre et Aurélie sont unis par le mariage.

14.01 Art der persönlichen Beziehung ▸ Aufbauwortschatz

l'**abandon** [abɑ̃dɔ̃] (M) 3870	Verlassen, Aufgabe	L'abandon d'enfants a augmenté légèrement par rapport à l'année dernière.
l'**admiration** [admirasjɔ̃] (F) 3030	Bewunderung	J'ai beaucoup d'admiration pour les femmes qui élèvent leurs enfants seules et qui en plus exercent un métier.
admirer [admire] 2095	bewundern	Les jeunes admirent souvent les chanteurs connus.
l'**amitié** [amitje] (F) 2039	Freundschaft	Ils ont une amitié profonde.
apaiser [apɛze] 3514	beruhigen	Elle n'a pas réussi à apaiser la colère de son mari.

l'**appui** [apɥi] (M) 2040	Unterstützung, Stütze	Cet ami m'est d'un appui précieux.
l'**attente** [atɑ̃t] (F) 2627	Erwartung, Warten	Le cadeau qu'il a fait à sa femme a répondu à ses attentes.
avertir [avɛrtir] 3599	warnen	Il m'a averti des dangers de cette opération.
la **confidence** [kɔ̃fidɑ̃s] 3785	vertrauliche Mitteilung, Geständnis	Elle lui a fait la confidence qu'elle avait des problèmes d'argent.
conseiller [kɔ̃seje] 2160	beraten, empfehlen	Elle lui a conseillé de parler avec le patron.
la **considération** [kɔ̃siderasjɔ̃] 2261	Ansehen	Cette personne mérite la considération de tous.
consoler [kɔ̃sɔle] 3224	trösten	Quand ma voisine et son mari se sont séparés, j'ai dû souvent la consoler au début.
la **contribution** [kɔ̃tribysjɔ̃] 2992	Beitrag	Ce résultat est dû à sa contribution personnelle.
croiser [krwaze] 2843	kreuzen, begegnen	J'ai croisé Pierre hier dans la rue.
déranger [derɑ̃ʒe] 3118	stören	Si ça ne te dérange pas, je vais passer cet après-midi pour te rendre les livres.
disputer [dispyte] 3617	ausschimpfen, streitig machen	Il a disputé ses enfants, car ils sont sortis dans le jardin sans mettre de manteau.
ennuyer [ɑ̃nɥije] 3054	langweilen	Il ne supporte plus d'aller à la plage tous les jours. Cela l'ennuie.
exclure [ɛksklyr] 3928	ausschließen	Il a été exclu de son milieu familial.
fasciner [fasine] 3314	faszinieren	Je suis fascinée par cet acteur américain.
forcer [fɔrse] 2241	zwingen	Mes parents me forcent à suivre ce cours d'allemand. Je n'ai pas du tout envie.
gêner [ʒne] 2214	stören, verlegen machen	Aurélie était très gênée quand sa tante lui a demandé, si elle sortait avec un garçon.
hostile [ɔstil] 4019	feindselig, ablehnend	Il est hostile à toutes les propositions que je lui fais.
inciter [ɛ̃site] 2464	ermuntern, verführen	Il l'a incité à prendre cette décision.
influencer [ɛ̃flyɑ̃se] 3128	beeinflussen	Les enfants se laissent facilement influencer par la publicité.
méfier (se) [mefje] 3007	sich vorsehen, misstrauen	La nuit, il faut se méfier dans le métro.
mutuel [mytɥɛl], **mutuelle** [mytɥɛl] 3131	gegenseitig	Ils ont convenu d'une entente mutuelle.
pardonner [pardɔne] 2866	verzeihen	Elle ne lui a jamais pardonné de l'avoir trompée.

personnellement [pɛrsɔnɛlmɑ̃] (ADV) 3336	persönlich	Je connais Aurélie personnellement.
plaindre [plɛ̃dr] 2431	beklagen, bedauern	Les hôtes de l'hôtel se sont plaints du bruit.
la **reconnaissance** [rəkɔnɛsɑ̃s] 2376	Dankbarkeit, Anerkennung	Je lui témoigne une reconnaissance infinie.
recourir [rəkurir] 2818	zurückgreifen	Pour obtenir une amélioration il doit nécessairement recourir aux soins d'un médecin.
le **recours** [rəkur] 2922	Zuflucht, Rückgriff	Pierre a eu recours à l'aide financière de ses parents.
recueillir [rəkœjir] 2063	aufnehmen	Elle a recueilli son amie chez soi après son divorce.
reprocher [rəprɔʃe] 2251	vorwerfen	Elle reproche à son mari de ne pas s'occuper suffisamment des enfants.
résigner (se) [reziɲe] 3977	sich abfinden	Pierre s'est résigné à ne plus la rencontrer.
satisfaire [satisfɛr] 2345	zufriedenstellen	Cet homme est vraiment merveilleux. Il satisfait ses attentes.
le **soutien** [sutjɛ̃] 3273	Unterstützung	Il compte sur le soutien de sa famille et de ses amis.
susciter [sysite] 2121	hervorrufen	Le projet d'Aurélie a suscité l'intérêt de toute sa famille.
tendu [tɑ̃dy], **tendue** [tɑ̃dy] 2623	gespannt	Ces deux pays entretiennent des rapports tendus.
tolérer [tɔlere] 3662	dulden	Nos nouveaux voisins doivent tolérer le bruit de nos enfants.
troubler [truble] 3863	stören, verwirren	Les critiques qu'il a faites m'ont troublé.
veiller [veje] 2445	wachen	J'ai veillé toute la nuit, car ma fille avait de la fièvre.

14.02 Liebe und Trennung ▸ Grundwortschatz

l'**amour** [amur] (M) 285	Liebe	J'adore les chansons d'amour.
attirer [atire] 1076	anziehen	Avec sa nouvelle robe, elle va certainement attirer les regards.
la **bague** [bag] 1535	Ring	Il a acheté une bague pour sa fiancée.
le **compagnon** [kɔ̃paɲɔ̃], la **compagne** [kɔ̃paɲ] 1958	(Lebens)Gefährte/ Gefährtin	Son compagnon est un Allemand.
le **couple** [kupl] 1183	Paar	Le couple cherche un appartement dans le centre-ville.
ensemble [ɑ̃sɑ̃bl] (ADV) 1004	zusammen	Ma fille et son ami partent ensemble en vacances.

l'**époux** [epu], l'**épouse** [epuz] 1988	Gatte/Gattin	Son épouse n'est pas toujours d'accord avec ce qu'il lui demande.
épouser [epuze] 1897	heiraten	Il a épousé une fille de la région.
fidèle [fidɛl] 1149	treu	Aurélie est fidèle à son ami. Elle ne le tromperait jamais.
lié [lje], **liée** [lje] 1313	liiert	Ils sont liés depuis deux ans.
le **mari** [mari] 562	Ehemann	Mon mari est parti pour deux mois au Canada.
le **mariage** [marjaʒ] 1083	Ehe, Heirat, Hochzeit	Elle veut que son mariage soit parfaitement organisé.
marier [marje] 1011	trauen	Elle est mariée avec un Chinois.
plaire [plɛr] 1236	gefallen	Les jeunes filles veulent plaire aux garçons.
quitter [kite] 416	verlassen	Depuis que sa femme l'a quitté, il ne sort plus beaucoup.
ressentir [rəsɑ̃tir] 1911	empfinden	Aurélie a ressenti une profonde tristesse à l'annonce de la mort de sa grand-mère.
séparer [separe] 959	trennen	Il vient juste de se séparer de sa femme.
tromper [trɔ̃pe] 1430	betrügen	Elle a appris que son mari la trompait.

14.02 Liebe und Trennung ▸ Aufbauwortschatz

adorer [adɔre] 2413	sehr mögen, vergöttern	La grand-mère adore son petit-fils. Elle pourrait jouer tout le temps avec lui.
l'**affection** [afɛksjɔ̃] (F) 2831	Zuneigung	Il a beaucoup d'affection pour ses beaux-parents.
l'**amant** [amɑ̃], l'**amante** [amɑ̃t] 3672	Geliebte, Liebhaber/in	Elle voit son amant deux fois par semaine.
amoureux [amurø], **amoureuse** [amurøz] 2414	verliebt	Aurélie est amoureuse de Pierre.
l'**anneau** [ano] (M) 3512	Ring	La semaine dernière, ils ont choisi leurs anneaux de mariage.
l'**attrait** [atrɛ] (M) 3517	Anziehung, Reiz	On remarque l'attrait qu'il a pour cette femme.
caresser [karese] 3365	streicheln	La mère caresse son bébé.
charmant [ʃarmɑ̃], **charmante** [ʃarmɑ̃t] 2130	charmant	L'hôtesse de l'air qui nous a servis était charmante.
le **charme** [ʃarm] 2100	Charme	Il faut admettre qu'il a beaucoup de charme.
le **chéri** [ʃeri], la **chérie** [ʃeri] 3039	Liebling	Aurélie appelle son compagnon mon chéri.
embrasser [ɑ̃brase] 2164	küssen	Après être allés au cinéma, ils se sont embrassés pour la première fois.
le **fiancé** [fjɑ̃se], la **fiancée** [fjɑ̃se]) 3709	Verlobte	La semaine dernière, elle a présenté son fiancé à sa famille.

la **fidélité** [fidelite] 3238	Treue	De nos jours, la fidélité n'est plus évidente.
l'**harmonie** [armɔni] (F) 3542	Harmonie	L'harmonie de ce couple est surprenante.
harmonieux [armɔnjø], **harmonieuse** [armɔnjøz] 3936	harmonisch	Ils partagent une vie harmonieuse.
intime [ɛ̃tim] 2021	intim, Intim-, Privat-	Ma vie intime ne regarde personne. C'est ma vie privée.
paisible [pezibl] 3558	friedlich, ruhig	Leur relation est très paisible.
passionné [pasjɔne], **passionnée** [pasjɔne] 3077	leidenschaftlich	Les jeunes gens ont récu une relacion passionnée.
rompre [rɔ̃pr] 3272	Schluss machen	Il a rompu sa liaison avec son amie allemande.
séduire [sedɥir] 3984	verführen	C'est son humour qui l'a séduit.
la **séparation** [separasjɔ̃] 3093	Trennung	La séparation de mon mari a été très douloureuse.
séparé [separe], **séparée** [separe] 3143	getrennt	Ses parents vivent séparés.
sexuel [sɛksɥɛl], **sexuelle** [sɛksɥɛl] 3988	sexuell	Pour son âge, il a déjà eu beaucoup de relations sexuelles.
la **tendresse** [tɑ̃drɛs] 2977	Zärtlichkeit	Je l'aime avec tendresse.

14.03 Einladungen und Verabredungen ► Grundwortschatz

accueillir [akœjir] 1372	empfangen, aufnehmen	Nous avons été accueillis à bras ouverts.
apporter [apɔrte] 435	mitbringen	Les invités ont apporté une bouteille de vin pour le dîner.
l'**arrivée** [arive] (F) 1755	Ankunft	Après mon arrivée à l'hôtel, je me suis reposé un peu.
attendre (s') à [atɑ̃dra] 1526	rechnen mit	Elle ne s'attendait pas à tant de monde au congrès.
le **contact** [kɔ̃takt] 884	Kontakt	Aurélie a encore des contacts avec ses amis d'enfance. Ils font une fête une fois par an.
dépêcher (se) [depeʃe] 1583	sich beeilen	Si elle veut prendre le train de dix heures, il faut qu'elle se dépêche.
entrer [ɑ̃tre] 340	eintreten	Il entre dans le bistrot.
l'**honneur** [ɔnœr] (M) 994	Ehre	J'ai eu la joie et l'honneur de rencontrer cet homme.
inviter [ɛ̃vite] 1026	einladen	J'ai invité mes amis à venir manger à la maison ce samedi.
oser [oze] 1030	wagen	J'ai osé lui demander son numéro de téléphone.

prévoir [prevwar] 848	vorsehen	Nous avons prévu pour samedi une promenade en forêt.
prévu [prevy], **prévue** [prevy] 1789	geplant	L'arrivée des hôtes est prévue pour 18 heures.
rejoindre [rəʒwɛ̃dr] 1136	treffen	Pierre a rendez-vous chez le dentiste à 17 heures, mais il essaiera de rejoindre le groupe plus tard.
la **rencontre** [rɑ̃kɔ̃tr] 1771	Begegnung, Treffen	La rencontre internationale de la jeunesse s'est très bien passée cette année.
rencontrer [rɑ̃kɔ̃tre] 474	treffen, begegnen	Aurélie a rencontré dans la rue une amie qu'elle n'avait pas vue depuis au moins dix ans.
rentrer [rɑ̃tre] 748	nach Hause gehen/kommen	Il ne savait pas encore à quelle heure il allait rentrer à la maison ce soir.
retourner [rəturne] 825	zurückkehren	Nos vacances au Canada nous ont tellement plu qu'on y retourne l'année prochaine.
retrouver [rətruve] 334	treffen, wiederfinden	Aurélie a retrouvé Pierre devant le cinéma à 19h00.
revenir [rəvnir] 310	zurückkommen	Après plusieurs mois d'absence, ce père de trois enfants est revenu chez lui.
revoir [revwar] 938	wiedersehen	J'ai été pendant trois mois en Espagne et maintenant je suis ravie de revoir tous mes amis.
tenir compte de [tənirkɔ̃tdə] 1729	berücksichtigen, beachten	Elle ne tient pas compte de mes conseils.
venu [vəny], **venue** [vəny] 1107	angebracht, gelungen	Ses critiques sont mal venues.

14.03 Einladungen und Verabredungen ▸ Aufbauwortschatz

disposé [dispoze], **disposée** [dispoze] 2781	bereit	Il n'est pas encore disposé à venir à cette réunion.
emmener [ɑ̃məne] 2503	mitnehmen	La semaine prochaine, il va l'emmener chez ses parents.
fréquenter [frekɑ̃te] 2561	verkehren	Son fils fréquente des personnes suspectes.
l'**hôte** [ot], l'**hôtesse** [otɛs] 2601	Gast, Gastgeber/in	Monsieur Dupont est un hôte très agréable que nous recevons avec plaisir dans notre maison.
l'**invitation** [ɛ̃vitasjɔ̃] (F) 3545	Einladung	Jean et Aude m'ont envoyé leur invitation de mariage.
l'**invité** [ɛ̃vite], l'**invitée** [ɛ̃vite] 2531	Gast	Aurélie a fait une grande fête, il y avait plus de 60 invités.
joindre [ʒwɛ̃dr] 2602	erreichen	Je n'ai pas pu la joindre, car elle était absente.
le **rendez-vous** [rɑ̃devu] 2343	Verabredung, Termin	Ma mère a rendez-vous avec sa sœur, donc elle ne sera pas à la maison avant 20h00.

ressortir [rəsɔrtir] 3091	wieder hinausgehen, noch einmal weggehen	Elle est fatiguée. Elle n'a plus envie de ressortir ce soir.
la **venue** [vəny] 3424	Kommen	La venue de cette personnalité nous oblige à revoir notre programme.

14.04 Besitz ▸ Grundwortschatz

acquérir [akerir] 1446	erwerben	Par son travail, il a acquis une grande fortune.
appartenir [apartənir] 648	gehören	Ces disques ne m'appartiennent pas, je les ai empruntés à mon voisin.
cacher [kaʃe] 1298	verstecken	L'enfant a caché les clés de la maison dans sa chambre.
confier [kɔ̃fje] 983	anvertrauen, mitteilen	Quand elle part au travail, elle confie ses enfants à sa mère.
disposer [dispoze] 804	verfügen	Dans sa maison, Pierre dispose d'un grand confort.
la **disposition** [dispozisjɔ̃] 1022	Anordnung, Verfügung	La disposition des pièces de l'appartement d'Aurélie est très pratique.
l'**échange** [eʃɑ̃ʒ] (M) 1986	Austausch	Pierre et moi avons fait un échange de timbre.
gardé [garde], **gardée** [garde] 915	bewacht	Cette villa est gardée par deux gros chiens.
garder [garde] 549	bewachen, aufpassen	Pendant qu'elle travaille, sa mère garde les enfants.
le **manque** [mɑ̃k] 1438	Mangel	Le manque d'argent l'oblige à rester tout l'été chez lui.
manquer [mɑ̃ke] 574	fehlen	Il ne manque pas d'argent. Il est riche.
posséder [pɔsede] 515	besitzen	Il possède une villa, un bateau et un cheval.
le **prêt** [prɛ] 1886	Darlehen, Ausleihen	Cet achat m'oblige à demander un prêt auprès de ma banque.
prêter [prete] 1334	ausleihen	Elle lui a prêté 200 euros.
pris [pri], **prise** [priz] 849	besetzt, beschäftigt	Cette place est malheureusement déjà prise. Vous devez vous asseoir ailleurs.
privé [prive], **privée** [prive] 786	privat	Nous ne pouvons pas entrer ici. C'est un terrain privé.
procurer [prɔkyre] 1909	beschaffen, verhelfen	Aurélie m'a demandé de lui procurer ce livre.
propre [prɔpr] 293	eigen	C'est un document qu'il faut absolument remettre en main propre.
le, la **propriétaire** [prɔprijetɛr] 1767	Besitzer/in, Eigentümer/in	Le propriétaire de l'appartement doit venir la semaine prochaine pour signer le contrat.

la **propriété** [prɔprijete] 1177	Eigentum, Eigenschaft	Cette maison et ce terrain sont sa propriété.
public [pyblik], **publique** [pyblik] 1696	öffentlich	Mes enfants vont à l'école publique.
ramener [ramne] 1848	zurückbringen	Il m'a demandé de ramener les livres.
rapporter [rapɔrte] 1769	zurückbringen	J'ai rapporté les livres à la bibliothèque.
reprendre [rəprɑ̃dr] 361	zurücknehmen	La boutique a repris ma robe, car elle avait un trou.

14.04 Besitz ▸ Aufbauwortschatz

l'**acquisition** [akizisjɔ̃] (F) 3593	Erwerb	J'ai fait l'acquisition d'un tableau magnifique.
approprié [aprɔprije], **appropriée** [aprɔprije] 3358	geeignet	Dans cet appartement chaque objet est à la place appropriée.
caché [kaʃe], **cachée** [kaʃe] 3156	versteckt	Cette liaison l'oblige à vivre un amour caché.
détenir [detənir] 3230	besitzen	Pascal détient des documents de grande valeur.
dissimuler [disimyle] 3050	verstecken, verbergen	Pierre dissimule difficilement sa tristesse.
emparer (s') [ɑ̃pare] 2211	etw. an sich reißen	L'enfant s'est emparé du ballon.
emprunter [ɑ̃prɛ̃te] 2693	leihen	Il lui a emprunté de l'argent.
munir [mynir] 3553	versehen	Tous doivent être munis de leur carte d'identité pour aller voter.
la **possession** [pɔsesjɔ̃] 2662	Besitz	La possession de ce tableau me procure beaucoup de plaisir.
pourvoir [purvwar] 2816	versehen, ausstatten	Cet emploi lui permet de pourvoir à ses besoins.
récupérer [rekypere] 3654	zurückbekommen	Ça fait deux mois que Pierre a mes livres. Je voudrais bien les récupérer.
le **trésor** [trezɔr] 3026	Schatz	Les enfants pensent découvrir un trésor dans le jardin.

15 Politik und Gesellschaft

15.01 Aktuelles Geschehen ▸ Grundwortschatz

actuel [aktɥɛl], **actuelle** [aktɥɛl] 558	aktuell	Les événements actuels me font peur.
la **cause** [koz] 316	Ursache	L'alcool est la cause de nombreux accidents de voiture.
causer [koze] 1891	verursachen	Cet accident est la faute de Pierre, c'est lui qui l'a causé.
la **création** [kreasjɔ̃] 933	Schaffung, Schöpfung	Cet homme politique a annoncé la création d'un nouveau parti.
créer [kree] 465	schaffen, gründen	C'est mon beau-père qui a créé l'usine de ce village.
la **découverte** [dekuvɛrt] 1837	Entdeckung	Des savants ont fait des découvertes en Grèce.
découvrir [dekuvrir] 431	entdecken	En 1492, Christophe Colomb a découvert l'Amérique.
l'**événement** [evɛnmɑ̃] (M) 1099	Ereignis	Les journaux informent des événements actuels.
le **fait** [fɛ] 156	Tatsache	Le fait que Pierre n'était pas à la réunion montre le peu d'intérêt qu'il a pour ce projet.
l'**indépendance** [ɛ̃depɑ̃dɑ̃s] (F) 1924	Unabhängigkeit	Le Sénégal a obtenu son indépendance en 1960.
indépendant [ɛ̃depɑ̃dɑ̃], **indépendante** [ɛ̃depɑ̃dɑ̃t] 1760	unabhängig	C'est un État indépendant.
intervenir [ɛ̃tɛrvənir] 1456	eingreifen	Mon patron m'a accusée d'avoir volé de l'argent. Heureusement que Pierre est intervenu pour me défendre.
manifester [manifɛste] 1082	demonstrieren, zum Ausdruck bringen	Plusieurs centaines de personnes ont manifesté dans la rue.
la **nouvelle** [nuvɛl] 1190	Neuigkeit, Nachricht	Le taux de chômage a baissé ces derniers mois. C'est une bonne nouvelle!
le **problème** [prɔblɛm] 177	Problem	La pollution est un véritable problème.
provenir [prɔvnir] 1460	stammen	L'accident qui s'est déroulé à l'école provient d'un manque de surveillance des instituteurs.
rassembler (se) [rasɑ̃ble] 1699	sich versammeln	Les ministres se sont rassemblés ce matin à 8h00.

la **réalité** [realite] 521	Wirklichkeit	Je me fais du souci pour Aurélie. Elle rêve de trop, elle ne vit pas dans la réalité.
le **renseignement** [rɑ̃sɛɲmɑ̃] 1387	Information, Auskunft	J'ai fait des recherches sur Internet pour obtenir des renseignements sur cette ville.
la **situation** [sitɥasjɔ̃] 446	Lage	La situation économique de ce pays est inquiétante.

15.01 Aktuelles Geschehen ▸ Aufbauwortschatz

l'**actualité** [aktɥalite] (F) 3355	Zeitgeschehen	Je trouve très important que chacun se tienne au courant de l'actualité.
l'**agitation** [aʒitasjɔ̃] (F) 3594	Aufregung, Unruhe	Dans les banlieues, l'agitation sociale devient de plus en plus forte.
déceler [desle] 3913	entdecken	On n'a malheureusement pas réussi à déceler les causes de l'accident.
déclencher [deklɑ̃ʃe] 2994	auslösen, einleiten	Le discours du Président a déclenché des protestations du public.
délivrer [delivre] 3531	befreien	Les prisonniers ont été délivrés hier soir.
engendrer [ɑ̃ʒɑ̃dre] 3451	verursachen, zeugen	La crise financière a engendré des problèmes politiques et sociaux.
informer [ɛ̃fɔrme] 2851	informieren	L'agence de voyages nous a informés que notre vol part deux heures plus tard que prévu.
la **manifestation** [manifɛstasjɔ̃] 2023	Demonstration	Dix personnes ont été blessées lors de la manifestation.
misérable [mizerabl] 3826	sehr arm, armselig, erbärmlich	Dans certains pays, les gens doivent travailler douze heures par jour et sont en plus mal payés. Ce sont des conditions misérables.
la **misère** [mizɛr] 2536	Elend	Dans le monde, de nombreuses personnes sont très pauvres. Elles vivent dans la misère.
nucléaire [nykleɛr] 2027	atomar, Atom-	Une explosion nucléaire entraîne des conséquences très graves.
le **partisan** [partizɑ̃], la **partisane** [partizan] 2659	Anhänger/in, Befürworter/in	Le candidat à l'élection est soutenu par ses partisans.
la **pauvreté** [povrəte] 3645	Armut	Malheureusement, il y a beaucoup de gens qui vivent dans la pauvreté.
le **porte-parole** [pɔrtparɔl] 3836	Sprecher/in	À la réunion, Pierre a parlé au nom de son groupe. Il est le porte-parole.
la **protestation** [prɔtɛstasjɔ̃] 3265	Protest	Les gens ne veulent pas accepter l'augmentation des impôts. Les protestations continuent.
protester [prɔtɛste] 3487	protestieren	Les citoyens protestent contre la réforme de l'enseignement.

rassembler [rasɑ̃ble] 2869	versammeln, zusammentragen	Le chef du parti politique a rassemblé ses partisans pour un congrès.
la **rumeur** [rymœr] 3982	Gerücht	J'ai entendu dire qu'elle a quitté sa famille et qu'elle est partie au Canada. Je pense que c'est une rumeur, je ne crois pas que cela soit vrai.
la **solidarité** [sɔlidarite] 3412	Solidarität	Cette association a déclenché une action de solidarité.

15.02 Gesellschaft ▸ Grundwortschatz

l'**association** [asɔsjasjɔ̃] (F) 780	Verein	Le village possède une association sportive.
célèbre [selɛbr] 1299	berühmt	Isabelle Hupert est une actrice très célèbre en France. Elle est très connue.
la **civilisation** [sivilizasjɔ̃] 1352	Kultur, Zivilisierung, Zivilisation	Aurélie s'est inscrite à un cours de civilisation africaine.
le **club** [klœb] 1799	Klub	Pierre fait partie d'un club sportif.
collectif [kɔlɛktif], **collective** [kɔlɛktiv] 1977	gemeinsam	Cette analyse est le résultat d'un travail collectif.
le **comité** [kɔmite] 444	Komitee	Aurélie fait partie du comité. Elle a un poste à responsabilités, car c'est elle qui prend les décisions.
connu [kɔny], **connue** [kɔny] 659	bekannt	Albert Camus est un écrivain célèbre, très connu.
la **culture** [kyltyr] 1068	Kultur	Chaque nation a sa propre culture.
le **don** [dɔ̃] 1262	Spenden, Spende	La mère de Pierre a fait don de sa fortune à une association pour la protection des animaux.
les **gens** [ʒɑ̃] (M, PL) 276	Leute	Les gens désirent vivre en paix.
l'**institution** [ɛ̃stitysjɔ̃] (F) 927	Einrichtung	Cette école est une institution religieuse.
marquer [marke] 1166	kennzeichnen, prägen	La séparation de son fiancé l'a beaucoup marquée. Elle a l'air très triste.
le **membre** [mɑ̃br] 330	Mitglied	Il est membre d'une association de pêche.
le **milieu** [miljø] 296	Umfeld, Mitte	Aurélie déteste le milieu bourgeois.
moral [mɔral], **morale** [mɔral] 1038	moralisch	Ce que Pierre a fait m'inquiète. J'ai l'impression qu'il a perdu le sens moral.
l'**organisation** [ɔrganizasjɔ̃] (F) 920	Organisation	Je soutiens cette organisation, car elle lutte contre la pollution.
populaire [pɔpylɛr] 1210	populär, geliebt	Mahatma Gandhi était un commandant populaire du mouvement de l'indépendance indienne.

la **population** [pɔpylasjɔ̃] 614	Bevölkerung	La population mondiale a augmenté.
responsable [rɛspɔ̃sabl] 1170	verantwortlich	Les parents sont responsables de leurs enfants. Ils doivent s'occuper d'eux.
la **société** [sɔsjete] 249	Gesellschaft	Dans notre société, il y a certains règlements que l'on doit respecter.
l'**union** [ynjɔ̃] (F) 1139	Vereinigung, Zusammenschluss	L'Union européenne joue un rôle assez important dans le monde.

15.02 Gesellschaft ▸ Aufbauwortschatz

l'**adaptation** [adaptasjɔ̃] (F) 2488	Anpassung	Quand Aurélie est partie au Canada pour son travail, elle a eu besoin d'une période d'adaptation.
aisé [eze], **aisée** [eze] 3509	wohlhabend	Madame Suarez est une femme aisée. Elle n'a pas de problèmes d'argent.
la **bande** [bɑ̃d] 3773	Bande, Gruppe	C'est une bande de jeunes qui a attaqué Pierre et Roger.
la **collectivité** [kɔlɛktivite] 3688	Gemeinschaft	La collectivité du travail essaie de parvenir à ses fins.
la **confédération** [kɔ̃federasjɔ̃] 2591	Verband, Zusammenschluss	La confédération des syndicats du travail a annoncé une journée de grève pour jeudi.
la **corporation** [kɔrpɔrasjɔ̃] 2738	Körperschaft	La corporation des étudiants a annoncé une manifestation.
la **coutume** [kutym] 2689	Brauch	Chaque pays a ses coutumes.
le **duc** [dyk], la **duchesse** [dyʃɛs] 2782	Herzog/in	L'ancien propriétaire de ce château était probablement un duc.
la **fédération** [federasjɔ̃] 2076	Bündnis, Verband	Une fédération est par exemple l'union de plusieurs pays.
le **fondateur** [fɔ̃datœr], la **fondatrice** [fɔ̃datris] 3804	Gründer/in	Le fondateur d'une association pour la défense de la nature a reçu un prix.
la **gloire** [glwar] 2078	Ruhm	Cette actrice a connu la gloire. Elle était admirée et aimée par un grand public.
le **groupement** [grupmɑ̃] 2794	Gruppierung	Pierre est membre d'un groupement politique.
l'**humanité** [ymanite] (F) 2079	Menschlichkeit, Menschheit	Les organisations pour les droits de l'homme critiquent le manque d'humanité dans les prisons.
le **luxe** [lyks] 2803	Luxus	J'aime cette boutique. Elle vend des produits de luxe.
la **miss** [mis] 2310	Miss	L'élection de Miss France a lieu une fois par an.

les **mœurs** [mœr] (F, PL) 2808	Sitten	Les mœurs changent selon les époques.
noble [nɔbl] 2862	vornehm, adlig	Dans un quartier noble, les appartements sont incroyablement chers.
le **prestige** [prɛstiʒ] 2611	Ansehen	Ce ministre d'affaires a un grand prestige.
le **privilège** [privilɛʒ] 2758	Privileg	La délégation russe avait des privilèges.
privilégié [privileʒje], **privilégiée** [privileʒje] 3965	privilegiert, begünstigt	Il fait partie d'un milieu privilégié.
la **réputation** [repytasjɔ̃] 3197	Ruf	L'hôtel de la gare a une excellente réputation. Il est presque toujours complet.
subsister [sybziste] 2576	überleben	Je trouve cette loi absurde et je ne comprends vraiment pas pourquoi elle subsiste toujours.
la **tribu** [triby] 3352	Stamm	Dans certains pays, c'est le chef d'une tribu qui est responsable de résoudre les problèmes.
unir [ynir] 2874	verbinden, vereinigen	Les Présidents ont décidé d'unir leur pays par un canal.

15.03 Innenpolitik ► Grundwortschatz

l'**agent** [aʒɑ̃] (M) 1350	Vertreter, Bediensteter	Les agents sont chargés de missions politiques.
assuré [asyre], **assurée** [asyre] 1932	sicher	Le président parle d'un ton assuré.
le **candidat** [kɑ̃dida], la **candidate** [kɑ̃didat] 1118	Kandidat/in	C'est le candidat socialiste qui a remporté l'élection.
la **capitale** [kapital] 1834	Hauptstadt	Paris est la capitale de la France.
le **citoyen** [sitwajɛ̃], la **citoyenne** [sitwajɛn] 1130	Bürger/in	Les citoyens d'un pays ont les mêmes droits et obéissent aux mêmes lois.
la **crise** [kriz] 1480	Krise	La crise économique a des conséquences négatives sur le taux de chômage.
l'**élection** [elɛksjɔ̃] (F) 1326	Wahl	La participation aux élections diminue chaque année.
l'**empire** [ɑ̃pir] (M) 1801	Reich	Napoléon dirigeait un vaste empire.
le **gouvernement** [guvɛrnəmɑ̃] 207	Regierung	Le gouvernement a décidé de soutenir davantage les familles.
gouverner [guvɛrne] 1620	regieren	Lorsqu'une personne gouverne un pays, cela veut dire qu'elle le dirige.
l'**habitant** [abitɑ̃], l'**habitante** [abitɑ̃t] 1453	Einwohner/in	La France a environ 60 millions d'habitants.

la **liberté** [libɛrte] 523	Freiheit	La liberté est l'une des trois valeurs de la République française.
libre [libr] 721	frei	Après deux ans de prison, cet homme est libre.
le **ministère** [ministɛr] 618	Ministerium	La réunion de ministère aura lieu demain.
le **ministre** [ministr] 308	Minister/in	Le ministre de l'Économie est en visite officielle en Allemagne.
la **nation** [nasjɔ̃] 708	Nation, Volk	Le mot nation désigne le peuple d'un pays, son territoire et son gouvernement.
officiel [ɔfisjɛl], **officielle** [ɔfisjɛl] 1046	offiziell, Amts-	Cette information vient d'une source officielle.
l'**opposition** [ɔpozisjɔ̃] (F) 1949	Opposition, Widerstand	Le débat entre l'opposition et le gouvernement n'a pas mené à grand chose finalement.
le **prince** [prɛ̃s], la **princesse** [prɛ̃sɛs] 1458	Prinz/Prinzessin, Fürst/in	Le prince, c'est le fils du roi et de la reine.
régner [reɲe] 2089	regieren	Louis XIV a régné pendant plus de 70 ans. Il était roi de 1643 à 1715.
la **reine** [rɛn] 724	Königin	La reine dirige son royaume.
la **révolution** [revɔlysjɔ̃] 1230	Revolution	La Révolution française a eu lieu en 1789.
le **roi** [rwa] 907	König	Louis XIV était un roi qui adorait célébrer des fêtes.
royal [rwajal], **royale** [rwajal] 1104	königlich	La maison royale a déclaré la naissance d'une princesse.
la **sécurité** [sɛkyrite] 818	Sicherheit	La police veille à la sécurité des citoyens.

15.03 Innenpolitik ▸ Aufbauwortschatz

conservateur [kɔ̃sɛrvatœr], **conservatrice** [kɔ̃sɛrvatris] 2990	konservativ	Le parti conservateur a gagné les élections.
la **constitution** [kɔ̃stitysjɔ̃] 2205	Verfassung	Cette résolution est contraire à la constitution.
la **couronne** [kurɔn] 2323	Krone	La reine et le roi portent une couronne.
le **décret** [dekrɛ] 3914	Verordnung	Un décret est une décision du gouvernement.
électoral [elɛktɔral], **électorale** [elɛktɔral] 3173	Wahl-	Les partis politiques dépensent beaucoup d'argent pour les campagnes électorales.
élu [ely], **élue** [ely] 2326	gewählt	Le nouveau Président, élu au premier tour, a un mandat d'une durée de cinq ans.

l'**empereur** [ɑ̃prœr], l'**impératrice** [ɛ̃peratris] 2949	Kaiser/in	Napoléon est devenu empereur en 1804.
externe [ɛkstɛrn] 3624	Außen-	Il est chargé de la politique externe du pays.
gouvernemental [guvɛrnəmɑ̃tal], **gouvernementale** [guvɛrnəmɑ̃tal] 2267	Regierungs-	Le ministre de l'Économie a défendu la politique gouvernementale.
le **gouverneur** [guvɛrnœr] 2903	Gouverneur	Le gouverneur de la banque fédérale a annoncé sa démission.
officiellement [ɔfisjɛlmɑ̃] (ADV) 3192	offiziell	La démission du ministre a été officiellement annoncée.
le, la **parlementaire** [parləmɑ̃tɛr] 2279	Parlamentarier/in, Parlamentsmitglied	Les parlementaires ont débattu toute une journée.
la **patrie** [patri] 3560	Heimat, Vaterland	Pierre est né en France, la France est donc sa patrie.
la **réforme** [refɔrm] 2147	Reform	Le nouveau gouvernement fait des projets pour une grande réforme.
réformer [refɔrme] 2819	reformieren, etwas verbessern	Il est absolument nécessaire de réformer le système scolaire.
la **révolte** [revɔlt] 3407	Aufstand, Revolte	Une révolte violente a éclaté dans le pays.
révolutionnaire [revɔlysjɔnɛr] 2924	revolutionär, Revolutions-	1789 marque le commencement d'une période révolutionnaire en France.
le **royaume** [rwajom] 2477	Königreich	Un royaume, c'est un territoire qui est gouverné par un roi.
la **session** [sesjɔ̃] 3987	Sitzung(speriode)	La première session de la réunion s'est très bien passée.
le **vote** [vɔt] 3507	Abstimmung, Wahl	Les résultats du vote seront publiés à 20h.
voter [vɔte] 3104	wählen	On a droit de voter à partir de l'âge de 18 ans.

15.04 Politik, Staat und Internationales ▸ Grundwortschatz

adopter [adɔpte] 1268	annehmen, einnehmen	Le gouvernement a adopté une nouvelle loi sur la hausse des impôts.
l'**assemblée** [asɑ̃ble] (F) 1351	Versammlung	Le président de la République a tenu un discours devant l'assemblée.
civil [sivil], **civile** [sivil] 1321	Bürger-, bürgerlich, Zivil-	La guerre civile espagnole a commencé en 1936 et s'est terminée en 1939.

la **colonie** [kɔlɔni] 1203	Kolonie	Autrefois, le Sénégal était une colonie française.
la **commission** [kɔmisjɔ̃] 449	Kommission, Ausschuss	Le résultat des élections a été vérifié par une commission indépendante.
le **député** [depyte], la **députée** [depyte] 1274	Abgeordnete	Les députés se réunissent le mercredi.
le **dirigeant** [diriʒɑ̃], la **dirigeante** [diriʒɑ̃t] 1780	Vorsitzende	Les dirigeants du parti ont décidé d'une nouvelle réforme.
fédéral [federal], **fédérale** [federal] 660	föderalistisch, Bundes-	L'Allemagne est une république fédérale.
la **frontière** [frɔ̃tjɛr] 1841	Grenze	Une frontière est une limite entre deux pays.
international [ɛ̃tɛrnasjɔnal], **internationale** [ɛ̃tɛrnasjɔnal] 390	international	Mon cousin fait des études de commerce international.
libéral [liberal], **libérale** [liberal] 1498	liberal	La plupart des pays en Europe ont une économie libérale.
le **monde** [mɔ̃d] 90	Welt	Cette actrice n'est pas seulement célèbre en France, elle est connue dans le monde entier.
mondial [mɔ̃djal], **mondiale** [mɔ̃djal] 837	Welt-, weltweit	La Seconde Guerre mondiale s'est terminée en 1945.
le **parti** [parti] 571	Partei	Chaque parti présente son candidat aux élections.
le **pays** [pei] 111	Land	L'Europe se compose de différents pays comme par exemple la France et l'Allemagne.
le **peuple** [pœpl] 746	Volk	C'est le peuple qui élit ses représentants.
politique [pɔlitik] 191	politisch	Dans une démocratie, il y a plusieurs partis politiques.
le **pouvoir** [puvwar] 437	Macht	Un président a beaucoup de pouvoir, car c'est lui qui prend des décisions importantes.
la **république** [repyblik] 1888	Republik	La France est une république.
la **résistance** [rezistɑ̃s] 1792	Widerstand	Les mouvements de résistance étaient très actifs pendant la Seconde Guerre mondiale.

15.04 Politik, Staat und Internationales ► Aufbauwortschatz

l'**alliance** [aljɑ̃s] (F) 2625	Bündnis, Verbindung	Les chefs d'État ont conclu un traité d'alliance.
l'**allié** [alje], l'**alliée** [alje] 2723	Verbündete	Un allié est une personne qui a rejoint une alliance.

le **communisme** [kɔmynism] 3901	Kommunismus	Le communisme est une doctrine sociale et politique.
la **concession** [kɔ̃sesjɔ̃] 3906	Zugeständnis, Konzession	Pour arriver à un accord, les députés ont fait des concessions.
la **convention** [kɔ̃vɑ̃sjɔ̃] 2592	Abkommen	Les deux pays ont signé une convention commerciale.
la **délégation** [delegasjɔ̃] 2642	Delegation, Abordnung	La délégation étrangère a été reçue par le Président lui-même.
la **démocratie** [demɔkrasi] 3613	Demokratie	Dans une démocratie le peuple exerce le pouvoir par l'intermédiaire des députés élus.
démocratique [demɔkratik] 3614	demokratisch	La France est un pays démocratique.
diplomatique [diplɔmatik] 3049	diplomatisch	La relation diplomatique entre ces deux pays est très bonne.
le **discours** [diskur] 2525	Rede, Ansprache	Demain, le Président va prononcer un discours à la télévision.
la **doctrine** [dɔktrin] 2163	Doktrin	Chaque parti a sa doctrine politique.
global [glɔbal], **globale** [glɔbal] 2398	Gesamt-	Le ministre de l'Économie veut augmenter le revenu global des fonctionnaires.
la **ligue** [lig] 3473	Liga	Une ligue est une confédération de plusieurs États.
le **mandat** [mɑ̃da] 2534	Mandat, Auftrag	Le mandat du Président de la République est de cinq ans.
la **négociation** [negɔsjasjɔ̃] 2467	Verhandlung	Les négociations entre le gouvernement et les représentants des syndicats ont échoué.
le **parlement** [parləmɑ̃] 2368	Parlament	Le parlement a voté le projet de loi sur l'interdiction de fumer dans tous les lieux publics.
proclamer [prɔklame] 2433	ausrufen, verkünden	On a proclamé Napoléon empereur en 1804.
réfugier (se) [refyʒje] 3492	flüchten	Un écrivain en opposition au régime s'est réfugié à l'étranger.
la **résolution** [rezɔlysjɔ̃] 3269	Beschluss, Resolution	On attend une résolution du parti d'ici la fin de la semaine.
socialiste [sɔsjalist] 3411	sozialistisch	Le parti socialiste a proposé une augmentation des allocations familiales.
le **souverain** [suvrɛ̃], la **souveraine** [suvrɛn] 2872	Herrscher/in, Staatsoberhaupt	Un empereur est par exemple un souverain, il a le pouvoir suprême.
la **tension** [tɑ̃sjɔ̃] 2408	Spannung	La tension entre les gouvernements des deux pays est de plus en plus forte.
le **traité** [trete] 2580	Vertrag	La Chine et l'Europe ont conclu un traité de commerce.

unanime [ynanim] 4001	einhellig, übereinstimmend	Le projet de loi a été rapidement accepté, car les opinions des députés étaient unanimes.

15.05 Krieg und Frieden ▸ Grundwortschatz

l'**arme** [arm] (F) 864	Waffe	Un fusil, un pistolet et un revolver sont par exemple des armes.
l'**armée** [arme] (F) 1409	Armee, Heer	Pierre veut absolument rentrer dans l'armée, c'est son rêve depuis toujours.
l'**autorité** [ɔtɔrite] (F) 727	Autorität, Macht	Pierre est sous l'autorité de son patron.
le **camp** [kɑ̃] 1462	Lager	Les premiers soldats son arrivés au camp.
commander [kɔmɑ̃de] 1917	befehlen	Un général commande une armée.
le **conflit** [kɔ̃fli] 1981	Konflikt	Les hommes politiques se sont réunis pour résoudre le conflit.
défendre [defɑ̃dr] 1184	verteidigen	Les soldats ont l'ordre de défendre leur pays contre l'ennemi.
la **défense** [defɑ̃s] 1089	Verteidigung	Les soldats ont lutté pour la défense de leur patrie.
l'**ennemi** [ɛnɛmi], l'**ennemie** [ɛnɛmi] 1204	Feind/in	Les soldats ont été attaqués par l'ennemi.
la **guerre** [gɛr] 267	Krieg	La Seconde Guerre mondiale a débuté en 1939.
la **lutte** [lyt] 1278	Kampf	Cette lutte a coûté la vie à vingt soldats.
militaire [militɛr] 967	militärisch, Militär-	Hier, il y a eu un débat concernant le programme de financement militaire.
l'**officier** [ɔfisje] (M) 1947	Offizier/in	Les officiers ont un grade élevé dans l'armée.
l'**ordre** [ɔrdr] (M) 313	Befehl, Anordnung	Les soldats exécutent les ordres.
la **paix** [pɛ] 744	Frieden	Ces troupes ont l'ordre d'assurer la paix.
puissant [pɥisɑ̃], **puissante** [pɥisɑ̃t] 1306	mächtig	Les pays puissants doivent aider les autres pays.
le **soldat** [sɔlda] 2090	Soldat/in	Un soldat fait partie de l'armée.
la **troupe** [trup] 1294	Truppe	Les troupes ont atteint la frontière.

15.05 Krieg und Frieden ▸ Aufbauwortschatz

armé [arme], **armée** [arme] 2937	bewaffnet	Les soldats ont aperçu un bateau. Il s'agit d'un navire armé.
l'**armement** [arməmɑ̃] (M) 3881	Bewaffnung, Aufrüstung	Certains chefs d'État sont pour une diminution de l'armement.
atomique [atɔmik] 2492	Atom-	Beaucoup ont peur de la bombe atomique.
la **bataille** [batɑj] 2156	Schlacht	La bataille de Verdun a eu lieu en 1916 entre les armées française et allemande.

la **bombe** [bɔ̃b] 2010	Bombe	Une bombe a été déposée devant la gare.
le **canon** [kanɔ̃] 3158	Kanone	Autrefois, les soldats avaient des canons pour combattre l'ennemi.
le **colonel** [kɔlɔnɛl] 2133	Oberst	Le colonel a bien précisé ses ordres.
le **combat** [kɔ̃ba] 2158	Kampf	Plusieurs centaines de soldats ont trouvé la mort pendant le combat.
combattre [kɔ̃batr] 2589	kämpfen	Les soldats ont combattu pendant des semaines avec courage.
conquérir [kɔ̃kerir] 3305	erobern	L'empereur conquit plusieurs provinces.
la **conquête** [kɔ̃kɛt] 2497	Eroberung	Christophe Colomb a fait la conquête de l'Amérique en 1492.
détruire [detrɥir] 2050	zerstören	Des bombes ont détruit de nombreuses villes pendant la Seconde Guerre mondiale.
la **domination** [dɔminasjɔ̃] 3919	Vormacht	Le Sénégal était sous la domination de la France de 1895 à 1960.
envahir [ɑ̃vair] 2457	einfallen	L'Allemagne a envahi la France pendant la Seconde Guerre mondiale.
l'**état-major** [etamaʒɔr] (M) 3457	Generalstab, Kommandozentrale	Il a été nommé officier état-major.
l'**explosion** [ɛksplozjɔ̃] (F) 3707	Explosion	L'explosion de la bombe a eu lieu ce matin.
l'**horreur** [ɔrœr] (F) 2399	Abscheu, Schrecken	La guerre est une vraie horreur.
la **légion** [leʒjɔ̃] 3636	Legion	La légion étrangère est composée de soldats venant du monde entier.
le **lieutenant** [ljøtnɑ̃] 2653	Oberleutnant	Le lieutenant a annoncé sa visite pour le mois prochain.
miner [mine] 2024	verminen	Les soldats ont reçu l'ordre de miner le pont.
obéir [ɔbeir] 2510	gehorchen	Les soldats doivent obéir au commandant.
le **poste** [pɔst] 3837	Posten, Stellung	Le soldat a été attaqué en quittant son poste.
le, la **rebelle** [rəbɛl] 3490	Rebell/in	Les rebelles se sont emparés de la capitale du pays.
redoutable [rədutabl] 3655	gefährlich, furchterregend	L'empereur possédait une armée redoutable.
résister [reziste] 2174	sich wehren, Widerstand leisten	Les soldats ont résisté à toutes les attaques.
la **stratégie** [strateʒi] 3415	Strategie	Les colonels développent une stratégie pour pouvoir vaincre l'ennemi.
la **terreur** [terœr] 3283	Terror, Schrecken	Les troupes de l'empereur ont répandu la terreur dans le pays entier.

trahir [trair] 3205	verraten	Ce soldat a donné des renseignements à l'ennemi, il a trahi son pays.
l'**uniforme** [yniform] (M) 2410	Uniform	Les soldats portent un uniforme.

15.06 Wirtschaft ▸ Grundwortschatz

agricole [agrikɔl] 1338	landwirtschaftlich, Agrar-	En France, les intérêts agricoles influencent les décisions politiques.
approcher [aprɔʃe] 1280	nähern	Le déficit de l'entreprise approche les 100 000 euros.
la **base** [bɑz] 448	Basis, Grundlage	La base du parti est contre cette décision.
bénéficier [benefisje] 1853	profitieren	Les employés de cette entreprise ont la possibilité de bénéficier d'un billet annuel pour le métro.
le **capital** [kapital] 1119	Kapital, Vermögen	Le capital de l'entreprise ne suffit pas pour acheter ce bâtiment.
la **consommation** [kɔ̃sɔmasjɔ̃] 1939	Verbrauch	La consommation de fruits et légumes a augmenté ces derniers temps.
la **croissance** [krwasɑ̃s] 1260	Wachstum	La croissance de l'économie française en 2006 a été plus importante que prévue.
l'**économie** [ekɔnɔmi] (F) 664	Wirtschaft	Il est chargé d'améliorer l'économie du pays.
économique [ekɔnɔmik] 367	wirtschaftlich	Le développement économique du pays est favorable.
l'**expansion** [ɛkspɑ̃sjɔ̃] (F) 1173	Expansion, Wachstum	L'expansion de cette entreprise a été décidée hier.
l'**exploitation** [ɛksplwatasjɔ̃] (F) 1898	Bewirtschaftung, Nutzung	J'ai vu une émission sur l'exploitation agricole en Bretagne.
l'**exportation** [ɛkspɔrtasjɔ̃] (F) 1899	Export, Ausfuhr	Les exportations ont augmenté ces dernières années.
la **fabrication** [fabrikasjɔ̃] 1358	Herstellung, Anfertigung, Fabrikation	La fabrication de vêtements en Asie est beaucoup moins chère qu'en Europe.
fabriquer [fabrike] 1328	herstellen, fabrizieren	Cette usine fabrique des brosses.
fonder [fɔ̃de] 1922	gründen, etwas ins Leben rufen	Pierre aimerait fonder sa propre entreprise.
le **fonds** [fɔ̃] 986	Geldmittel, Vermögen, Fonds	Le boulanger a acheté un deuxième fonds de commerce.
l'**industrie** [ɛ̃dystri] (F) 483	Industrie	L'industrie chimique joue un rôle très important dans l'économie du pays.

industriel [ɛ̃dystrijɛl], **industrielle** [ɛ̃dystrijɛl] 602	industriell, Industrie-	Le nord de la France est une région industrielle.
l'**investissement** [ɛ̃vɛstismɑ̃] (M) 1343	Investition	Cet investissement a apporté beaucoup d'avantages à l'entreprise.
la **machine** [maʃin] 545	Maschine	Il y a de plus en plus de machines qui remplacent l'homme.
net [nɛt], **nette** [nɛt] 1189	Netto-	Ce mois-ci mon salaire net est plus élevé que je l'avais pensé.
le **procédé** [prɔsede] 948	Verfahren, Methode	La production du savon est un procédé assez compliqué.
la **production** [prɔdyksjɔ̃] 389	Produktion, Herstellung	La production agricole a légèrement augmenté.
produire [prɔdɥir] 429	produzieren, herstellen	La Chine produit beaucoup de riz.
le **secteur** [sɛktœr] 771	Sektor, Bereich, Zweig	L'agriculture appartient au secteur primaire.
la **statistique** [statistik] 1871	Statistik	Les statistiques montrent que l'entreprise doit modifier ses méthodes de travail.
le **système** [sistɛm] 457	System	Le système économique en France est bien développé.

15.06 Wirtschaft ▸ Aufbauwortschatz

l'**actionnaire** [aksjɔnɛr] (M, F) 3290	Aktionär/in	Les actionnaires ont fait un énorme gain d'argent.
l'**agriculture** [agrikyltyr] (F) 2096	Landwirtschaft	Le domaine de l'agriculture reçoit des subventions de l'Union européenne.
l'**apport** [apɔr] (M) 3678	Beitrag, Mithilfe	L'apport financier d'une deuxième personne est nécessaire à la constitution de l'entreprise.
le **bilan** [bilɑ̃] 3037	Bilanz	Le chef de la compagnie aérienne présentera le bilan la semaine prochaine.
la **bourse** [burs] 3108	Börse	Monsieur Dupont voudrait introduire son entreprise en bourse.
brut [bryt], **brute** [bryt] 2449	Brutto-	Il ne connaît pour l'instant que le montant brut de son salaire.
la **concurrence** [kɔ̃kyrɑ̃s] 2636	Konkurrenz, Wettbewerb	Le nouveau centre commercial fait concurrence aux petits magasins.
cultiver [kyltive] 3789	bebauen, bestellen	Pour faire pousser des plantes, il est nécessaire de cultiver la terre.
le **déficit** [defisit] 3440	Defizit, Fehlbetrag	Les affaires de ce commerçant vont mal. Il ne sait pas comment combler le déficit.

la **distribution** [distribysjɔ̃] 2014	Verteilung, Vertrieb	Il s'occupe de la distribution des produits.
l'**essor** [esɔr] (M) 3925	Aufschwung	Après la crise, il y a eu un essor économique.
exploiter [ɛksplwate] 3459	ausbeuten, nutzen, bewirtschaften	Ce riche patron exploite des mines d'or.
la **fusion** [fyzjɔ̃] 3177	Zusammenschluss, Vereinigung	La fusion des deux entreprises était la seule solution.
l'**importation** [ɛ̃pɔrtasjɔ̃] (F) 3939	Import	Monsieur Dupont s'occupe de l'importation des produits chinois.
investir [ɛ̃vɛstir] 3326	investieren, etwas anlegen	Pierre a investi une grande somme d'argent dans cette entreprise.
l'**offre** [ɔfr] (F) 2864	Angebot	Avant de répondre à l'offre d'emploi qu'on lui a faite, Pierre veut bien y réfléchir.
le **pétrole** [petrɔl] 2712	Erdöl	Le prix du pétrole va encore augmenter.
le **placement** [plasmɑ̃] 3482	Geldanlage	Pierre a fait un mauvais placement, il a perdu beaucoup d'argent.
prélever [prelve] 3404	einbehalten, abziehen	La banque prélève l'argent de son compte.
la **récolte** [rekɔlt] 3491	Ernte	Les paysans auront une mauvaise récolte, car il a beaucoup plu cette année.
le **rendement** [rɑ̃dmɑ̃] 2116	Ertrag, Wirtschaftlichkeit	La SNCF vient de présenter son rendement annuel.
la **restriction** [rɛstriksjɔ̃] 3406	Einschränkung	Pendant la guerre, les gens étaient soumis à des restrictions.
l'**utilité** [ytilite] (F) 3206	Nutzen, Brauchbarkeit	Cet outil électrique n'est d'aucune utilité.

15.07 Recht ▸ Grundwortschatz

accuser [akyze] 1219	anklagen	Madame Dupont a accusé son fils de lui avoir volé de l'argent.
l'**avocat** [avɔka], l'**avocate** [avɔkat] 941	Rechtsanwalt/-anwältin	Il a engagé un avocat pour régler cette affaire.
le **cas** [kɑ] 146	Fall	Cette décision est un vrai cas de conscience.
le **droit** [drwa] 216	Recht	Vous n'avez pas le droit de fumer ici.
établir [etablir] 472	einführen, gründen	Le gouvernement a établi une nouvelle loi sur l'interdiction de fumer.
ferme [fɛrm] 290	fest	Le jugement du tribunal a été ferme.
fournir [furnir] 588	leisten, geben	L'avocat n'a pu fournir aucune preuve.

le **juge** [ʒyʒ] 661	Richter/in	Un juge est chargé de rendre la justice.
le **jugement** [ʒyʒmɑ̃] 1417	Urteil	À mon avis, le jugement du tribunal n'a pas été juste.
juger [ʒyʒe] 770	beurteilen, entscheiden	L'avocat jugera de la suite à donner à cette affaire.
la **juridiction** [ʒyridiksjɔ̃] 3327	Gerichtsbarkeit, Instanz	La juridiction est le droit de rendre la justice.
juste [ʒyst] 620	gerecht	La décision du tribunal est juste.
la **justice** [ʒystis] 876	Gerechtigkeit	Les victimes demandent que justice soit faite.
la **loi** [lwa] 305	Gesetz	Dans une société, il y a certaines lois que tout le monde doit respecter.
obligé [ɔbliʒe], **obligée** [ɔbliʒe] 1964	verpflichtet	Les enfants sont obligés d'aller à l'école jusqu'à l'âge de 16 ans.
la **peine** [pɛn] 309	Strafe	Il a été condamné à une peine de dix ans de prison.
la **preuve** [prœv] 737	Beweis	L'homme a été jugé non coupable, car le tribunal n'avait pas assez de preuves.
procéder [prɔsede] 1134	vornehmen	Un avocat procède à la défense de son client.
prouver [pruve] 1032	beweisen	L'avocat a réussi à prouver que son client n'était pas coupable.
la **règle** [rɛgl] 1266	Regel, Vorschrift	Toute règle doit être respectée.
le **témoignage** [temwaɲaʒ] 1117	Aussage	Aurélie a été appelée pour faire un témoignage de l'accident.
le **témoin** [temwɛ̃] 1293	Zeuge/Zeugin	Pierre a été témoin d'un accident de la circulation. La police lui a demandé de décrire les faits.
tenu [təny], **tenue** [təny] 1049	gezwungen, gebunden sein	Vous êtes tenus de ne pas fumer au cinéma.
le **tribunal** [tribynal] 1318	Gericht	L'affaire passe au tribunal en fin de semaine.
vrai [vrɛ], **vraie** [vrɛ] 269	wahr	Rien n'est vrai dans ce qu'il dit.

15.07 Recht ▸ Aufbauwortschatz

abuser [abyze] 3667	missbrauchen, ausnutzen	Pierre a abusé de la charité de son voisin.
autorisé [ɔtɔrize], **autorisée** [ɔtɔrize] 3597	erlaubt, befugt	Les voitures ne sont pas autorisées dans cette rue.
autoriser [ɔtɔrize] 2586	erlauben, genehmigen	Le tribunal a autorisé le prisonnier à sortir plus tôt de prison.
le **barreau** [baro] 2939	Anwaltschaft	Entrer au barreau, c'est devenir avocat.
la **condamnation** [kɔ̃dɑnasjɔ̃] 3691	Verurteilung	Le tribunal a prononcé une condamnation à mort.

condamné [kɔ̃dɑne], **condamnée** [kɔ̃dɑne] 2453	verurteilt	La femme qui avait abandonné son fils de trois mois a été condamnée à six ans de prison.
condamner [kɔ̃dɑne] 2180	verurteilen	Le tribunal a condamné cet homme à sept ans de prison.
conforme [kɔ̃fɔrm] 3164	entsprechend, konform	La copie est tout à fait conforme au tableau.
coupable [kupabl] 2322	schuldig	C'est lui qui a commis ce meurtre. Il en est coupable.
le **dommage** [dɔmaʒ] 3232	Schaden	La guerre a causé de graves dommages. Les maisons sont détruites et les gens doivent dormir dans la rue.
l'**exécution** [ɛgzekysjɔ̃] (F) 2458	Ausführung, Durchführung, Hinrichtung	L'avocat s'oppose à l'exécution du jugement.
l'**expropriation** [ɛksprɔprijasjɔ̃] (F) 2952	Enteignung	Monsieur Dupont n'a pu empêcher son expropriation. L'administration l'a obligé à céder sa maison et son terrain.
imposé [ɛ̃poze], **imposée** [ɛ̃poze] 3180	auferlegt, festgesetzt	L'amende imposée est très élevée.
l'**injustice** [ɛ̃ʒystis] (F) 3633	Ungerechtigkeit	Il existe des organisations qui luttent contre les injustices.
interdire [ɛ̃tɛrdir] 2854	verbieten, untersagen	Aurélie et Pierre n'ont pas le droit de regarder la télévision le soir. Leur mère leur a interdit.
interdit [ɛ̃tɛrdi], **interdite** [ɛ̃tɛrdit] 3817	verboten	Il est interdit de fumer dans les lieux publics.
judiciaire [ʒydisjɛr] 3066	richterlich	L'enquête judiciaire dure depuis plus de six mois.
le **juré** [ʒyre], la **jurée** [ʒyre] 3389	Geschworene	Les jurés se retirent pour prendre une décision.
jurer [ʒyre] 2703	schwören	Le témoin jure de dire toute la vérité.
juridique [ʒyridik] 3941	gerichtlich, auf dem Rechtsweg	Ne touchez rien! Tout peut servir de preuve juridique.
légal [legal], **légale** [legal] 3724	legal, gesetzlich	Dans certains pays, il est tout à fait légal d'avoir plusieurs épouses.
légitime [leʒitim] 3391	rechtsgültig	Paulette est l'épouse légitime de Roger.
la **libération** [liberasjɔ̃] 2705	Freilassung, Entlassung	La libération du prisonnier est prévue pour la semaine prochaine.
libérer [libere] 2426	freilassen, entlassen	Le prisonnier a été libéré deux ans plus tôt que prévu.
le **notaire** [nɔtɛr] 3072	Notar/in	Pierre est allé chez le notaire pour signer l'acte de vente.

obligatoire [ɔbligatwar] 3556	obligatorisch	Dans l'avion, il est obligatoire de s'attacher.
obliger [ɔbliʒe] 2468	zwingen, verpflichten	Le chef d'entreprise oblige ses employés à travailler le samedi. Ce n'est pas légal.
la **procédure** [prɔsedyr] 3085	Verfahren	Une procédure a été engagée contre certains hommes politiques.
le **procès** [prɔsɛ] 2311	Prozess	Madame Dupont a gagné le procès contre son fils.
le **procureur** [prɔkyrœr] 2969	Staatsanwalt	Le procureur demande dix ans de prison pour les coupables.
référer (se) [refere] 3846	sich beziehen	L'avocat se réfère à plusieurs lois pour montrer que son client est dans son droit.
régler [regle] 2971	regeln	Le tribunal sera chargé de régler cette affaire.
rejeter [rəʒəte] 2115	zurückweisen, ablehnen	Mon assurance a rejeté ma demande.
renoncer [rənɔ̃se] 2003	verzichten, entsagen	Dans cette affaire, Monsieur Dupont a renoncé à ses droits.
requérir [rəkerir] 3976	beantragen, fordern	Cet homme a été jugé coupable et le tribunal a requis une lourde peine contre lui.
la **sanction** [sɑ̃ksjɔ̃] 3983	Strafe, Strafarbeit	Il en résulte une sanction très sévère.
témoigner [temwaɲe] 2177	aussagen, bezeugen	Aurélie a observé un vol de voiture. La police lui a demandé de témoigner.
le **tort** [tɔr] 2092	Unrecht, Fehler	Pierre a eu un accident de voiture, il était en tort.

16 Allgemeine Begriffe

16.01 Zeit allgemein ▸ Grundwortschatz

aujourdhui [oʒurdɥi] (ADV) 205	heute	Nous avons prévu de nous voir aujourd'hui.
auparavant [oparavɑ̃] (ADV) 1915	vorher	Je l'avais averti longtemps auparavant des dangers de ce sport.
autrefois [otrəfwa] (ADV) 1817	früher	Autrefois, on se mariait déjà à l'âge de 18 ans.
l'**avenir** [avnir] (M) 608	Zukunft	Pierre a de nombreux projets pour l'avenir.
la **date** [dat] 1376	Datum	Le 14 juillet 1789 est une date importante de l'histoire de France.
le **début** [deby] 440	Beginn	Je n'ai pas vu le début du film.
déjà [deʒa] (ADV) 139	schon	Aurélie est arrivée trop tard au restaurant, il était déjà parti.
la **durée** [dyre] 1482	Dauer	La durée officielle d'une semaine de travail en France est de 35 heures.
durer [dyre] 1146	dauern	Le film a duré deux heures.
finalement [finalmɑ̃] (ADV) 1285	schließlich, letztlich	Pierre a attendu plus d'une heure, puis il est finalement parti, car il avait rendez-vous.
finir [finir] 634	beenden	Il n'a pas eu le temps de finir de lire son livre.
hier [jɛr] (ADV) 769	gestern	Hier, nous sommes allés à la piscine.
immédiatement [imedjatmɑ̃] (ADV) 1162	sofort, unverzüglich	Il apprit la nouvelle et partit immédiatement sur les lieux de l'accident.
lors [lɔr] (ADV) 541	bei, als, *hier:* seitdem	Je l'ai vu le mois dernier, mais depuis lors, il ne m'a pas donné de nouvelles.
le **moment** [mɔmɑ̃] 151	Moment	Au moment où j'ai pensé à lui, il m'a téléphoné.
le **passé** [pɑse] 945	Vergangenheit	Il a eu un passé difficile.
la **période** [perjɔd] 503	Zeit, Zeitraum	Avant d'être engagé, il doit effectuer une période d'essai d'un mois.
la **phase** [fɑz] 1467	Phase, Stadium	La guerre a eu plusieurs phases.
le **quotidien** [kɔtidjɛ̃] 1085	Alltag	Le ménage et la cuisine font partie de son quotidien.
soudain [sudɛ̃] (ADV) 879	plötzlich	Soudain, un chat surgit du buisson.
tard [tar] (ADV) 343	spät	Il est rentré tard du travail.
le **temps** [tɑ̃] 81	Zeit	Aurélie n'a pas eu le temps de ranger sa chambre et de faire son lit.
tôt [to] (ADV) 1106	früh	Il arrive très tôt au travail.
venir de faire [vənirdəfɛr] 1746	gerade getan haben	Pierre vient juste de partir.

16.01 Zeit allgemein ▸ Aufbauwortschatz

attarder (s') [atarde] 3360	sich verspäten	Il m'a appelé pour me dire qu'il s'était attardé chez ses amis.
cesse (sans) [sɑ̃sɛs] 2044	ständig, ununterbrochen	Elle parle sans cesse de son travail.
le **commencement** [kɔmɑ̃smɑ̃] 3900	Beginn, Anfang	Le commencement du printemps a lieu en mars.
dater [date] 3791	datieren	Cette photo de la ville date de 1945.
débuter [debyte] 2396	beginnen	Le festival de musique classique débutera le 12 septembre.
décisif [desizif], **décisive** [desiziv] 3168	entscheidend	Regardez bien, voici le moment décisif du film.
le **délai** [delɛ] 2206	Frist, Aufschub	Mon patron m'a donné un délai supplémentaire pour terminer le projet.
néo- [neo] 3730	neu-	Le président mène une politique plutôt néolibérale.
post- [pɔst] 3015	nach- + *Adjektiv*, post- + *Adjektiv*	L'étudiant fait des recherches sur les sociétés postindustrielles.
le **retard** [rətar] 2284	Verspätung	J'ai raté mon rendez-vous car le train avait plus d'une heure de retard.
tarder [tarde] 3281	auf sich warten lassen	Le tribunal tarde à rendre son jugement.

16.02 Zeiteinteilungen ▸ Grundwortschatz

l'**an** [ɑ̃] (M) 77	Jahr	Elle habite depuis quatre ans en Allemagne.
l'**année** [ane] (F) 103	Jahr	Une année est composée de 12 mois.
l'**août** [ut] (M) 1309	August	Je pars en vacances au mois d'août.
l'**après-midi** [apʀɛmidi] (M) 1296	Nachmittag	En France, les enfants vont à l'école le matin et l'après-midi.
l'**automne** [ɔtɔn] (M) 1976	Herbst	En automne, les feuilles tombent des arbres.
l'**avril** [avril] (M) 1476	April	Avril est le quatrième mois de l'année.
le **centenaire** [sɑ̃tnɛr] 1916	hundertster Jahrestag	Ils ont fêté le centenaire de leur école.
le **décembre** [desɑ̃br] 891	Dezember	Il neige souvent en décembre.
le **dimanche** [dimɑ̃ʃ] 892	Sonntag	Le dimanche est en général un jour de repos.
l'**époque** [epɔk] (F) 430	Epoche	Ce livre résume les grandes époques de l'Histoire.
l'**étape** [etap] (F) 1783	Abschnitt, Etappe	C'est l'étape la plus dure de la Tour de France de cette année.
l'**été** [ete] (M) 1025	Sommer	L'été est la saison la plus chaude de l'année.
le **février** [fevrije] 1451	Februar	Beaucoup de personnes partent au ski en février.

la **fin** [fɛ̃] 240	Ende	Elle n'a pas vu la fin du film, car elle s'est endormie devant la télévision.
l'**heure** [œr] (F) 101	Stunde	Une heure est composée de 60 minutes.
l'**hiver** [ivɛr] (M) 1150	Winter	En hiver, il fait nuit plus tôt, vers 17h00.
l'**instant** [ɛ̃stɑ̃] (M) 484	Augenblick	Elle m'a demandé d'attendre quelques instants dans le salon.
le **janvier** [ʒɑ̃vje] 901	Januar	Janvier est le premier mois de l'année.
le **jour** [ʒur] 74	Tag	Un jour est composé de 24 heures.
la **journée** [ʒurne] 644	Tag	Mon père a de longues journées de travail.
le **juillet** [ʒɥijɛ] 1437	Juli	La Révolution française s'est déroulée en juillet 1789.
le **juin** [ʒɥɛ̃] 1175	Juni	Le 21 juin, c'est le jour de la fête de la musique.
le **lendemain** [lɑ̃dmɛ̃] 799	nächster Tag	Nous nous sommes vus mardi puis le lendemain.
le **mai** [mɛ] 1289	Mai	Le premier mai, c'est la fête du travail.
le **mars** [mars] 1056	März	Le printemps débute en mars.
le **matin** [matɛ̃] 411	Morgen	Chaque matin, elle est réveillée par les rayons du soleil.
la **minute** [minyt] 452	Minute	Son lieu de travail est situé à cinq minutes à pied de son appartement.
le **mois** [mwa] 195	Monat	Juillet et août sont les mois les plus chauds de l'année.
le **novembre** [nɔvɑ̃br] 1418	November	Mon petit frère est né le 3 novembre 1983.
la **nuit** [nɥi] 260	Nacht	Ils ont dû travailler jour et nuit pour réussir à terminer le projet.
l'**octobre** [ɔktɔbr] (M) 1063	Oktober	Le mois d'octobre a 31 jours.
le **printemps** [prɛ̃tɑ̃] 1488	Frühling	Au printemps, les arbres sont en fleurs.
le **rythme** [ritm] 1912	Rhythmus, Tempo	Pierre danse au rythme de la musique.
la **saison** [sɛzɔ̃] 978	Jahreszeit	Le printemps, l'été, l'automne et l'hiver sont les quatre saisons de l'année.
la **seconde** [səgɔ̃d] 1116	Sekunde	Une minute est composée de 60 secondes.
la **semaine** [səmɛn] 351	Woche	Une semaine est composée de sept jours.
le **septembre** [sɛptɑ̃br] 1427	September	L'année scolaire débute en septembre.
le **siècle** [sjɛkl] 337	Jahrhundert	Un siècle est une période de cent années.
le **soir** [swar] 245	Abend	Ce soir, nous allons au théâtre.
la **soirée** [sware] 1407	Abend	Nous nous retrouvons en début de soirée vers 17 h 00.
la **suite** [sɥit] 331	Fortsetzung, Folge	Elle aimerait connaître la suite et la fin de l'histoire.
la **veille** [vɛj] 1873	Vortag	La veille d'un examen, Pierre est toujours nerveux.

16.02 Zeiteinteilungen ▸ Aufbauwortschatz

l'**aube** [ob] (F) 2777	Morgendämmerung	Je me suis levé à l'aube pour aller travailler.
le **cycle** [sikl] 2890	Zyklus	Le cycle d'une femme dure 28 jours.
la **demi-heure** [dəmijœr] 3916	halbe Stunde	Nous avons rendez-vous dans une demi-heure.
l'**ère** [ɛr] (F) 2951	Zeitalter	Nous sommes au XXIe siècle de l'ère chrétienne.
l'**horaire** [ɔrɛr] (M) 3937	Zeitplan, Uhrzeit	La secrétaire a affiché les horaires de cours pour l'année scolaire.
l'**infini** [ɛ̃fini] (M) 2307	Unendlichkeit, Unendliche	L'infini n'a pas de limites.
le **jeudi** [ʒødi] 3065	Donnerstag	En France, les étudiants organisent souvent des fêtes le jeudi soir.
le **lundi** [lɛ̃di] 2654	Montag	Le lundi est le premier jour de la semaine.
le **mardi** [mardi] 3186	Dienstag	Tous les mardis je vais au marché.
la **matinée** [matine] 3947	Vormittag	Il a passé toute la matinée à faire des courses, il est revenu vers midi.
le **mercredi** [mɛrkrədi] 3254	Mittwoch	Demain, nous serons mercredi 19 septembre.
le **midi** [midi] 2860	Mittag	Les Français mangent un plat chaud midi et soir.
le **minuit** [minɥi] 3256	Mitternacht	Aurélie s'est couchée à minuit.
le **samedi** [samdi] 2406	Samstag	Les boulangers travaillent le samedi et le dimanche.
le **vendredi** [vɑ̃drədi] 2875	Freitag	On travaille généralement du lundi au vendredi.

16.03 Zeitangaben ▸ Grundwortschatz

abord (d') [dabɔr] (ADV) 298	zuerst	On mange d'abord des légumes et de la viande puis du fromage.
actuellement [aktɥɛlmɑ̃] (ADV) 789	im Moment, zur Zeit, gegenwärtig	Mon oncle est actuellement en vacances au Canada.
ancien [ɑ̃sjɛ̃], **ancienne** [ɑ̃sjɛn] 424	alt, ehemalig	Le musée d'Orsay est installé dans une ancienne gare.
annuel [anɥɛl], **annuelle** [anɥɛl] 1475	jährlich, Jahres-	Je n'irai pas à la fête annuelle de l'entreprise.
approcher [aprɔʃe] 1280	näher rücken	Mon frère part au Canada pour deux ans. La date de son départ approche à grands pas.
aussitôt [osito] (ADV) 649	sofort, gleich danach	Un vieil homme est tombé dans la rue. Je lui ai aussitôt porté secours.
bientôt [bjɛ̃to] (ADV) 669	bald	Je pars bientôt en vacances.

bref [brɛf], **brève** [brɛv] 969	kurz	Les élèves doivent faire un bref exposé sur un sujet de leur choix.
cesser [sese] 751	aufhören, beenden	Il n'a pas cessé de travailler depuis deux jours.
continu [kɔ̃tiny], **continue** [kɔ̃tiny] 1820	durchgehend, ohne Pause	Elle travaille de façon continue.
continuer [kɔ̃tinɥe] 374	weiterführen, fortfahren	Pierre a mal aux dents. Il continue pourtant à manger des bonbons.
demain [dəmɛ̃] (ADV) 1339	morgen	Nous avons rendez-vous demain après-midi à 14h00.
désormais [dezɔrmɛ] (ADV) 1984	von nun an	Désormais, il travaille une heure de moins par jour.
donné [dɔne], **donnée** [dɔne] 753	bestimmt	On vous communiquera les résultats de l'examen en temps donné.
enfin [ɑ̃fɛ̃] (ADV) 211	endlich, schließlich	Il a enfin réussi à terminer le projet.
ensuite [ɑ̃sɥit] (ADV) 433	danach	Nous sommes allés au restaurant et ensuite à un concert.
fini [fini], **finie** [fini] 1840	beendet, vorbei	Ce projet est fini, j'en commence un nouveau.
futur [fytyr], **future** [fytyr] 1360	zukünftige/-r/-s, kommende/-r/-s	Les générations futures vont travailler plus longtemps.
immédiat [imedja], **immédiate** [imedjat] 1497	unmittelbar	Le résultat de cet examen est immédiat.
jamais [ʒamɛ] (ADV) 121	nie	Mon père n'a jamais pris l'avion.
lentement [lɑ̃tmɑ̃] (ADV) 1384	langsam	Aurélie mange lentement, j'ai toujours fini mon assiette avant elle.
longtemps [lɔ̃tɑ̃] (ADV) 352	lange	Il a longtemps souffert d'une maladie rare.
maintenant [mɛ̃tnɑ̃] (ADV) 215	jetzt	Je suis chez moi, tu peux venir maintenant.
parfois [parfwa] (ADV) 350	manchmal	Aurélie arrive parfois en retard au travail.
passé [pɑse], **passée** [pɑse] 1951	vergangen, letzte/-r/-s	On ne connaît pas la vie passée de cet homme.
permanent [pɛrmanɑ̃], **permanente** [pɛrmanɑ̃t] 1405	ständig	Cet appareil fait un bruit permanent.
le **présent** [prezɑ̃] 710	Gegenwart	L'entreprise compte à présent 850 employés.
prochain [prɔʃɛ̃], **prochaine** [prɔʃɛn] 615	nächste/-r/-s	J'ai rendez-vous lundi prochain chez le dentiste.
récemment [resamɑ̃] (ADV) 1315	kürzlich	J'ai vu Pierre récemment, il va très bien.
récent [resɑ̃], **récente** [resɑ̃t] 1135	neuer, jüngste/-r/-s	Cette maison est une construction récente.

régulier [regylje], **régulière** [regyljɛr] 1910	regelmäßig	Le train roule à vitesse régulière.
souvent [suvɑ̃] (ADV) 189	oft	Aurélie va souvent au cinéma.
terminer [tɛrmine] 586	beenden	J'ai terminé mes études, maintenant je cherche un travail.
toujours [tuʒur] (ADV) 99	immer	Pierre arrive toujours en retard.

16.03 Zeitangaben ▸ Aufbauwortschatz

constamment [kɔ̃stamɑ̃] (ADV) 2684	ununterbrochen, immer wieder	Il critique constamment sa famille et ses amis.
définitivement [definitivmɑ̃] (ADV) 3307	endgültig	Elle est partie définitivement, elle ne reviendra pas.
disponible [dispɔnibl] 2645	verfügbar	Monsieur Dupont n'est pas disponible pour le moment.
durable [dyrabl] 3700	dauerhaft	Les présidents des deux pays espèrent une paix durable.
éternel [etɛrnɛl], **éternelle** [etɛrnɛl] 2901	ewig	Elle croit à une vie éternelle.
inattendu [inatɑ̃dy], **inattendue** [inatɑ̃dy] 3386	unerwartet	Nous avons reçu une visite inattendue.
jadis [ʒadis] (ADV) 2532	früher	Jadis, le téléphone n'existait pas.
lent [lɑ̃], **lente** [lɑ̃t] 2246	langsam	Que tu es lent! Dépêche-toi, on est déjà en retard!
longuement [lɔ̃gmɑ̃] (ADV) 2401	lange	Il a longuement réfléchi avant de prendre sa décision.
nocturne [nɔktyrn] 3828	nächtlich, Nacht-	Les animaux nocturnes sont des animaux qui sont actifs la nuit.
perpétuel [pɛrpetɥɛl], **perpétuelle** [pɛrpetɥɛl] 3646	ewig, dauernd, fortwährend	Les neiges perpétuelles ne fondent jamais.
précoce [prekɔs] 3838	früh, vorzeitig	L'été est précoce, cette année, il arrive tôt.
préliminaire [preliminɛr] 3964	vorbereitend, einleitend	Les policiers réalisent une enquête préliminaire.
prolonger [prɔlɔ̃ʒe] 2664	verlängern	Il a prolongé ses vacances d'une semaine.
quelquefois [kɛlkəfwa] (ADV) 2475	manchmal	Je vais quelquefois au théâtre.
recommencer [rəkɔmɑ̃se] 2516	erneut beginnen	Il a eu un problème avec son ordinateur, il doit recommencer son travail depuis le début.
régulièrement [regyljɛrmɑ̃] (ADV) 2715	regelmäßig	Mes parents partent régulièrement à la mer.

suffisamment [syfizamɑ̃] (ADV) 2577	ausreichend, genügend	J'ai suffisamment mangé, je n'ai plus faim.
urgent [yrʒɑ̃], **urgente** [yrʒɑ̃t] 4002	dringend	Je dois partir, j'ai un rendez-vous urgent.

16.04 Menge allgemein ▸ Grundwortschatz

la **charge** [ʃarʒ] 909	Last, Ladung	Pierre porte une lourde charge sur son dos.
le **chiffre** [ʃifr] 865	Ziffer, Zahl	1, 2 et 3 sont par exemple des chiffres.
comporter [kɔ̃pɔrte] 1097	bestehen aus	Ce texte comporte trois parties: une introduction, un développement et une conclusion.
la **dimension** [dimɑ̃sjɔ̃] 1493	Abmessung, Ausdehnung	Quelles sont les dimensions de cette pièce?
l'**élément** [elemɑ̃] (M) 461	Element, Bestandteil	Les mots sont des éléments du discours.
la **hauteur** [otœr] 1828	Höhe	La hauteur du bâtiment est de 10 mètres.
la **longueur** [lɔ̃gœr] 1786	Länge	La longueur du bateau est de 5 mètres.
la **majorité** [maʒɔrite] 1081	Mehrheit	La majorité des enfants sont inscrits dans une école publique.
la **masse** [mas] 1363	Masse	On appelle masse la quantité de matière.
le **maximum** [maksimɔm] 1290	Maximum, Höchstmaß	Pierre a atteint le maximum de ses capacités.
la **mesure** [məzyr] 236	Maß	L'architecte prend les mesures du bâtiment.
la **moyenne** [mwajɛn] 1806	Mittelwert, Durchschnitt	Pierre a eu une moyenne de 14 à ses examens.
le **nombre** [nɔ̃br] 221	Zahl, Anzahl	12 est un nombre entre 10 et 20.
le **numéro** [nymero] 575	Nummer	Mon billet porte le numéro 251.
la **partie** [parti] 168	Teil	Aurélie consacre une partie de son temps à la lecture.
le **poids** [pwa] 1151	Gewicht	Le poids de ce meuble est de 40 kilos.
la **quantité** [kɑ̃tite] 1191	Menge, Anzahl	Quelle quantité de lait un enfant doit-il boire?
le **reste** [rɛst] 761	Rest, Übrige	Il a payé une partie de ses dettes, on lui a accordé un délai supplémentaire pour le reste.
la **somme** [sɔm] 603	Summe	La somme de deux plus deux est quatre.
la **sorte** [sɔrt] 445	Art, Sorte	Il existe plusieurs sortes de pommes.
la **taille** [tɑj] 1461	Größe	Aurélie et sa sœur ont la même taille.
le **taux** [to] 1317	Quote	Le taux de chômage a légèrement diminué.
le **type** [tip] 439	Art, Typ	Cet appareil est d'un type très courant.
l'**unité** [ynite] (F) 768	Einheit	Le mètre est une unité de longueur.
le **volume** [vɔlym] 888	Volume	Cette bouteille a un volume d'un litre.

16.04 Menge allgemein ▸ Aufbauwortschatz

l'**abondance** [abɔ̃dɑ̃s] (F) 3871	Fülle	Ce film l'a rendu très triste, ses larmes coulaient en abondance.
calculer [kalkyle] 2179	rechnen	Aurélie calcule la surface de son appartement.
la **combinaison** [kɔ̃binɛzɔ̃] 3162	Kombination	Un mot est une combinaison de lettres.
la **dose** [doz] 2947	Dosis, Menge	Le malade doit prendre une petite dose de ce médicament.
l'**échantillon** [eʃɑ̃tijɔ̃] (M) 2845	Muster, Stichprobe	J'ai demandé un échantillon de tissu avant d'en acheter.
l'**éclat** [ekla] (M) 2209	Splitter	La bouteille est tombée, il y a des éclats de verre sur le sol.
l'**épaisseur** [epɛsœr] (F) 3121	Stärke, Dicke	Ce mur a une épaisseur de 40 centimètres.
l'**étendue** [etɑ̃dy] (F) 3621	Ausdehnung, Fläche	Quelle est l'étendue de la France?
excessif [ɛksesif], **excessive** [ɛksesiv] 3458	übertrieben, überhöht	Mon grand-père dit toujours que le prix de la viande est excessif.
l'**exemplaire** [ɛgzɑ̃plɛr] (M) 3123	Exemplar	Je possède deux exemplaires de ce livre. Je peux t'en donner un si tu veux.
l'**extrait** [ɛkstrɛ] (M) 3461	Auszug	Pour réaliser son expérience, le chercheur prend des extraits de différentes fleurs.
la **grandeur** [grɑ̃dœr] 2748	Größe	Ces deux livres sont de la même grandeur.
l'**insuffisance** [ɛ̃syfizɑ̃s] (F) 2852	Knappheit	L'insuffisance de ressources naturelles est un problème pour l'économie d'un pays.
l'**intervalle** [ɛ̃tɛrval] (M) 2424	Abstand	Il y a 50 centimètres d'intervalle entre les deux meubles.
la **largeur** [larʒœr] 3252	Breite	La largeur de la table est de 90 centimètres.
mesurer [məzyre] 2083	messen	L'architecte mesure la hauteur et la largeur du bâtiment.
le **milligramme** [miligram] 3130	Milligramm	Il doit prendre 25 milligrammes de ce médicament par jour.
le **minimum** [minimɔm] 2084	Minimum, Mindestmaß	Mes parents essaient de faire le minimum de dépenses.
la **minorité** [minɔrite] 3640	Minderheit	Ce parti est en minorité au parlement.
le **morceau** [mɔrso] 2221	Stück	Je n'ai pas eu le temps de manger un repas chaud, j'ai juste pris un morceau de pain.
le **partage** [partaʒ] 3830	Aufteilung, Unterteilung	Mes parents se sont séparés. Ils doivent encore faire le partage des meubles achetés en commun.
peser [pəze] 2058	wiegen	Aurélie pèse 56 kilos.

le **pourcentage** [pursɑ̃taʒ] 3081	Prozentsatz	Voilà 100 élèves dont 60 sont bruns: le pourcentage est donc de 60 pour cent.
la **proportion** [prɔpɔrsjɔ̃] 2249	Proportion, Maße, Mengenangaben	Quelles sont les proportions pour cette recette?
répartir [repartir] 2542	verteilen, aufteilen	Le patron a réparti le travail entre tous les employés.
la **répartition** [repartisjɔ̃] 2517	Verteilung	La répartition de l'argent entre les enfants est juste.
le **surplus** [syrply] 2926	Rest, Überschuss	Ma grand-mère fait des confitures avec le surplus des fruits du jardin.
la **totalité** [tɔtalite] 2928	Gesamtheit	Mon frère a dépensé la totalité de son salaire.
la **variété** [varjete] 2487	Vielfalt	Le marchand de fruits et légumes nous a recommandé cette variété de pommes.

16.05 Mengenangaben ▸ Grundwortschatz

accroître [akrwatr] 1238	erhöhen, vermehren	Mon oncle a accru sa fortune de moitié.
assez [ase] (ADV) 188	genug	J'ai assez d'argent pour partir en vacances cet été.
aucun [okɛ̃], **aucune** [okyn] 143	jede/-r/-s, irgendein/-e	À quelle heure part le train pour Marseille? – Je n'en ai aucune idée.
beaucoup [boku] (ADV) 132	viel	Il mange beaucoup de fruits et de légumes.
chargé [ʃarʒe], **chargée** [ʃarʒe] 1233	voll, ausgefüllt	Le camion est chargé de marchandises.
combien [kɔ̃bjɛ̃] (ADV) 1143	wie viel	Combien coûte cet ordinateur?
compléter [kɔ̃plete] 1980	vervollkommnen, ergänzen	L'exercice consiste à compléter les phrases.
considérable [kɔ̃siderabl] 1269	beachtlich, beträchtlich	Aurélie a fait des dépenses considérables le mois dernier.
contenir [kɔ̃tnir] 741	fassen	Cette bouteille peut contenir deux litres.
court [kur], **courte** [kurt] 692	kurz	Il fait une courte pause le midi pour pouvoir manger.
demi [dəmi], **demie** [dəmi] 759	halbe/-r/-s	Tu dois mettre trois cuillères et demie de sucre dans la pâte à gâteau.
encore [ɑ̃kɔr] (ADV) 70	noch	Je n'ai pas assez mangé ce midi, j'ai encore faim.
énorme [enɔrm] 971	riesig	Ce chien pèse 60 kilos, il est énorme.
entier [ɑ̃tje], **entière** [ɑ̃tjɛr] 605	ganz	J'ai passé une journée entière à chercher ce livre!
inférieur [ɛ̃ferjœr], **inférieure** [ɛ̃ferjœr] 1342	unter, niedriger	Six est inférieur à huit.

long [lɔ̃], **longue** [lɔ̃g] 180	lang	Ce pantalon ne me va pas, il est trop long.
majeur [maʒœr], **majeure** [maʒœr] 1465	größte/-r/-s, höher	Son souci majeur est de trouver un emploi.
moindre [mwɛ̃dr] 943	geringste/-r/-s	Il n'y avait pas le moindre bruit en classe.
moins [mwɛ̃] (ADV) 87	weniger	Ma mère est moins grande que mon père.
multiple [myltipl] 1945	vielfach, mehrfach	Il a de multiples raisons de ne pas venir.
n'importe [nɛ̃pɔrt] (ADV) 1657	irgend-	N'importe qui peut faire ce travail, ce n'est vraiment pas compliqué!
nombreux [nɔ̃brø], **nombreuse** [nɔ̃brøz] 287	zahlreich	Ils étaient nombreux à venir voir l'exposition.
particulier [partikylje], **particulière** [partikyljɛr] 342	besonders, eigentümlich	Cet homme a une manière particulière de s'habiller.
peu [pø] (ADV) 73	wenig	Cet enfant souffre d'une maladie grave. Il y a peu d'espoir qu'il guérisse.
plein [plɛ̃], **pleine** [plɛn] 355	voll	La bouteille de vin est encore pleine, je n'ai pas eu le temps d'y goûter.
plus [plys] (ADV) 27	mehr	La voiture est très chère, elle coûte plus de 30.000 euros.
plusieurs [plyzjœr] 200	mehrere	Aurélie a invité plusieurs amis à manger.
quelque [kɛlk] 63	einig-	L'élève a eu quelques difficultés à comprendre l'exercice.
réduire [redɥir] 1228	reduzieren	L'université a réduit le nombre de ses professeurs.
seul [sœl], **seule** [sœl] 92	allein, einzige/-r/-s	Je suis allé une seule fois en Chine.
suffire [syfir] 505	ausreichen	15 euros suffiront pour aller manger au restaurant.
suffisant [syfizɑ̃], **suffisante** [syfizɑ̃t] 1872	ausreichend, erforderlich	Aurélie a eu des résultats suffisants pour être reçue dans cette école.
tant [tɑ̃] (ADV) 232	so viel, so sehr	Ne mange pas tant de bonbons, tu vas avoir mal au ventre!
total [tɔtal], **totale** [tɔtal] 454	vollständig	Elle a une confiance totale en ses enfants.
tout [tu], **toute** [tut] 26	der, die, das ganze	Il y a eu une grande fête où toute la famille était réunie.
trop [tro] (ADV) 134	zu viel	Tu as mis trop de poivre dans la soupe.
unique [ynik] 1074	einzig	Ce violon est un modèle unique.
uniquement [ynikmɑ̃] (ADV) 1473	nur	Cette boutique vend uniquement des vêtements pour enfants.
vide [vid] 991	leer	La bouteille d'eau est vide.

16.05 Mengenangaben ▸ Aufbauwortschatz

abondant [abɔ̃dɑ̃], **abondante** [abɔ̃dɑ̃t] 3151	üppig, reichhaltig	La récolte a été abondante cette année.
contenu [kɔ̃təny], **contenue** [kɔ̃təny] 3165	zurückgehalten, unterdrückt	La foule est contenue par les agents de police.
égaler [egale] 3448	gleich sein, gleichsetzen	Nous avons joué à l'ordinateur, j'ai égalé le score de Pierre.
exclusivement [ɛksklyzivmɑ̃] (ADV) 3379	ausschließlich	Cet orchestre joue exclusivement de la musique classique.
individuel [ɛ̃dividɥɛl], **individuelle** [ɛ̃dividɥɛl] 2080	eigen, persönlich	Ils ont une grande maison, chaque enfant a une chambre individuelle.
infiniment [ɛ̃finimɑ̃] (ADV) 3387	unendlich, grenzenlos	Je vous remercie infiniment de m'avoir aidé.
insuffisant [ɛ̃syfizɑ̃], **insuffisante** [ɛ̃syfizɑ̃t] 3717	ungenügend	Pierre a des notes insuffisantes en mathématiques.
maint [mɛ̃], **mainte** [mɛ̃t] 3944	manch	J'ai remarqué son mauvais caractère en maintes occasions.
mi- [mi] (ADV) 3129	halb-	Il s'est arrêté à mi-chemin, il était trop fatigué.
minuscule [minyskyl] 2908	winzig	Cet insecte est minuscule.
pleinement [plɛnmɑ̃] (ADV) 3738	voll und ganz	L'instituteur est pleinement satisfait de ses élèves.
semi- [səmi] 3142	halb-, teilweise	Il s'agit d'une machine semi-automatique.
supplémentaire [syplemɑ̃tɛr] 2444	zusätzlich	Il a besoin d'une année supplémentaire pour terminer ses études.
suprême [syprɛm] 3349	höchste/-r/-s	Ce chef d'État a le pouvoir suprême.
totalement [tɔtalmɑ̃] (ADV) 2483	völlig, vollkommen	Ce que tu racontes est totalement faux.

16.06 Mengeneinteilung ▸ Grundwortschatz

le **cent** [sɑ̃] 206	hundert	
la **centaine** [sɑ̃tɛn] 1310	Hundert	Une centaine de maisons ont été touchées par la tempête.
cinq [sɛ̃k] 303	fünf	
cinquante [sɛ̃kɑ̃t] 1311	fünfzig	
deux [dø] 52	zwei	
dix [dis] 288	zehn	

la **dizaine** [dizɛn] 1985	zehn	J'ai déjà visité une dizaine d'appartements, mais aucun ne m'a plu.
la **douzaine** [duzɛn] 1589	Dutzend	J'ai acheté une douzaine d'œufs.
douze [duz] 1821	zwölf	
l'**ensemble** [ɑ̃sɑ̃bl] (M) 339	Gesamtheit	Un orchestre est un ensemble de musiciens.
huit [ɥit] 507	acht	
le **kilogramme** [kilɔgram] 1962	Kilogramm	Le médecin conseille à mon père de perdre 15 kilogrammes.
le **kilomètre** [kilɔmɛtr] 680	Kilometer	La distance entre Paris et Marseille est de 900 kilomètres.
la **livre** [livr] 117	Pfund	Une livre correspond à la moitié d'un kilo.
le **mètre** [mɛtr] 735	Meter	Il y a une boutique de vêtements à environ 50 mètres de chez lui.
le **mille** [mil] 1485	Seemeile	Le mille est une ancienne mesure de longueur.
le **milliard** [miljar] 1906	Milliarde	Il y a plus de six milliards d'hommes sur la Terre.
le **millier** [milje] 1302	Tausend	Un millier de personnes ont manifesté à Paris.
le **million** [miljɔ̃] 286	Million	Paris a plus de deux millions d'habitants.
la **moitié** [mwatje] 1187	Hälfte	Cinq est la moitié de dix.
neuf [nœf] 1045	neun	
plupart (la) [laplypar] 595	die meisten	La plupart des amis de Pierre sont étudiants.
quatre [katr] 202	vier	
quinze [kɛ̃z] 989	fünfzehn	
second [səgɔ̃], **seconde** [səgɔ̃d] 442	zweite/-r/-s	Il n'a pas lu la seconde partie du livre.
sept [sɛt] 827	sieben	
six [sis] 222	sechs	
la **tonne** [tɔn] 1815	Tonne	Ce camion pèse onze tonnes.
trente [trɑ̃t] 951	dreißig	
trois [trwɑ] 100	drei	
vingt [vɛ̃] 482	zwanzig	
zéro [zero] 1751	null	

16.06 Mengeneinteilung ▸ Aufbauwortschatz

le **centimètre** [sɑ̃timɛtr] 2157	Zentimeter	Mon frère mesurait 49 centimètres à sa naissance.
l'**excès** [ɛksɛ] (M) 2696	Überschuss	Il fait un régime car il a un excès de poids.
le **kilo** [kilo] 3067	Kilo	Un tigre mange jusqu'à 40 kilos de viande par jour.
le **litre** [litr] 3392	Liter	Il faut boire au moins deux litres d'eau par jour.
le **lot** [lo] 3821	Parzelle, Anteil	Pierre est propriétaire d'un lot de terrain derrière l'église.

le **millilitre** [mililitr] 3395	Milliliter	Versez 100 millilitres de lait dans la pâte.
l'**once** [ɔ̃s] (F) 3010	Unze	L'once est une mesure de poids.
onze [ɔ̃z] 2710	elf	
la **paire** [pɛr] 3400	Paar	Pierre a acheté une nouvelle paire de chaussures.
le **potentiel** [pɔtɑ̃sjɛl] 3080	Potenzial	L'empereur a renforcé le potentiel militaire de son pays.
quarante [karɑ̃t] 2283	vierzig	
le **quart** [kar] 2088	Viertel	L'examen dure seulement un quart d'heure. Mais la préparation prend beaucoup de temps.
quatorze [katɔrz] 3340	vierzehn	
quatre-vingt [katrəvɛ̃] 3568	achtzig	
la **quinzaine** [kɛ̃zɛn] 3653	etwa fünfzehn	Je pars en vacances la première quinzaine de juillet.
seize [sɛz] 2667	sechzehn	
soixante [swasɑ̃t] 2119	sechzig	
le **tiers** [tjɛr] 2348	Drittel	Le dernier tiers du parcours est toujours le plus intéressant mais aussi le plus difficile.
treize [trɛz] 3664	dreizehn	
la **trentaine** [trɑ̃tɛn] 3422	etwa dreißig	Nous étions une trentaine à la fête d'anniversaire d'Aurélie.
la **vingtaine** [vɛ̃tɛn] 3425	etwa zwanzig	Une vingtaine de chercheurs travaillent ici.

16.07 Eigenschaft, Art und Weise ► Grundwortschatz

absolu [apsɔly], **absolue** [apsɔly] 1349	absolut	L'instituteur exige un silence absolu lorsqu'il donne des explications.
la **caractéristique** [karakteristik] 1463	Kennzeichen, Merkmal	Le vendeur décrit les caractéristiques de la voiture.
choisi [ʃwazi], **choisie** [ʃwazi] 1877	ausgewählt, gewählt	Cette robe est mal choisie. Elle est trop grande pour Aurélie.
le **défaut** [defo] 1881	Fehler	Le pantalon a un défaut. Une jambe est plus courte que l'autre.
essentiel [esɑ̃sjɛl], **essentielle** [esɑ̃sjɛl] 670	wesentlich	Il a raté le moment essentiel du film.
l'**exception** [ɛksɛpsjɔ̃] (F) 1483	Ausnahme	Normalement, le professeur est très strict, mais il a fait une exception pour Aurélie.
exceptionnel [ɛksɛpsjɔnɛl], **exceptionnelle** [ɛksɛpsjɔnɛl] 1921	außergewöhnlich	L'accident de train n'a fait aucun mort. Les voyageurs ont une chance exceptionnelle.

extrême [ɛkstrɛm] 1861	äußerste/-r/-s, extrem	Aurélie essaie de dépasser ses limites en pratiquant un sport extrême.
la **façon** [fasɔ̃] 199	Art	Sa façon de parler est très distinguée.
fait [fɛ], **faite** [fɛt] 341	geeignet	Ces chaussures ne sont pas faites pour marcher longtemps.
fondamental [fɔ̃damɑ̃tal], **fondamentale** [fɔ̃damɑ̃tal] 1452	grundlegend, Grund-	Le problème fondamental de ces hommes est le manque d'eau.
général [ʒeneral], **générale** [ʒeneral] 187	allgemein	Le scientifique a d'abord fait une présentation générale de ses recherches.
l'**importance** [ɛ̃pɔrtɑ̃s] (F) 513	Bedeutung, Wichtigkeit	Aurélie ne peut plus nier l'importance de cette question.
important [ɛ̃pɔrtɑ̃], **importante** [ɛ̃pɔrtɑ̃t] 248	wichtig	Il est important de savoir d'où vient le problème.
indispensable [ɛ̃dispɑ̃sabl] 1264	unentbehrlich, unerlässlich	Cet employé travaille depuis 25 ans dans l'entreprise, il est devenu indispensable.
l'**intermédiaire** [ɛ̃tɛrmedjɛr], **intermédiaire** [ɛ̃tɛrmedjɛr] 1864	Vermittler/in	Monsieur Dupont a travaillé pendant la guerre comme intermédiaire entre le gouvernement vietnamien et américain.
la **limite** [limit] 830	Grenze	Les frontières sont les limites géographiques d'un pays.
la **manière** [manjɛr] 455	Art	Je n'aime pas la manière dont tu me parles.
mauvais [mɔvɛ], **mauvaise** [mɔvɛz] 686	schlecht	C'était une mauvaise idée de vendre l'appartement.
mieux [mjø] (ADV) 253	besser	Pierre travaille mieux qu'Aurélie.
le **moyen** [mwajɛ̃] 271	Mittel	Le train est un moyen de transport écologique.
parfait [parfɛ], **parfaite** [parfɛt] 1303	perfekt	Cela aurait été un crime parfait, s'il n'avait pas oublié ses gants dans la voiture.
pire [pir] 1952	schlimmer, schlimmste/-r/-s	La mort d'un membre de sa famille est la pire chose qui puisse arriver.
prêt [prɛ], **prête** [prɛt] 1092	bereit	Pierre attend devant la porte jusqu'à ce qu'Aurélie soit prête.
principal [prɛ̃sipal], **principale** [prɛ̃sipal] 499	Haupt-, wichtigste/-r/-s	C'est son premier rôle principal en tant qu'actrice.
relatif [rəlatif], **relative** [rəlativ] 1254	relativ	Les connaissances de Pierre en physique sont relatives.
spécial [spesjal], **spéciale** [spesjal] 795	spezielle/-r/-s	Il a besoin d'un savon spécial pour se laver, car il a la peau très fragile.

terrible [teribl] 1490	schrecklich, furchtbar	Pierre a survécu à un terrible accident. Il a depuis peur de conduire.
universel [ynivɛrsɛl], **universelle** [ynivɛrsɛl] 1492	Universal-, weltweit, allgemein	Cette crème est un remède universel, elle soigne tous les maux.
véritable [veritabl] 557	wirklich, richtig, echt	La véritable raison de mon appel est de savoir s'il a une amie.

16.07 Eigenschaft, Art und Weise ▸ Aufbauwortschatz

aisément [ezemɑ̃] (ADV) 2933	ohne weiteres, leicht	Aurélie a résolu le problème aisément.
banal [banal], **banale** [banal] 3294	banal	Il ne raconte que des histoires banales.
bizarre [bizar] 2940	seltsam	Cet homme a des idées bizarres.
brusquement [bryskəmɑ̃] (ADV) 2200	plötzlich, barsch	Le tigre s'est tourné brusquement vers moi et m'a regardé directement dans les yeux.
capital [kapital], **capitale** [kapital] 3111	wesentlich	La littérature joue un rôle capital dans sa vie.
composé [kɔ̃poze], **composée** [kɔ̃poze] 2047	zusammengesetzt	En allemand, il y a plus de mots composés qu'en français.
convenable [kɔ̃vnabl] 3166	passend, korrekt, angemessen	Il attend un moment convenable pour aborder ce sujet délicat.
courant [kurɑ̃], **courante** [kurɑ̃t] 2048	üblich, normal	Il n'est pas courant de fumer pendant que quelqu'un mange.
la **curiosité** [kyrjozite] 2297	Neugier	Cette photo de Pierre avec une femme suscite la curiosité d'Aurélie.
défini [defini], **définie** [defini] 2049	bestimmt	En français, le, la et les sont des articles définis.
étonnant [etɔnɑ̃], **étonnante** [etɔnɑ̃t] 2108	erstaunlich	Aurélie trouve étonnant qu'il neige au mois d'avril.
exact [ɛgzakt], **exacte** [ɛgzakt] 2075	genau, exakt	Les indications géographiques écrites dans le rapport sont exactes.
formidable [fɔrmidabl] 3001	toll, ungeheuer	Pierre a vécu des expériences formidables lors de son séjour en Belgique.
honorable [ɔnɔrabl] 3003	ehrenhaft, ehrenwert	Il exerce une profession honorable.
horrible [ɔribl] 3384	abscheulich, schrecklich	Il est policier depuis plus de 20 ans, mais il n'avait encore jamais vu un crime aussi horrible.
idéal [ideal], **idéale** [ideal] 2400	ideal	Elle a trouvé en Pierre le mari idéal.

immobile [immɔbil] 2363	unbeweglich	L'animal ne te remarque pas si tu restes immobile.
inquiétant [ɛ̃kjetɑ̃], **inquiétante** [ɛ̃kjetɑ̃t] 3248	beunruhigend	Les bruits venant du jardin sont très inquiétants.
insolite [ɛ̃sɔlit] 3816	ungewöhnlich	Pierre a raconté l'histoire la plus insolite.
l'**intensité** [ɛ̃tɑ̃site] (F) 2853	Intensität, Stärke	Il parle avec une intensité qui est exceptionnelle même pour un acteur.
le **mérite** [merit] 2248	Verdienst	Elle élève seule ses quatre enfants, elle a beaucoup de mérite.
nécessairement [nesesɛrmɑ̃] (ADV) 2861	unbedingt	Il faut nécessairement boire et manger pour vivre.
l'**originalité** [ɔriʒinalite] (F) 3957	Originalität	Ce roman manque d'originalité.
pénible [penibl] 2755	anstrengend, traurig	Le voyage en train fut long et pénible, car il y avait des grèves.
quelconque [kɛlkɔ̃k] 2173	irgendein	Elle a refusé mon invitation en donnant un prétexte quelconque.
remarquable [rəmarkabl] 2193	bemerkenswert, beachtlich	Pierre a réalisé un travail remarquable.
singulier [sɛ̃gylje], **singulière** [sɛ̃gyljɛr] 3500	eigenartig	Il nous a raconté une histoire singulière et étonnante.
soigneusement [swaɲøzmɑ̃] (ADV) 2481	gewissenhaft, sorgfältig	Pierre a rangé soigneusement sa chambre.
soumis [sumi], **soumise** [sumiz] 2442	gefügig	J'ai l'impression que Pierre est soumis à Aurélie.
spécialement [spesjalmɑ̃] (ADV) 2176	extra, besonders	Il est venu spécialement d'Autriche pour voir sa famille.
spécifique [spesifik] 2766	spezifisch	C'est un médicament spécifique contre la fièvre.
surprenant [syrprənɑ̃], **surprenante** [syrprənɑ̃t] 3276	überraschend	Pierre a fait des progrès surprenants en mathématiques.
tranquillement [trɑ̃kilmɑ̃] (ADV) 3999	ruhig, unbesorgt	Les enfants de ma voisine sont très sages, ils jouent tranquillement dans le jardin pendant que nous prenons un café sur la terrasse.
vain [vɛ̃], **vaine** [vɛn] 2036	vergeblich	Ses recherches sont restées vaines.
vierge [vjɛrʒ] 3207	unbeschrieben, unberührt	Il a pris une feuille de papier vierge pour écrire une lettre.
vivement [vivmɑ̃] (ADV) 2720	lebhaft, schnell	Les petits-enfants s'intéressent vivement aux histoires de leur grand-mère.

voulu [vuly], **voulue** [vuly] 3508	gewünscht	Sa décision n'était pas voulue. Il était dans l'obligation de partir.

16.08 Raum ▸ Grundwortschatz

ailleurs [ajœr] (ADV) 181	woanders	Aurélie regarde toujours ailleurs quand son père lui parle.
à travers [atravɛr] (ADV) 542	(quer) durch	Ils ont marché à travers la forêt.
au-dessus [odsy] (ADV) 908	darüber, oberhalb, weiter oben	La salle F1 se trouve au-dessus de la salle à manger dans le bâtiment F.
autour [otur] (ADV) 511	um, herum	Il y a beaucoup de maisons autour du lac.
bas [bɑ] (ADV) 369	tief	Les Dupont vivent un étage plus bas.
le **bord** [bɔr] 609	Rand, Kante	Genève est situé au bord du lac Léman.
central [sɑ̃tral], **centrale** [sɑ̃tral] 1320	zentral	Il habite dans un quartier central de la ville.
le **côté** [kote] 263	Seite	De quel côté de la rue habites-tu? À gauche ou à droite?
dehors [dəɔr] (ADV) 966	draußen	Il vaut mieux parler dehors. Je ne veux pas que quelqu'un d'autre nous entende.
direct [dirɛkt], **directe** [dirɛkt] 1354	direkt	Le TGV de 10 h 46 est un train direct jusqu'à l'aéroport Charles de Gaulle.
l'**endroit** [ɑ̃drwa] (M) 760	Stelle, Ort	Quel endroit a-t-il proposé pour la rencontrer?
entourer [ɑ̃ture] 1781	umgeben	Le jardin du château est entouré d'un haut mur.
l'**espace** [ɛspas] (M) 587	Platz, Raum	Dans son nouvel appartement, il a assez d'espace pour y mettre toutes ses plantes.
extérieur [ɛksterjœr], **extérieure** [ɛksterjœr] 1131	äußere/-r/-s	Aurélie s'intéresse plutôt à la politique extérieure qu'à la politique intérieure.
le **fond** [fɔ̃] 417	Boden, Grund	Je ne vois rien au fond du puits. Il fait trop sombre.
haut [o], **haute** [ot] 225	hoch	L'avion vole très haut dans le ciel.
ici [isi] (ADV) 184	hier	Pierre n'habite pas loin d'ici, seulement dix minutes à pied.
immense [immɑ̃s] 896	unermesslich	Le parc du château est immense.
l'**intérieur** [ɛ̃terjœr] (M) 436	Innere	Elle se sent en sécurité à l'intérieur de son appartement.
là [la] (ADV) 91	da/dahin, dort/dorthin	Je passe par là et j'arrive directement chez toi.
loin [lwɛ̃] (ADV) 299	weit	Toulouse est plus loin de Paris que Rennes.

lointain [lwɛ̃tɛ̃], **lointaine** [lwɛ̃tɛn] 1362	fern	Le Canada est un pays lointain de la France.
mis [mi], **mise** [mis] 301	gedeckt	La table est mise. Nous pouvons commencer le repas.
partout [partu] (ADV) 722	überall	Nous avons cherché le chat partout, mais nous ne l'avons pas trouvé.
placé [plase], **placée** [plase] 1809	plaziert sein, irgendwo stehen	Le fauteuil est bien placé dans la chambre.
le **plan** [plɑ̃] 688	Plan	J'ai un grand plan de travail dans ma cuisine. C'est très pratique.
la **portée** [pɔrte] 1967	Reichweite, Tragweite	Il y a beaucoup de stations radios privées en Belgique. Hélas, elles ont une faible portée.
la **position** [pozisjɔ̃] 723	Lage, Platz, Position	La position centrale de notre hôtel vous permet de visiter toute la ville à pied.
près [prɛ] (ADV) 204	nah	Il y a un bar près du cinéma. Allons prendre un verre là-bas.
proche [prɔʃ] 1015	nah	La maison de vacances est proche de la plage.
profond [prɔfɔ̃], **profonde** [prɔfɔ̃d] 564	tief	Ce lac est idéal pour les enfants qui ne savent pas nager. Il n'est pas profond.
la **surface** [syrfas] 820	Fläche, Oberfläche	Ce terrain a une surface de 2000 mètres carrés.
le **territoire** [teritwar] 1093	Gebiet	Madame Dupont organise une réunion sur le développement du territoire urbain.
l'**univers** [ynivɛr] (M) 1257	Universum	L'univers est composé de nombreuses planètes dont la Terre.
vaste [vast] 1036	weit, geräumig	Mon oncle a acheté un vaste terrain pour construire une maison.
la **zone** [zon] 1295	Zone	Des centaines de personnes sont entrées dans la zone interdite de Tchernobyl pour travailler.

16.08 Raum ▸ Aufbauwortschatz

l'**abri** [abri] (M) 2830	Schutz, Schutzdach, Schutzhütte	Encore une heure jusqu'au refuge. Là-bas, nous serons à l'abri du froid.
l'**approche** [aprɔʃ] (F) 2832	Näherkommen	Le chat s'est enfui à mon approche.
arrière [arjɛr] (ADV) 2041	hinten	Aurélie ne m'a pas entendu arriver, elle a pris peur et a fait un bond en arrière.
au-dessous [odəsu] (ADV) 3361	darunter, unterhalb	Je ne souhaite pas acheter l'appartement, car un bar se trouve au-dessous.
clos [klo], **close** [kloz] 3113	geschlossen	Pierre voulait visiter ce musée. En arrivant, il trouva portes closes, le musée était fermé pour cause de grève.

concentrer [kɔ̃sɑ̃tre] 3610	konzentrieren	La plupart des habitants de la Terre sont concentrés dans les grandes villes.
dessous [dəsu] (ADV) 3443	darunter	Ta montre n'est pas sur la table, regarde dessous, peut-être qu'elle est tombée.
dessus [dəsy] (ADV) 2208	darauf	Regarde le livre. Il y a une photo de l'auteur dessus.
éloigné [elwaɲe], **éloignée** [elwaɲe] 2899	fern, entfernt	L'appartement d'Aurélie est assez éloigné du centre-ville. Elle a 30 minutes de métro.
éloigner [elwaɲe] 2210	entfernen	Peux-tu éloigner la chaise de la fenêtre?
étendu [etɑ̃dy], **étendue** [etɑ̃dy] 2358	ausgedehnt	Ce lac est peu étendu, on peut s'y baigner en toute tranquillité.
l'**extérieur** [ɛksterjœr] (M) 2459	Außenseite, Außenwelt	Il faut que je m'en aille. Pierre m'attend à l'extérieur.
l'**extrémité** [ɛkstremite] (F) 2785	äußerstes Ende	Pierre habite à une extrémité de la ville et Aurélie à l'autre extrémité. Ils se voient quand même tous les jours.
l'**Orient** [ɔrjɑ̃] (M) 3480	Orient	On trouve dans la littérature européenne beaucoup de préjugés sur l'Orient.
précéder [presede] 2060	vorangehen	Il fait sombre ici. Mon frère me précède de quelques pas en m'éclairant le chemin.
la **profondeur** [prɔfɔ̃dœr] 2191	Tiefe	Sans appareils, les chercheurs ne peuvent qu'estimer la profondeur du lac.
la **proximité** [prɔksimite] 3339	Nähe	À proximité de la gare se trouve un excellent hôtel pas cher.
le **refuge** [rəfyʒ] 3742	Zufluchtsort, Zuflucht	La famille a trouvé un refuge dans un village près de la frontière.
restreint [rɛstrɛ̃], **restreinte** [rɛstrɛ̃t] 3850	beschränkt	Je suis habitué à n'avoir qu'un espace restreint à ma disposition.
la **sortie** [sɔrti] 2120	Ausgang, Hinausgehen, Ausflug	Le vendeur a attrapé le voleur avant qu'il ait pu atteindre la sortie du magasin.
sous- [su] 3098	unter	Pierre part à l'étranger pour six mois, il va donc sous-louer son appartement de Nantes.
spatial [spasjal], **spatiale** [spasjal] 3099	Raum-, räumlich	Son rêve, c'est de monter dans un vaisseau spatial.
la **superficie** [sypɛrfisi] 3992	Fläche	La superficie du pays est trois fois plus grande que celle de la France.
la **topologie** [tɔpɔlɔʒi] 3579	Topologie	La topologie est l'étude de l'espace.

16.09 Farben und Formen ▸ Grundwortschatz

blanc [blɑ̃], **blanche** [blɑ̃ʃ] 318	weiß	Elle est devenue toute blanche de peur.
bleu [blø], **bleue** [blø] 658	blau	Il fait beau aujourd'hui, le soleil brille et le ciel est bleu.
le **bout** [bu] 376	Spitze, Ende	J'ai froid. Les bouts de mes doigts sont déjà bleus.
brillant [brijɑ̃], **brillante** [brijɑ̃t] 1934	glänzend	La peinture de la salle de séjour est brillante.
carré [kare], **carrée** [kare] 1464	Quadrat-, quadratisch	Pierre s'est acheté un appartement de 145 mètres carrés en centre-ville.
le **coin** [kwɛ̃] 965	Ecke	Pierre habite au coin de la rue.
le **colorant** [kɔlɔrɑ̃] 1447	Farbstoff	La nature sert de modèle aux différents colorants chimiques.
la **couche** [kuʃ] 1836	Schicht	Il manque une couche de peinture sur le mur.
la **couleur** [kulœr] 399	Farbe	Bleu, jaune et rouge sont des couleurs.
la **courbe** [kurb] 1779	Kurve	Fais attention! Cette route est faite de courbes dangereuses.
droit [drwa], **droite** [drwat] 1397	gerade	La règle permet de tracer une ligne droite.
la **face** [fas] 460	Seite	Cet objet a six faces.
la **forme** [fɔrm] 259	Form	La Terre a la forme d'une sphère.
former [fɔrme] 573	bilden, formen	Le capitaine a formé son équipe pour le prochain match.
gris [gri], **grise** [griz] 1903	grau	Il pleut et le ciel est gris.
jaune [ʒon] 1830	gelb	Mes chaussettes sont jaunes.
la **ligne** [liɲ] 496	Strich, Linie	L'élève trace une ligne droite sur la page de son cahier.
le **motif** [mɔtif] 1845	Muster, Motiv, Beweggrund	Pierre et Aurélie se sont prononcés en faveur du motif bleu avec des nuages blancs.
noir [nwar], **noire** [nwar] 332	schwarz	Depuis la mort de son mari, Madame Dupont porte des vêtements noirs.
plat [pla], **plate** [plat] 1927	flach, glatt	Aurélie préfère les paysages plats aux montagnes.
le **point** [pwɛ̃] 162	Punkt	Les enfants apprennent qu'il faut mettre un point à la fin d'une phrase.
la **pointe** [pwɛ̃t] 1766	Spitze	Ses commentaires portent toujours des pointes d'humour.
rouge [ruʒ] 1034	rot	Le sang est de couleur rouge.
la **structure** [stryktyr] 729	Struktur	Il analyse la structure de la phrase.
le **tour** [tur] 537	Umfang	As-tu mesuré ton tour de taille?
le **trait** [trɛ] 1179	Strich	L'élève tire un trait pour souligner le titre du texte.

vert [vɛr], **verte** [vɛrt] 962	grün	En automne, les feuilles vertes deviennent rouges ou jaunes et tombent des arbres.

16.09 Farben und Formen ▸ Aufbauwortschatz

l'**angle** [ɑ̃gl] (M) 2233	Winkel, Ecke	Pierre apprend aujourd'hui comment dessiner un angle droit.
la **barre** [bar] 3520	Stange, Strich	Les bandits ont ouvert la porte de la maison à l'aide d'une barre de fer.
le **bloc** [blɔk] 2127	Block	Un bloc de rocher est tombé sur la route.
la **boucle** [bukl] 3891	Schnalle	Les grandes boucles de ceinture ne sont plus à la mode.
la **boule** [bul] 2986	Kugel	En Provence, le jeu de boules s'apelle pétanque.
briller [brije] 2630	glänzen, scheinen	La mer brille sous le soleil.
la **case** [kɑz] 3606	Feld	Le jeu est composé de 45 cases.
le **cercle** [sɛrkl] 2043	Kreis	Le professeur demande aux enfants de s'asseoir en cercle.
la **clarté** [klarte] 3687	Helligkeit, Klarheit	Il a été réveillé par la clarté naturelle.
coloré [kɔlɔre], **colorée** [kɔlɔre] 3689	gefärbt, bunt, farbig	Les fruits, colorés par le soleil, tombent des arbres.
coupé [kupe], **coupée** [kupe] 2841	geschnitten	Ma grand-mère achète toujours du pain coupé car elle n'a plus la force de le couper elle-même.
le **creux** [krø] 2945	Höhle, Loch	Il m'a glissé un papier dans le creux de la main.
l'**envergure** [ɑ̃vɛrgyr] (F) 2745	Spannweite, Format	Cet oiseau a une envergure d'un mètre.
le **faisceau** [fɛso] 2600	Lichtkegel	Un nouveau faisceau lumineux éclaire la scène.
formé [fɔrme], **formée** [fɔrme] 2053	gebildet, geformt	Le paysage, formé par le vent et la mer, m'a beaucoup plu.
lumineux [lyminø], **lumineuse** [lyminøz] 2308	leuchtend, hell	Elle a choisi cet appartement car les pièces sont claires et lumineuses.
orange [ɔrɑ̃ʒ] 2711	orange	L'équipe hollandaise de football porte une tenue orange.
parallèle [paralɛl] 3736	parallel	La rue de Paris est une rue parallèle à la rue Pasteur.
le **pli** [pli] 3961	Falte, Kniff	Tu ne peux pas sortir ainsi. Ta chemise est pleine de plis!
le **reflet** [rəflɛ] 3018	Reflex	Le reflet du soleil sur le lac est une belle image.
rond [rɔ̃], **ronde** [rɔ̃d] 2378	rund	Le ballon est rond.
rose [roz] 2253	rosa	La fille porte une robe rose.

le **spectre** [spɛktr] 3348	Spektrum	Les trois couleurs primaires dans le spectre des couleurs sont le rouge, le jaune et le bleu.
la **sphère** [sfɛr] 2668	Kugel	Une sphère a une surface fermée, dont tous les points sont à égale distance du centre.
la **teinte** [tɛ̃t] 2316	Farbe	Les yeux d'un chat peuvent changer de teinte.
tracer [trase] 2485	zeichnen	On a tracé sur une carte la position du trésor.
le **tube** [tyb] 2287	Rohr	Le tuyau a la forme d'un tube.
vertical [vɛrtikal], **verticale** [vɛrtikal] 4004	senkrecht, vertikal	Les élèves apprennent à tracer des lignes verticales.

16.10 Gemeinsamkeiten und Unterschiede ▸ Grundwortschatz

associer [asɔsje] 1975	verbinden, assoziieren	En associant ces couleurs, tu en crées une autre.
aussi [osi] (ADV) 61	auch	J'aime la robe bleu, mais aussi la robe rouge.
autant [otɑ̃] (ADV) 302	so viel	Je n'ai jamais vu autant de vélos dans les rues qu'à Amsterdam.
autre [otr] 47	andere	Donne-moi un autre journal, celui-ci je le connais déjà.
autrement [otrəmɑ̃] (ADV) 1393	anders	Pourquoi cries-tu? Tu peux dire les choses autrement!
commun [kɔ̃mɛ̃], **commune** [kɔ̃myn] 531	gemeinsam	Aurélie et Pierre ont beaucoup d'intérêts communs.
comparer [kɔ̃pare] 1892	vergleichen	Si on compare exactement les prix de la marchandise, on arrive à épargner de l'argent.
le **contraire** [kɔ̃trɛr] 584	Gegenteil	La richesse est le contraire de la pauvreté.
la **différence** [diferɑ̃s] 942	Unterschied	Une mère ne fait pas de différence entre ses enfants.
différent [diferɑ̃], **différente** [diferɑ̃t] 258	verschieden, anders	Pierre et Aurélie se sont disputés. Ils sont d'avis différent.
divers [divɛr], **diverse** [divɛrs] 370	unterschiedlich, verschiedenartig	Je n'arrive pas à trouver du bon tissu, pourtant j'ai cherché en divers lieux.
égal [egal], **égale** [egal] 1086	gleich	Les deux sportives sont de force égale.
également [egalmɑ̃] (ADV) 275	ebenfalls	Aurélie travaille à l'aéroport; sa voisine y travaille également.
mêler [mele] 1926	mischen	Le peintre mêle les couleurs.
même [mɛm] (ADV) 42	gleich, selbst	Aurélie porte la même robe que moi.
opposé [ɔpoze], **opposée** [ɔpoze] 1997	entgegengesetzt, gegnerisch	Ces deux partis politiques ont des intérêts opposés.
opposer [ɔpoze] 1403	gegenüberstellen, vergleichen	Dans ce cours d'art, ils opposent les œuvres anciennes aux modernes.

pareil [parɛj], **pareille** [parɛj] 1420	gleich, ähnlich	La mère a acheté deux robes pareilles pour ses filles.
ressembler [rəsɑ̃ble] 1057	ähneln	Aurélie ressemble beaucoup à sa sœur.
semblable [sɑ̃blabl] 1267	solche/-r/-s, ähnlich	Il y a eu un cas semblable l'année dernière.
tel [tɛl], **telle** [tɛl] 114	solch ein, wie	Le ministre nous a invités à dîner. Il ne faut pas manquer une telle occasion.

16.10 Gemeinsamkeiten und Unterschiede ▸ Aufbauwortschatz

l'**analogie** [analɔʒi] (F) 3766	Analogie	Il existe une analogie évidente entre ces deux théories philosophiques.
analogue [analɔg] 3153	analog, ähnlich	Certains mots sont analogues dans les deux langues.
anti- [ɑ̃ti] 3676	Anti-	Ce chef d'entreprise est anticommuniste.
authentique [otɑ̃tik] 2628	echt	Pierre a raconté une histoire authentique, c'est-à-dire une histoire vraie.
comparable [kɔ̃parabl] 3902	vergleichbar	Ces deux affaires ne sont pas du tout comparables.
la **comparaison** [kɔ̃parɛzɔ̃] 2392	Vergleich	Aurélie a effectué une comparaison entre ces deux restaurants. Elle préfère le premier.
confondre [kɔ̃fɔ̃dr] 2590	verwechseln	J'ai confondu le nom de mon professeur avec le nom de mon voisin.
la **contradiction** [kɔ̃tradiksjɔ̃] 2991	Widerspruch	Ses actes sont en contradiction avec ses paroles.
contrairement [kɔ̃trɛrmɑ̃] (ADV) 3044	im Gegensatz zu	Il a agi contrairement à la loi.
différer [difere] 3374	unterscheiden	Le premier texte diffère complètement du second.
distinct [distɛ̃], **distincte** [distɛ̃t] 3698	verschieden	Ces deux chaises ont des formes distinctes.
la **distinction** [distɛ̃ksjɔ̃] 2499	Unterscheidung	Pierre ne peut pas faire de distinction entre le rouge et le vert.
l'**écart** [ekar] (M) 3119	Abstand	Pour obtenir une meilleure vente, il suffirait de diminuer l'écart entre les prix.
l'**égalité** [egalite] (F) 3703	Gleichheit	L'égalité de droits est très importante.
équivalent [ekivalɑ̃], **équivalente** [ekivalɑ̃t] 3454	gleich, gleichwertig	Ces deux hôtels ont un confort équivalent.
homogène [ɔmɔʒɛn] 3811	homogen	Ce groupe est homogène. La langue maternelle des élèves est l'allemand.
identique [idɑ̃tik] 2651	identisch, gleich	Pierre ne trouve pas de différence entre ces deux images. Elles sont identiques.

l'**indifférence** [ɛ̃diferɑ̃s] (F) 2850	Gleichgültigkeit	Nous nous sommes retrouvés dans une totale indifférence.
l'**inverse** [ɛ̃vɛrs] (M) 3064	Gegenteil	Il fait complètement l'inverse de ce qu'on lui demande.
le **lien** [ljɛ̃] 2082	Verbindung	La police suppose qu'il y a un lien entre ces deux meurtres.
le **mélange** [melɑ̃ʒ] 2336	Mischung	Cette couleur est bizarre. C'est un mélange entre noir, gris et bleu.
la **nuance** [nɥɑ̃s] 3009	Nuance	Il y a une nuance de couleur entre ces deux pantalons, l'un est bleu clair et l'autre bleu foncé.
quasi [kazi] (ADV) 2312	fast	À cette heure-là c'est quasi impossible d'éviter les bouchons.
la **variation** [varjasjɔ̃] 2385	Veränderung, Variation	Dans certains pays, il y a une variation permanente des prix.
varié [varje], **variée** [varje] 2827	abwechslungsreich	Le programme du festival de musique est très varié.
varier [varje] 2230	sich (ver)ändern, variieren	Les prix varient beaucoup d'un pays à l'autre.

16.11 Häufigkeit und Reihenfolge ► Grundwortschatz

davantage [davɑ̃taʒ] (ADV) 803	mehr	Cette soupe est excellente, j'aimerais en avoir davantage.
dernier [dɛrnje], **dernière** [dɛrnjɛr] 106	letzte/-r/-s	C'est la dernière fois que je lui propose mon aide. Il a trop abusé.
deuxième [døzjɛm] 707	zweite/-r/-s	Aurélie est la deuxième femme de Jean.
double [dubl] 1145	doppelt	Ce disque je l'ai en double, je l'ai deux fois.
la **fois** [fwa] 96	Mal	J'adore ce film, je l'ai déjà vu deux fois.
généralement [ʒeneralmɑ̃] (ADV) 1133	im Allgemeinen, allgemein	Il prend généralement le train de 7h05.
l'**habitude** [abityd] (F) 783	Gewohnheit	Nous avons l'habitude de manger le dimanche au restaurant.
ne … que [nəkə] (ADV) 1654	nur	Elle ne gagne pas suffisamment d'argent. Elle ne reçoit que 500 euros par mois.
ordinaire [ɔrdinɛr] 1404	gewöhnlich	Il porte des vêtements ordinaires.
précédent [presedɑ̃], **précédente** [presedɑ̃t] 856	vorige/-r/-s, vorhergehend	L'année dernière nous étions en Autriche et l'année précédente au Canada.
premier [prəmje], **première** [prəmjɛr] 66	erste/-r/-s	Je suis nerveuse, car c'est la première fois que je prends l'avion.
puis [pɥi] (ADV) 124	dann	Aurélie a mangé, puis elle s'est allongée pour se reposer un peu.

le **rang** [rɑ̃] 1502	Reihe	Pour la représentation de ce soir nous avons réservé deux places pour le second rang.
rare [rɑr] 928	selten	C'est rare qu'ils viennent nous voir pendant la semaine. Ils ont l'habitude de venir le dimanche après-midi.
secondaire [səgɔ̃dɛr] 1505	sekundär, Neben-	Cette affaire est tout à fait secondaire.
la **sélection** [selɛksjɔ̃] 3496	Auswahl	L'entreprise a fait une sélection parmi les candidats qui se sont présentés pour le nouveau poste.
la **série** [seri] 755	Reihe	L'année dernière, il y a eu une série de meurtres dans ce village.
seulement [sœlmɑ̃] (ADV) 186	nur	Aurélie est fatiguée, elle voudrait seulement s'allonger et dormir.
suivant [sɥivɑ̃], **suivante** [sɥivɑ̃t] 536	nächste/-r/-s, folgende/-r/-s	Le jour suivant, elle avait déjà oublié leur dispute.
troisième [trwɑzjɛm] 730	dritte/-r/-s	C'est la troisième fois qu'il refuse mon invitation. Je ne vais plus l'inviter.

16.11 Häufigkeit und Reihenfolge ▸ Aufbauwortschatz

antérieur [ɑ̃terjœr], **antérieure** [ɑ̃terjœr] 2934	frühere/-r/-s	Pierre est persuadé qu'il a déjà eu une vie antérieure.
au fur et à mesure [ofyreaməzyr] (ADV) 3315	nach und nach	Au fur et à mesure de ses démarches, il a acquis gain de cause.
cinquième [sɛ̃kjɛm] 3369	fünfte/-r/-s	Au cinquième jour de sa maladie, elle est enfin allée chez le médecin.
conséquent (par) [parkɔ̃sekɑ̃] (ADV) 3114	folglich	Pierre tousse et a de la fièvre, par conséquent il n'ira pas en cours demain.
final [final], **finale** [final] 2953	letzte/-r/-s, endgültig	L'équipe hollandaise mène la compétition mais il faut attendre le résultat final des autres matchs.
fréquemment [frekamɑ̃] (ADV) 2954	oft	C'est un mot qu'il utilise fréquemment.
la **fréquence** [frekɑ̃s] 2701	Häufigkeit	Quelle est la fréquence du mot «aimer» dans la langue française?
fréquent [frekɑ̃], **fréquente** [frekɑ̃t] 2213	häufig	Pierre s'entend bien avec ses parents. Ses visites sont fréquentes.
habituel [abitɥɛl], **habituelle** [abitɥɛl] 2795	üblich	La peinture est devenue son occupation habituelle.

habituellement [abitɥɛlmɑ̃] (ADV) 3809	gewöhnlich	Habituellement, Aurélie passe tous les mercredis chez ses parents. Mais cette semaine, elle ne peut pas venir.
habituer [abitɥe] 2361	angewöhnen	Elle a habitué son fils à faire ses devoirs d'école seul.
hebdomadaire [ɛbdɔmadɛr] 3629	wöchentlich	L'ouvrier reçoit un salaire hebdomadaire.
initial [inisjal], **initiale** [inisjal] 2958	anfänglich, ursprünglich	Pierre a renoncé à son projet initial, car il n'avait pas assez d'argent.
neuvième [nœvjɛm] 3731	neunte/-r/-s	Il est arrivé à la neuvième place.
préalable [prealabl] 2868	vorhergehend	Pour étudier dans cette faculté, Aurélie doit obtenir l'examen préalable.
primaire [primɛr] 3083	Grund-(schul-), primär	Ma voisine travaille dans l'enseignement primaire.
progressivement [prɔgresivmɑ̃] (ADV) 3565	nach und nach, schrittweise	Le chômage diminue progressivement.
quatrième [katrijɛm] 2514	vierte/-r/-s	Pierre habite au quatrième étage.
la **répétition** [repetisjɔ̃] 3974	Wiederholung	L'instituteur a souligné les répétitions dans les textes de ses élèves.
respectif [rɛspɛktif], **respective** [rɛspɛktiv] 3270	jeweilig	L'instituteur demande aux élèves de s'asseoir à leurs places respectives.
respectivement [rɛspɛktivmɑ̃] (ADV) 2871	jeweils	Les deux hommes ont été condamnés respectivement à deux et cinq ans de prison.
simultanément [simyltanemɑ̃] (ADV) 3144	gleichzeitig	Pierre et Aurélie sont arrivés simultanément aujourd'hui à l'université.
succéder [syksede] 2767	folgen	L'entreprise reste familiale, puisque le fils succède au père.
successif [syksesif], **successive** [syksesiv] 3661	aufeinander-folgend	Ma tante a reçu la visite successive de ses trois enfants.
successivement [syksesivmɑ̃] (ADV) 3416	nacheinander	Les élèves sont arrivés successivement en classe, ce qui a mis l'instituteur en colère.
la **supériorité** [syperjɔrite] 3350	Überlegenheit	Mon père constate la supériorité des vins de Bourgogne.
systématique [sistematik] 3418	systematisch	C'est systématique, il répond toujours la même chose.
vingtième [vɛ̃tjɛm] 3587	zwanzigste/-r/-s	Au vingtième siècle, il y a eu deux guerres mondiales.

16.12 Schicksal und Zufall ▸ Grundwortschatz

l'**avantage** [avɑ̃taʒ] (M) 1065	Vorteil	Chaque métier a des avantages et des inconvénients.
le **bonheur** [bɔnœr] 859	Glück	Pour beaucoup, le bonheur c'est de fonder une famille.
la **chance** [ʃɑ̃s] 790	Glück	C'était une grande chance pour Pierre de partir pour deux ans à l'étranger.
le **danger** [dɑ̃ʒe] 955	Gefahr	Il ne faut surtout pas sous-estimer les dangers de cette expédition.
dangereux [dɑ̃ʒrø], **dangereuse** [dɑ̃ʒrøz] 1396	gefährlich	L'alcool est dangereux pour la santé.
disparaître [disparɛtr] 774	verschwinden	Chaque jour il y a des gens qui disparaissent sans laisser de traces.
échapper [eʃape] 1003	entkommen, entgehen	Il a échappé au dernier moment au danger.
l'**échec** [eʃɛk] (M) 1859	Scheitern	La première représentation de la nouvelle pièce de théâtre fut un vrai échec.
extraordinaire [ɛkstraɔrdinɛr] 1196	außerordentlich	Ce livre est vraiment extraordinaire.
favorable [favɔrabl] 2017	günstig	Le temps était favorable, nous avons passé une journée entière à la plage.
le **futur** [fytyr] 1614	Zukunft	Aurélie a de nombreux projets pour le futur, elle veut acheter une maison et fonder une famille.
grave [grav] 916	ernst	Ce fut un accident très grave.
le **hasard** [azar] 1197	Zufall	Le hasard a fait que j'ai rencontré un ami que je n'avais pas vu depuis dix ans.
le **mystère** [mistɛr] 2025	Rätsel, Geheimnis	La disparition de ce petit garçon est un vrai mystère.
nécessaire [nesesɛr] 371	nötig	Il est nécessaire d'apprendre à écrire et à lire.
la **nécessité** [nesesite] 897	Notwendigkeit	Il est absolument nécessaire que tu te cherches un travail. C'est une nécessité.
l'**occasion** [ɔkazjɔ̃] (F) 498	Gelegenheit	Si l'occasion se présente, je vais lui en parler.
le **risque** [risk] 1115	Risiko	Elle a peur du risque.
risquer [riske] 839	riskieren	Cet homme a risqué sa vie pour sauver l'enfant tombé dans le fleuve.
le **sort** [sɔr] 1930	Schicksal	Mon grand-père est content de son sort, de la vie qu'il mène.
le **succès** [syksɛ] 689	Erfolg	Cette actrice a eu énormément de succès.

16.12 Schicksal und Zufall ▸ Aufbauwortschatz

aléatoire [aleatwar] 3510	zufällig	Les résultats du jeu sont aléatoires.

la **catastrophe** [katastrɔf] 3523	Katastrophe	Il est difficile de prévoir une catastrophe naturelle.
le **destin** [dɛstɛ̃] 2418	Schicksal	Le projet de Pierre a échoué. Il voit ça comme un signe du destin.
la **disparition** [disparisjɔ̃] 3697	Verschwinden	La disparition de l'enfant a inquiété tous les parents du village.
l'**incident** [ɛ̃sidɑ̃] (M) 2563	Zwischenfall	La police essaie d'éviter tout incident en ce qui concerne cette affaire.
l'**inconvénient** [ɛ̃kɔ̃venjɑ̃] (M) 3543	Nachteil	L'inconvénient du métier de boulanger est qu'il faut se lever très tôt.
incroyable [ɛ̃krwajabl] 3544	unglaublich	L'histoire qu'elle m'a racontée est vraiment incroyable.
inévitable [inevitabl] 3324	unvermeidlich	S'ils ne parviennent pas à un accord, une grève sera inévitable.
le **malheur** [malœr] 2273	Unglück	La mort de sa femme est un grand malheur.
malheureusement [maløʁøzmɑ̃] (ADV) 2804	leider	Je voulais parler à Aurélie, malheureusement elle est déjà partie au travail.
mystérieux [misterjø], **mystérieuse** [misterjøz] 2274	rätselhaft, geheimnisvoll	Cette affaire est très mystérieuse. La police n'avance pas dans ses recherches.
l'**obstacle** [ɔpstakl] (M) 2144	Hindernis	Nous avons fait ce long voyage sans rencontrer d'obstacles.
rater [rate] 3488	verfehlen, verpassen	Aurélie est sortie en pleurant de la salle. Elle pense avoir raté son examen.
la **réussite** [reysit] 2616	Erfolg	Pierre a été engagé dans une grande entreprise. Quelle réussite!
survenir [syrvənir] 2621	sich plötzlich ereignen, plötzlich eintreten	L'accident de voiture est survenu dans la nuit de dimanche à lundi.

16.13 Zustand und Veränderung ▸ Grundwortschatz

améliorer [ameljɔre] 1797	verbessern	Aurélie s'habille mal. Elle devrait améliorer son style.
l'**augmentation** [ɔgmɑ̃tasjɔ̃] (F) 705	Erhöhung	Une augmentation des prix est inévitable.
le **changement** [ʃɑ̃ʒmɑ̃] 1142	Veränderung	Ils annoncent un changement de temps. Il va faire plus froid et il va neiger.
changer [ʃɑ̃ʒe] 480	ändern	Aurélie a changé ses plans; elle partira demain au lieu d'aujourd'hui.
la **circonstance** [sirkɔ̃stɑ̃s] 1202	Umstand	Les circonstances de cette affaire sont très particulières.

la **conséquence** [kɔ̃sekɑ̃s] 1182	Folge	Son comportement envers moi aura des conséquences.
constant [kɔ̃stɑ̃], **constante** [kɔ̃stɑ̃t] 1880	konstant, ständig	Le nombre de touristes dans cette région n'a pas varié les dernières années. Il est resté constant.
le **développement** [devlɔpmɑ̃] 462	Entwicklung	Ce projet connaît un développement rapide.
diminuer [diminɥe] 1272	verringern	Les hommes politiques veulent diminuer le taux de chômage.
éclater [eklate] 1919	explodieren, platzen	L'enfant a tellement soufflé que le ballon a éclaté.
l'**état** [eta] (M) 157	Zustand	L'état de santé de ma mère inquiète les médecins.
éviter [evite] 703	vermeiden	Le conducteur n'a pas pu éviter l'obstacle, il y a eu un accident.
l'**évolution** [evɔlysjɔ̃] (F) 805	Entwicklung, Veränderung	L'évolution de la maladie de ma mère est très inquiétante.
exister [ɛgziste] 280	existieren	Les lois qui existent sont valables pour tout le monde.
la **hausse** [os] 1454	Anstieg	Les ouvriers luttent pour une hausse des salaires.
la **mise** [miz] 968	Einsatz, Start	Pierre a beaucoup de chance. Il a réussi à doubler sa mise.
modifier [mɔdifje] 1331	ändern	Je ne comprends vraiment pas pourquoi ils ne modifient pas cette loi.
le **processus** [prɔsesys] 1887	Prozess	Le processus de sa maladie est inquiétant.
le **progrès** [prɔgrɛ] 747	Fortschritt	Depuis qu'Aurélie fait ses devoirs régulièrement, elle fait des progrès à l'école.
remettre [rəmɛtr] 611	zurücklegen, zurückstellen	J'ai remis ta revue sur la table.
remplacer [rɑ̃plase] 906	ersetzen	Pierre remplace l'employé qui est parti en vacances.
tenter [tɑ̃te] 653	versuchen, reizen	Le médecin a tenté de sauver la vie du malade.
tourner [turne] 487	drehen	En tournant la tête, Pierre s'est fait mal.
transformer [trɑ̃sfɔrme] 1073	verwandeln	Cette partie du bâtiment sera transformée en restaurant.

16.13 Zustand und Veränderung ▸ Aufbauwortschatz

aboutir [abutir] 2152	zu etwas führen	À mon avis, toutes ces mesures n'ont abouti à rien.
accompli [akɔ̃pli], **accomplie** [akɔ̃pli] 2980	vollendet, erfüllt	Pierre est furieux, car on l'a mis devant le fait accompli.

l'**accroissement** [akrwasmɑ̃] (M) 2877	Anstieg	Il y a un accroissement constant de la population mondiale.
accumuler [akymyle] 3592	anhäufen, sammeln	La police a accumulé un nombre de preuves suffisant.
l'**amélioration** [ameljɔrasjɔ̃] (F) 2350	Verbesserung	Le frère de Pierre se fera bientôt opérer. On espère une amélioration de sa santé après cette opération.
atténuer [atenɥe] 3680	abschwächen, lindern, mildern	En ajoutant de l'eau on arrive à atténuer la couleur trop foncée de la peinture.
la **baisse** [bɛs] 3771	Rückgang	On note une légère baisse du taux de chômage.
baisser [bese] 2126	sinken, senken	Le prix des billets de train a baissé.
brisé [brize], **brisée** [brize] 3892	zerbrochen	Cette assiette brisée est celle que je préférais.
craquer [krake] 3306	brechen, krachen	La branche sur laquelle le chat était assis a craqué. Le chat est donc tombé par terre.
croissant [krwasɑ̃], **croissante** [krwasɑ̃t] 2993	wachsend, steigend	Son placement en bourse est d'un rapport croissant.
croître [krwatr] 3912	wachsen	Sa fortune ne cesse de croître, il est de plus en plus riche.
définitif [definitif], **définitive** [definitiv] 2893	endgültig	Sa décision est définitive.
déplacer [deplase] 2324	fortbewegen, umstellen	La voiture est un moyen pour se déplacer rapidement.
la **diminution** [diminysjɔ̃] 3444	Verringerung, Abnahme	Les salariés réclament une diminution du temps de travail.
dissoudre [disudr] 3445	auflösen	Le président a décidé de dissoudre l'assemblée.
évoluer [evɔlɥe] 2746	sich entwickeln	Le monde informatique évolue sans cesse.
existant [ɛgzistɑ̃], **existante** [ɛgzistɑ̃t] 3929	bestehend	Il faut respecter les lois existantes.
l'**extension** [ɛkstɑ̃sjɔ̃] (F) 3930	Ausdehnung, Dehnen	L'extension de cette entreprise a été décidée aujourd'hui.
intact [ɛ̃takt], **intacte** [ɛ̃takt] 3718	unversehrt, intakt	Malgré l'accident, le bus est intact.
intégrer (s') [ɛ̃tegre] 3472	integrieren, eingliedern	Il est important d'intégrer les étrangers dans notre société.
limiter [limite] 2706	begrenzen	Aurélie n'a pas de travail pour l'instant. Elle doit donc limiter ses dépenses.
la **modification** [mɔdifikasjɔ̃] 2537	Änderung	Pierre a apporté des modifications au projet initial.

le **néant** [neɑ̃] 3954	Nichts	Cet homme a réduit mes espoirs à néant, je ne sais plus quoi faire.
progresser [prɔgrese] 2569	Fortschritte machen, sich entwickeln	Ma fille a progressé en mathématiques. Elle a même obtenu la meilleure note de la classe.
progressif [prɔgresif], **progressive** [prɔgresiv] 3650	zunehmend, progressiv	Les exercices de ce manuel scolaire sont de difficulté progressive.
la **progression** [prɔgresjɔ̃] 3841	Zunahme, Fortschreiten	L'entreprise prévoit une progression de ses bénéfices pour l'année à venir.
le **recul** [rəkyl] 3970	Rückgang	Un recul de la consommation a été noté depuis l'augmentation des prix.
la **réduction** [redyksjɔ̃] 2192	Verringerung	Le chef a proclamé une réduction du personnel.
la **stabilité** [stabilite] 3991	Stabilität	Le gouvernement cherche à atteindre une stabilité économique.
la **transformation** [trɑ̃sfɔrmasjɔ̃] 2035	Umwandlung	La transformation de ce projet a été extrêmement rapide.
la **transition** [trɑ̃zisjɔ̃] 3663	Übergang	Après la mort de Franco, il y a eu une période de transition en Espagne.
variable [varjabl] 3665	veränderlich	En Bretagne, le temps est assez variable.
vider [vide] 3586	leeren	Il a vidé le reste de la bouteille d'eau dans le jardin.

17 Strukturwörter

17.01 Pronomen und Artikel ▸ Grundwortschatz

au [o] = a le (PRÄP + ART) 17	in, zu	Ce soir, nous allons au cinéma.
auquel [okɛl] (PRON) 726	welchem	J'ai deux fils, mais je ne sais pas auquel des deux je donnerai la maison.
ce [sə] (PRON) 20	dieser	Ce meuble me plaît beaucoup.
ceci [səsi] (PRON) 924	dieses, das	Qu'est-ce que c'est? C'est une pomme? – Mais non, ceci est une poire.
cela [səla] (PRON) 105	das	Cela me surprend totalement.
celui [səlɥi], **celle** [sɛl] (PRON) 58	der, das, die	Tu peux choisir entre ces deux disques. Tu peux prendre celui que tu veux.
celui-ci [səlɥisi], **celle-ci** [sɛlsi] (PRON) 270	diese/-r/-s	Ton crayon ne marche pas? Prends donc celui-ci!
celui-là [selɥila], **celle-là** [sɛla] (PRON) 1778	das, diese/-r/-s (da)	Quel couteau dois-je prendre pour couper le pain? Celui-ci ou celui-là?
chaque [ʃak] (PRON) 141	jede/-r/-s	Chaque matin, je fais du sport.
dont [dɔ̃] (PRON) 71	deren, dessen, von denen	Le film dont nous avons parlé hier a obtenu un prix.
du [dy] = de le (PRÄP + ART) 16	von	Je prends mon thé avec du sucre.
duquel [dykɛl] (PRON) 1378	von dem	C'est l'homme duquel j'ai eu l'adresse du restaurant.
elle [ɛl] (PRON) 29	sie	Elle va au théâtre demain soir.
elles [ɛl] (PRON) 1595	sie	Elles font une promenade.
en [ɑ̃] (PRON) 50	davon, welche, darüber	J'attends depuis une heure. J'en ai assez de ses retards!
eux [ø] (PRON) 172	sie	Ce sont les DVD de Pierre et Aurélie. C'est à eux.
il [il] (PRON) 9	er	Il a l'air triste.
ils [il] (PRON) 1625	sie	Ils se sont donnés rendez-vous au bar.
je [ʒə] (PRON) 21	ich	Je vais prendre l'avion ce soir. Je dois être à l'aéroport à 20 heures.
le [lə], **la** [la] (ART) 2	der, die, das	Le professeur donne des devoirs aux élèves.
lequel [ləkɛl], **laquel** [lakɛl] (PRON) 300	der, die, das, welche/-r/-s	Le couteau avec lequel je coupe la viande est dangereux.
les [le] (ART) 8	die	Les enfants ont faim.
leur [lœr] (PRON) 45	ihr/-e	La maison de Pierre est immense. Elle a quatre étages.

lui [lɥi] (PRON) 44	ihn, ihr, ihm	Je lui donne le livre.
me [mə] (PRON) 40	mich, mir	Pierre m'a donné un de ses livres.
moi [mwa] (PRON) 89	ich, mich, mir	Moi, personnellement, j'adore les gâteaux.
mon [mɔ̃] (PRON) 48	mein	Aujourd'hui, c'est l'anniversaire de mon père.
notre [nɔtr] (PRON) 57	unser/-e	Notre mère a toujours travaillé.
nous [nu] (PRON) 35	wir	Nous avons deux enfants.
on [ɔ̃] (PRON) 30	man, wir	En France, on se dit bonjour le matin.
où [u] (PRON) 54	wo, wohin, in den/die/das/dem/der	Dans la ville où j'habite, il n'y a pas de métro.
personne [pɛrsɔn] (PRON) 453	niemand	Personne ne m'a dit qu'il ne fallait pas lui poser cette question.
que [kə] (PRON) 31	den/die/das	C'est un film que nous n'avons pas encore vu.
quelqu'un [kɛlkɛ̃] (PRON) 684	jemand	Je suis absolument sûr d'avoir vu quelqu'un dans la maison des voisins.
qui [ki] (PRON) 19	der, die, das, welche/-r/-s	L'homme qui vient d'entrer dans la salle est mon professeur.
quoi [kwa] (PRON) 349	was	Je ne comprends pas. C'est quoi, ça?
rien [rjɛ̃] (PRON) 109	nichts	Elle n'a rien dit de toute la soirée.
se [sə] (PRON) 14	sich	Pierre va se marier bientôt.
sien (le) [ləsjɛ̃], **sienne (la)** [lasjɛn] (PRON) 1231	seine/-r/-s, ihre/-r/-s	Voilà, la voiture de Pierre. Je suis absolument sûr que c'est la sienne.
soi [swa] (PRON) 858	sich	Il ne faut pas penser qu'à soi.
son [sɔ̃] (PRON) 15	sein, ihr	Il n'arrive pas à trouver son livre.
te [tə] (PRON) 251	dich, dir	Je ne te dirai pas combien d'argent il m'a donné.
tien (le) [lətjɛ̃], **tienne (la)** [latjɛn] (PRON) 1730	deine/-r/-s	Est-ce que ce stylo est à toi ou à moi? C'est le tien ou le mien?
toi [twa] (PRON) 749	du	Elles sont pour toi, ces fleurs.
ton [tɔ̃] (PRON) 548	dein	Ton oncle est très sympathique.
tu [ty] (PRON) 122	du	Est-ce que tu as déjà vu ce film?
un [ɛ̃] (ART) 4	ein	Un boulanger doit se lever tôt.
votre [vɔtr] (PRON) 112	Ihr/-e, euer/eure	Elle est très belle, votre maison.
vous [vu] (PRON) 41	ihr, Sie	Est-ce que vous auriez par hasard vu ma fille?
y [i] (PRON) 46	dorthin, damit, darauf	Elle s'y entend.
ça [sa] (PRON) 171	das	Il m'a dit de méchantes choses. Ça m'a vraiment fait mal.

17.01 Pronomen und Artikel ▸ Aufbauwortschatz

chacun [ʃakɛ̃], **chacune** [ʃakyn] (PRON) 3038	jeder, jedes	J'ai offert un livre à chacun de mes enfants.

mien (le) [ləmjɛ̃], **mienne (la)** [lamjɛn] (PRON) 2366	meine/-r/-s	Ce livre est à moi. C'est le mien.
nôtre (le, la) [lə/lanotr] (PRON) 2169	unsere/-r/-s	Voici votre bagage et voilà le nôtre.

17.02 Konjunktionen und Präpositionen ▸ Grundwortschatz

à [a] (PRÄP) 6	in, um/an/bei, bis	Aurélie habite à Poitiers.
à côté de [akotedə] (PRÄP) 1509	neben, nahe bei	Il y a un restaurant à côté du musée.
afin de [afɛ̃də] (KONJ) 447	um … zu, damit	Aurélie a appelé son amie afin de lui raconter la nouvelle.
alors que [alɔrkə] (KONJ) 414	während, obwohl	Il travaille douze heures par jour alors qu'il a mal au dos.
après [aprɛ] (PRÄP) 80	nach	Pour aller à l'université tu dois tourner dans cette rue à gauche après le feu rouge.
à partir de [apartirdə] (PRÄP) 1511	ab, von … an	À partir de demain, les étudiants peuvent s'inscrire aux cours de langues.
au cas où [okau] (KONJ) 1528	für den Fall, dass	Au cas où vous auriez besoin mon aide, vous me trouverez dans le bureau au fond du couloir.
au-delà [odəla] (PRÄP) 1432	darüber hinaus	Le café est situé au-delà de la rivière.
auprès de [oprɛdə] (PRÄP) 640	bei	Tu dois faire la demande auprès du bureau situé au deuxième étage.
au sujet de [osyʒɛdə] (PRÄP) 1529	betreffs	Au sujet de son stage, elle doit encore parler avec son chef.
avant [avɑ̃] (PRÄP) 127	bevor	Pierre est arrivé avant Aurélie.
avec [avɛk] (PRÄP) 38	mit	Aurélie a parlé longtemps avec Pierre.
c'est-à-dire [sɛtadir] (KONJ) 470	das heißt, das bedeutet	Il travaille 35 heures par semaine, c'est-à-dire sept heures par jour du lundi au vendredi.
car [kar] (KONJ) 137	denn	Nous ne pouvons pas venir ce soir, car notre voiture est cassée.
cependant [səpɑ̃dɑ̃] (KONJ) 278	doch	Il m'avait promis de limiter ses dépenses. Cependant il a acheté une nouvelle voiture.
chez [ʃe] (PRÄP) 133	bei	C'est extrêmement calme chez mes parents.
comme [kɔm] (KONJ) 43	da, weil	Comme il pleuvait, ils ont décidé de rester ici.
concernant [kɔ̃sɛrnɑ̃] (PRÄP) 2071	betreffend	Il n'a pas encore eu de nouvelle concernant son nouveau poste.
contre [kɔ̃tr] (PRÄP) 144	gegen	Pierre est contre la réforme du système scolaire.
dans [dɑ̃] (PRÄP) 18	in, im	Le sucre est dans la boîte.
de [də] (PRÄP) 1	von, aus, *auch Genitiv* (des, der, des)	Je viens de Paris.

de nouveau [dənuvo] (PRÄP) 1580	wieder	C'est incroyable; il est de nouveau parti en vacances. C'est déjà la cinquième fois cette année.
depuis [dpɥi] (PRÄP) 113	seit	Je l'attends depuis deux heures.
derrière [dɛrjɛr] (PRÄP) 518	hinter	L'école se trouve derrière l'église.
des [de] = de les (PRÄP + ART) 10	*vgl.* de	Le marchand vend des fruits et des légumes.
dès [dɛ] (PRÄP) 268	ab	Je commencerai à apprendre mes leçons dès demain.
devant [dəvɑ̃] (PRÄP) 173	vor	L'arrêt de bus se trouve juste devant l'école.
donc [dɔ̃k] (KONJ) 116	also, doch	Son train a du retard; donc elle arrivera seulement vers 20 heures.
durant [dyrɑ̃] (PRÄP) 622	während	Il a été privilégié durant toute sa vie.
en [ɑ̃] (PRÄP) 13	nach, in	Pierre a beaucoup voyagé l'année dernière. Il est allé au Canada, en Autriche et en Allemagne.
en face de [ɑ̃fasdə] (PRÄP) 1597	gegenüber	Vous trouverez une poste en face de la gare.
entre [ɑ̃tr] (PRÄP) 76	zwischen	L'arrêt du bus se trouve entre l'église et le restaurant.
et [e] (KONJ) 7	und	Aurélie et Pierre se connaissent depuis très longtemps.
hors [ɔr] (PRÄP) 1206	außer, außerhalb von	Cet appartement est situé hors de la ville.
il y a [ilja] (PRÄP) 1624	es gibt, man findet	Dans ma famille, il y a deux personnes qui jouent passionnément au football.
jusque [ʒyskə] (PRÄP) 120	bis	Aurélie reste chez son amie jusqu'à lundi.
là-bas [laba] (PRÄP) 1631	dorthin, dahin	Où as-tu posé mon livre? – Là-bas, sur la table.
loin [lwɛ̃] (PRÄP) 1638	weit	Pierre habite loin du centre ville.
lorsque [lɔrskə] (KONJ) 148	wenn, als	Lorsque tu seras arrivé, appelle-moi pour me dire que tout va bien.
mais [mɛ] (KONJ) 34	aber	Il est beau, mais trop jeune pour moi.
malgré [malgre] (PRÄP) 490	trotz, obwohl	Elle continue à travailler malgré sa maladie.
néanmoins [neɑ̃mwɛ̃] (KONJ) 1995	trotzdem	Aurélie n'aime pas la mère de son fiancé. Elle doit néanmoins l'inviter à la fête.
ni [ni] (KONJ) 169	weder ... noch	Le frère de Pierre n'est ni riche ni pauvre.
nulle part [nylpar] (PRÄP) 1659	nirgendwo	J'ai cherché mes clefs dans la voiture et dans mon bureau. Je ne les ai trouvées nulle part.
or [ɔr] (KONJ) 594	und da, nun	Je suis arrivé à l'heure convenue, or il était déjà parti.
ou [u] (KONJ) 39	oder	Mon père passera samedi ou dimanche.
par [par] (PRÄP) 28	über, via, durch	Le train qui va de Paris à Bordeaux passe par Poitiers.

parce que [parskə] (KONJ) 159	weil	Aurélie ne peut pas partir en vacances, parce qu'elle n'a pas suffisamment d'argent.
parmi [parmi] (PRÄP) 356	unter	Tu trouveras la jupe que tu cherches parmi ces vêtements.
pendant [pɑ̃dɑ̃] (KONJ) 165	während	Je vais mettre la table pendant que tu finis de préparer le repas.
pour [pur] (PRÄP) 22	für	Ce cadeau est pour mon mari.
puisque [pɥiskə] (KONJ) 396	da	J'ai cru cette histoire, puisque c'est toi qui me l'a racontée.
quand [kɑ̃] (KONJ) 97	wenn, als	Aurélie préparera le repas quand elle aura fini le ménage.
quant (à) [kɑ̃ta] (PRÄP) 492	was ... betrifft	Fais ce que tu veux, quant à moi, je rentre à la maison.
que [kə] (KONJ) 11	dass	Il est possible qu'il vienne ce soir.
quelque part [kɛlkəpar] (PRÄP) 1697	irgendwo	Mon livre doit être dans cette pièce. Il doit bien être quelque part.
sans [sɑ̃] (PRÄP) 53	ohne	Il est parti sans moi.
sauf [sof] (PRÄP) 979	außer	Tu peux le joindre toute la journée sauf entre 12h00 et 13h00.
selon [səlɔ̃] (PRÄP) 266	gemäß, je nach	Il a agi selon les instructions de son patron.
si [si] (KONJ) 62	ob, wenn	Aurélie ne sait pas si sa mère passera aujourd'hui.
sinon [sinɔ̃] (KONJ) 1256	sonst, andernfalls	Dépêche-toi, sinon tu vas rater le train.
soit [swa] (KONJ) 338	entweder, oder, also	Il partira en vacances soit en juillet, soit en août.
sous [su] (PRÄP) 104	unter	Le tapis est sous la table.
suivant [sɥivɑ̃] (PRÄP) 1507	gemäß, je nach	Il a agi suivant sa conscience.
sur [syr] (PRÄP) 32	auf , über	Le livre est sur le bureau.
tandis que [tɑ̃dikə] (KONJ) 423	während	Pierre adore aller au cinéma, tandis que sa femme préfère rester à la maison.
tout de suite [tudsɥit] (PRÄP) 1734	sofort, auf der Stelle	Je veux que tu viennes tout de suite.
vers [vɛr] (PRÄP) 118	auf, zu , nach	Nous arriverons vers cinq heures.
voici [vwasi] (PRÄP) 565	vor, schon	Voici ma maison. Je l'ai achetée il y a deux ans.
voilà [vwala] (PRÄP) 486	da, dort	Mais, où est donc passée Aurélie? Ah, la voilà!

17.02 Konjunktionen und Präpositionen ▸ Aufbauwortschatz

afin que [afɛ̃kə] (KONJ) 2930	um ... zu, damit	Dépêche-toi afin que tout soit bien préparé quand les premiers invités arriveront.
en dépit de [ɑ̃depidə] (PRÄP) 2643	trotz	Il a réussi ses examens en dépit des difficultés.

envers [ɑ̃vɛr] (PRÄP) 2106	gegenüber	Aurélie a toujours été très aimable envers ses beaux-parents.
par-dessus [pardəsy] (PRÄP) 2912	über	Le chien a sauté par-dessus le portail du jardin.
pourvu que [purvykə] (KONJ) 3564	wenn, vorausgesetzt, dass	Pourvu qu'il ne pleuve pas demain. On voudrait aller à la plage.
quoique [kwakə] (KONJ) 3086	obwohl	Aurélie a raté l'examen, quoiqu'elle fût bien préparée.
vis-à-vis [vizavi] (PRÄP) 2585	gegenüber	Notre chambre d'hôtel est située vis-à-vis d'un bar. Nous n'avons pas pu dormir à cause du bruit.

18 Die 50 häufigsten Verben

agir [aʒir] 179	handeln	Elle a agi spontanément.
aimer [eme] 163	lieben, mögen	Ma fille aime les chiens.
aller [ale] 59	gehen	Cet après-midi, je vais en ville.
appeler [apəle] 242	(an)rufen	Il m'a dit de l'appeler demain à 20h00.
arriver [arive] 170	ankommen	Mon train arrive à 18 heures.
attendre [atɑ̃dr] 193	warten	Aurélie a attendu longtemps à la gare. Son train avait deux heures de retard.
avoir [avwar] 5	haben	Il a très soif, il va s'acheter une bouteille d'eau.
commencer [kɔmɑ̃se] 220	anfangen	Le cours de mathématiques commence à huit heures et se termine à dix heures.
comprendre [kɔ̃prɑ̃dr] 178	verstehen	Je comprends un petit peu le chinois, mais je ne peux pas le parler.
connaître [kɔnɛtr] 149	kennen	Il connaît très bien le Canada. Il y est allé déjà plusieurs fois.
croire [krwar] 123	glauben, denken	Je crois qu'il ne viendra plus.
demander [dəmɑ̃de] 130	fragen, um etwas bitten	Elle m'a demandé le chemin pour aller en centre-ville.
devenir [dəvnir] 131	werden	La fille de mon amie est devenue très grande.
devoir [dəvwar] 55	müssen, sollen	Je dois aller chez le médecin, car j'ai de la fièvre.
dire [dir] 49	sagen	Il m'a dit qu'il viendrait ce soir.
donner [dɔne] 82	geben	Elle m'a donné un billet de dix euros.
entendre [ɑ̃tɑ̃dr] 194	hören	Cette nuit, j'ai entendu un bruit bizarre.
être [ɛtr] 3	sein	Aurélie est blonde.
faire [fɛr] 33	machen, tun	Aurélie fait ses devoirs à la maison.
falloir [falwar] 68	müssen	Il faut absolument qu'il vienne demain à la réunion. C'est urgent!
jouer [ʒwe] 257	spielen	Les enfants jouent dans le jardin.
laisser [lese] 135	lassen	Il faut laisser Aurélie tranquille. Elle se calmera d'elle-même.
mettre [mɛtr] 128	stellen, legen, tun	Où est-ce que tu as mis mon livre?
obtenir [ɔptənir] 238	erhalten, bekommen	J'ai obtenu une réduction sur le prix de cette robe.
paraître [parɛtr] 209	scheinen	Cet exercice paraît plus difficile qu'il ne l'est.
parler [parle] 126	reden, sprechen	Les enfants commencent à parler à l'âge de deux ans environ.
partir [partir] 241	abreisen, wegfahren	Demain, je pars pour trois mois en Allemagne.
passer [pɑse] 110	verbringen	Aurélie passe l'après-midi chez ses parents.
penser [pɑ̃se] 147	denken	Je pense qu'il a raison.

permettre [pɛrmɛtr] 145	erlauben	Mes parents me permettent de sortir jusqu'à minuit.
porter [pɔrte] 174	tragen	C'est Pierre qui porte mes bagages.
pouvoir [puvwar] 37	können	Nous ne pouvons pas venir à la fête, car nous sommes en vacances.
prendre [prɑ̃dr] 79	nehmen	Elle est partie sans prendre son manteau.
présenter [prezɑ̃te] 175	vorstellen	Demain, je vais présenter mon ami à mes parents.
recevoir [rəsəvwar] 239	erhalten, bekommen	J'ai reçu une lettre du tribunal.
regarder [rəgarde] 250	ansehen, beobachten	Pierre regarde les oiseaux dans l'arbre.
rendre [rɑ̃dr] 153	zurückgeben	Je vais à la bibliothèque rendre les livres.
répondre [repɔ̃dr] 218	antworten	Pierre n'a pas voulu répondre à ma question.
rester [rɛste] 136	bleiben	Aujourd'hui, elle ne sort pas. Elle reste à la maison.
savoir [savwar] 65	wissen	Pierre ne savait pas encore si son frère allait venir.
sembler [sɑ̃ble] 155	scheinen	Cet exercice me semble facile.
sentir [sɑ̃tir] 247	riechen, spüren	Du salon, je sens la douce odeur de la soupe.
servir [sɛrvir] 277	servieren	Aujourd'hui, c'est mon frère qui prépare le repas et qui sert toute la famille.
sortir [sɔrtir] 231	ausgehen	Pierre venait de sortir de la maison, lorsque le téléphone sonna.
suivre [sɥivr] 192	folgen	La police suit la voiture du voleur.
tenir [tənir] 142	halten	Elle tient son enfant par la main.
trouver [truve] 93	finden	Je cherche ma clef depuis plus d'une heure. Je n'arrive pas à la trouver.
venir [vənir] 85	kommen	Mes parents viennent me rendre visite dimanche.
voir [vwar] 64	sehen	J'ai besoin de nouvelles lunettes. Je ne vois plus clair.
vouloir [vulwar] 69	wollen	Je ne veux pas qu'elle vienne à la fête.

19 Register

B

E

H

I

P

S

T